完全制覇
シリーズ

Grade Pre-1

英検®準1級

最短合格！

リーディング問題
完全制覇

竹岡広信 監修　吉村聡宏 著

音声アプリ対応
PCでもダウンロードできる

the japan times
出版

英検®は、公益財団法人日本英語検定協会の登録商標です。

　私にとって The Japan Times と言えば、憧れの存在でしかありません。大学の文学部の時からひたすら読んでいます。現在でも入試問題で数多くの大学が The Japan Times を引用しているのを見ると、「やっぱり相変わらず良質な英文なんやな」と納得してしまいます。よって、The Japan Times からお話を頂いた時には、「大変なことになった」と思いました。しかし、私が今最も信頼する教師の一人である吉村先生の御協力によって The Japan Times の名にふさわしい質、量共にトップクラスの問題集が出来たと自負しています。皆様がこの問題集を用いて英検合格の栄冠を勝ち取られることを切に祈っています。

2020年11月

吉村聡宏

竹岡広信

　英語学習者にとっての一つの到達点が英検®2級だとするならば、準1級は、「英語学習者」から「英語が使える人」への跳躍を目指す人にとっての一つの目標であると思います。準1級は質、量ともに非常に充実した試験であり、真に英語で読んで、聞いて、書いて、話すための基礎的な力を的確に測定できるような良問が揃っています。

　本書は、準1級のリーディング問題に特化した演習書です。本番レベルに匹敵する45題もの豊富な練習問題に取り組んで、準1級の難易度と傾向に慣れることができます。また、本書の特長として、すべての文章に「段落ごとの要約」を掲載しています。段落ごとに内容を端的にまとめる訓練を通して、文脈を追跡する力と思考力を鍛えることができます。

　本書の執筆にあたり、準1級の問題をあらためて解きました。解き進めるうちに、英語を読んで考える力が向上していくのを実感しました。「準1級を目指しながら、英語力を養ってほしい」という、英検®側のメッセージが聞こえてくるようでした。本書もまた、試験対策をしながら実力をつけていただけるようなメニューを揃えることができたのではないかと思います。

　本書に収録の練習問題をぐんぐん解いて、リーディング問題の対策を万全なものにすると同時に、本物の英文読解力を養っていただくことを、願っています。

2020年11月

吉村聡宏

本書は、準1級大問2（長文の語句空所補充）と大問3（長文の内容一致選択）の対策書です。問題編と解答・解説編に分かれています。

問題編

● 別冊の問題編には、大問2と大問3の演習問題と模試が収録されています。

● 別冊の問題編には、過去6年（2015年〜2020年）の出題傾向を徹底分析して作成した合計45本の長文と143問の設問が収録されています。大問2と大問3の演習問題（各15本）と模試（3回分）です。制限時間を守って解答してください。

● 模試の解答用紙は巻末についています。

解答・解説編

● 本冊が解答・解説編です。解答・解説は以下の要素で構成されています。

❶問題の種類

大問2（長文の語句空所補充）、大問3（長文の内容一致選択）の2種類です。

❷語数

約250語（語句空所補充）、約300語／400語／500語（内容一致選択）の4種類の長さの問題文が収録されています。

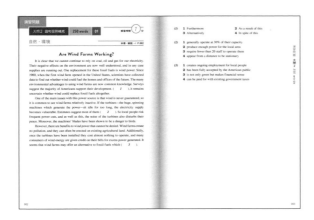

❸長文のジャンル

頻出する問題文のジャンルを、「自然・環境」、「医療・健康」、「教育・心理」、「歴史・文化」、「社会・政治・ビジネス」の5種類に分類しています。

❹訳

問題文や設問、選択肢の和訳です。語句空所補充問題の空所を特色で示しています。正解選択肢は太字になっています。

❺要約

段落毎の内容の要約が書いてあります。

❻正解

正解選択肢の番号です。★マークの表示のある設問は、モニターの多くが不正解選択肢を選んでしまった、難易度のやや高い問題です。

❼解説

正解の根拠となる箇所を簡潔に指摘するだけではなく、正解選択肢の言い換えの手法や、不正解選択肢の罠の仕組みについても可能な限り指摘して説明しています。

❽コラム「カリスマ講師の目」

特に注意すべきポイントや解き方、大問全体に関する戦略や学習のポイントを伝授します。

❾語注

準1級に頻出する語句を中心に選んでいます。語彙力増強にお役立てください。

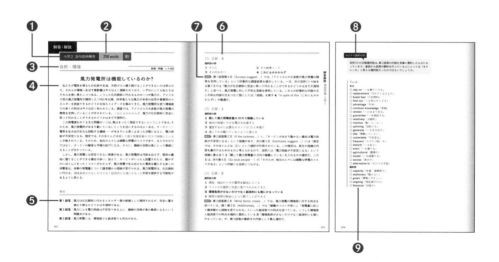

ダウンロード用MP3音声のご利用案内

本書には、模試TEST 1〜TEST 3の長文の読み上げ音声が付いています。 MP3 形式でダウンロードすることができます。

📱 スマートフォン

❶ ジャパンタイムズ出版の音声アプリ
　「OTO Navi」をインストール
❷ アプリ内で本書を検索
❸ 音声をダウンロードし、再生

3秒早送り・早戻し、繰り返し再生などの便利機能つき。
学習にお役立てください。

🖥 パソコン

❶ ブラウザからジャパンタイムズ出版のサイト 「BOOK CLUB」にアクセス

https://bookclub.japantimes.co.jp/book/b536575.html

❷ 音声をダウンロードし、iTunes などに取り込んで再生

※音声は zip ファイルを展開（解凍）してご利用ください。

最短合格! 英検®準1級 リーディング問題 完全制覇

解答・解説編 CONTENTS

演習問題

模試

装丁	清水裕久 (Pesco paint)
本文デザイン	相馬敬徳 (Rafters)
問題作成	株式会社CPI Japan
組版	清水裕久 (Pesco paint)
編集協力	千田智美／硲充
音声収録	ELEC録音スタジオ
ナレーション	Jenifer Okano

出題形式

　準１級のリーディング問題は、大問２と大問３で構成されています。大問２は長文の空所補充問題で、大問３が長文の内容一致選択問題です。

大問２　空所補充問題

　大問２では、３段落構成の約250 wordsの英文が２本出題されます。１本の英文につき、空所が３つ設けられています。それぞれの空所を補うのに最も適当な語句を、４つの選択肢の中から１つ選びます。

大問３　内容一致選択問題

　大問３で出題される英文は３本で、約300 words、400 words、500 wordsが１本ずつ出題されます。原則として300 wordsと400 wordsの英文は３段落構成で設問は３つ、500 wordsは４段落構成で設問は４つです。それぞれの設問に対する答えとして最も適当なものを、４つの選択肢から１つ選びます。

※2022年度第２回の試験では500wordsの英文が５段落構成で設問が４つ、2022年度第１回の試験では400wordsの英文が４段落構成で設問が３つでした。このように、英文の段落の数は変動する場合がまれにあります。

出題傾向

　2015年度第１回から2020年度第２回の間に、準１級の大問２と３で出題された計85本の英文を独自に分析し、５つのジャンルに分類しました。各ジャンルの出題本数と特徴は以下の通りです。2015年度第１回〜2020年度第２回の間に出題された英文がどのジャンルに該当するかについては「ジャンルの一覧」をご覧ください。

❶「自然・環境」（20／85本）

　ある地域の自然や環境について、その特徴を紹介したり、その地域で起こっている問題について論じる文章です。環境問題のようなよく知られた話題から、ある特定の動植物の生態に関する（ややマニアックな）話題まで、幅広く出題されます。なじみのない話題でも興味と関心を持って読めるかどうかがカギとなります。

❷「医療・健康」（15／85本）

　医療や健康についての専門的な内容を扱った文章です。医療制度、食生活、病気やウイルス、体の生理作用などについて、日常生活で触れる可能性が低い話題を、専門用語を用いて論じます。苦手意識を持ちやすいジャンルですが、特に重要な専門用語には文中で説明が加えられているので、一般語彙の知識があれば十分に通読、解答は可能です。

❸「教育・心理」（12／85本）

　教育制度の歴史や問題点について論じる文章や、精神の発達や「〇〇症候群」などの精神病理について述べる文書、若者の教育について精神の発達の観点から論じる文章などが出題されます。比較的身近に感じやすい話題が多めのジャンルです。

❹「歴史・文化」（15／85本）

　ある国や地域や民族の歴史を論じる文章や、歴史の教科書で「文化史」として扱われるような話題について論じる文章です。歴史、芸術、思想、文化などを特集する書籍を読んだり、ドキュメンタリー番組などを視聴したりして関心を高めておくと、読みやすくなります。

❺「社会・政治・ビジネス」（23／85本）

　現代社会に関する話題のうち、上記の4ジャンルに当てはまらない話題について論じる文章です。日常生活、政治経済、ビジネス、社会問題、国際関係など、現代についてさまざまな角度から論じる文章が出題されます。内容によって関心の程度の差が大きく開きがちなジャンルですが、なじみの薄い話題でも興味を持って通読し、逆に深い関心を持つ話題でも主観を交えず、客観的に通読することが大切です。

ジャンルの一覧

　2015年度第1回〜2021年度第3回の間に、大問2と大問3で出題された英文のジャンルを一覧にしたものです。直近の回から順に掲載しています。

2021年度　第3回

2	Donor Premiums	教育・心理
	Government Policy and Road Safety	社会・政治・ビジネス
3	Caligula	歴史・文化
	The Friends of Eddie Coyle	歴史・文化
	Mummy Brown	歴史・文化

2021年度　第2回

2	The Hanging Gardens of Babylon	歴史・文化
	Aquaculture and Wild Fish Stocks	自然・環境
3	The Rebirth of the Scottish Whiskey Industry	社会・政治・ビジネス
	Richard Ⅲ	歴史・文化
	The Temples of Jayavarman Ⅶ	歴史・文化

大問2の設問の特徴

　段落ごとの要点が明確な英文が出題されます。また、大半の文章において、各段落は「抽象→具体」の構成で書かれています。つまり、段落の冒頭でその段落の話題を漠然と述べて、その話題についての具体的で詳しい説明を後に続く箇所で行う、という構成です。したがって、大問2には以下のような傾向があります。

　●段落冒頭付近に空所がある場合は、後続の具体説明の内容に対応する選択肢が正解になる傾向がある。

- 段落末尾付近に空所がある場合は、段落の広い範囲の内容を要約した選択肢が正解になる傾向がある。
- 段落中盤の空所の正解選択肢は、既出の内容に対応する場合と、それ以降の内容に対応する場合とがある。

　こうした傾向を踏まえ、大問2に取り組む際には、以下のような方針で解答するとよいでしょう。
- 空所が含まれる段落をまず通読する。その際、「抽象→具体」の対応を特に意識する。
  - ①段落の第2文以降を読みながら、何の話題についての説明をしているのかを意識する。
  - ②研究者、専門家、批評家（critics）が登場したら、何の話題について証言しているのかを意識する。
  - ③調査結果、統計、数値データが示されたら、何の話題を裏づけるためのものなのかを意識する。
  - ④その他、具体的な品物、施設、組織などの固有名詞が出てきたら、具体例であると考える。何の話題を分かりやすく説明するために持ち出された例なのかを意識する。
- 1つの段落を通読してから解答する。その際、一つひとつの選択肢を空所に入れてみて、文脈に合うかどうかを丁寧に検討する。何となくの印象だけで選んでしまわないように注意。
- 段落中盤の空所に入る内容が、空所より前の内容だけで決定することができそうにない場合は、空所以降の内容が決定打になるはずだと考える。空所以降を改めてよく読んでその内容を要約し、その内容に対応する選択肢を選ぶ。

　3カ所の空所のうちの1カ所には、接続表現を補充します。その場合、空所の前後の文と文の意味関係を検討するだけで解答できる問題もありますが、準1級では段落の広い範囲の文脈を考慮して解答する問題もあります。したがって、接続表現を補充する問題でも、必ず1つの段落を通読してから解答することをおすすめします。

大問3の設問の特徴

　大問2と同じく、段落ごとの要点が明確で、各段落が「抽象→具体」の構成で書かれている英文が多く出題されます。ここでは、大問3の特徴を3つに分けて説明します。

段落の数と設問の数について

　多くの場合、英文の段落の数と設問の数が一致しており、1つの段落につき1つの設問が出題されます。ただし、2020年度第1回のように、段落の数と設問の数が一致しない場合もあります。そこで、次のような方針で解答するとよいでしょう。
　①段落の数と設問数が一致している場合は、1つの段落を通読して要約し、段落ごとに、

対応する設問に解答する。

②段落の数と設問数が一致しない場合は、まずは各段落を要約しながら文章全体を通読する。それから設問文を読んで、対応する段落を特定してから選択肢を検討する。

正解選択肢について

受験者の読解力を精密に測るために、正解選択肢は、本文の内容を言い換えて作られています。本文の内容を漠然と言い換える場合もあれば、本文の漠然とした内容を詳しく言い換える場合もあります。また、1つのセンテンスの内容を別の表現で表すだけの場合もあれば、複数のセンテンスの内容を要約して作られる場合もあります。

問題演習をする際は、本文と正解選択肢をよく観察し、さまざまな言い換えのパターンに慣れていきましょう。

「推測問題」について

設問文に most likely ...（…の可能性が最も高い）や might ...（…かもしれない）が使われる場合があります。こういう場合は、本文から推測できる内容の選択肢が正解になるのですが、実際には、本文の記述を無理なく言い換えた選択肢が正解になります。一方で不正解選択肢は、本文の記述と明らかに一致しないように作られています。したがって解答する際には、きちんと本文の記述に基づいて選択肢の正誤判断を行いましょう。推測問題といっても、正解がきちんと1つに決まるように作られています。

大問2と3を読むときのアドバイス——段落要約のすすめ

準1級では、高度な内容の英文が出題されます。英文の語数が増えるごとに、内容もいっそう複雑さを増していきます。さらに設問も、広い範囲の文脈を考慮して解答することが求められる問題が多く出題されます。そうした問題では、複数のセンテンスの内容をよく把握した上で選択肢を検討する必要があります。

このような特徴がある準1級のリーディング問題で確実に得点するためには、英語力だけでなく、読解力や思考力そのものを鍛える必要があります。そのための訓練として、段落ごとに内容を要約することをおすすめします。具体的には、1つの段落を読むごとに、その内容を頭の中で70字程度の1文でまとめてみます。この訓練を通して、文脈を追跡する力と抽象的にまとめる思考力が身につき、複雑な内容にも耐えられる読解力が養われていきます。

本書ではすべての英文に対して、段落ごとの要約を掲載しています。存分に活用していただければと思います。

大問2と大問3の例題と解答・解説です。大問2は「自然・環境」の語句空所補充問題（約250語）、大問3は「社会・政治・ビジネス」の内容一致選択問題（約300語）です。

大問2

Maintaining our Water Towers

Water towers are the unappreciated miracles of our cities. Though they tend to blend into the landscape, (*1*). Each tower holds a million gallons of water—the equivalent of 50 swimming pools—which serve a neighbourhood for a day. We rely on this supply during times of peak demand, for example between 7 and 8 AM when most American workers take a shower. But since the towers were built, mostly in the 1960s and 70s, two major changes have taken place that mean water towers are now troublesome to maintain.

Firstly, the land around water towers has been developed. At the time of their construction, most towers were in isolated locations. But houses and other amenities have slowly grown up around them, which makes it hard to maintain the towers without disrupting local people. (*2*), authorities in Richfield, Minnesota, struggled to upgrade their tower because it was close to a fire station. Although the structure required urgent repairs, the surrounding roads had to be kept clear at all times for the emergency services.

The second factor impacting water tower maintenance is modern telecommunications. In the last few decades, as cell phone use has dramatically increased, receiving devices have been attached to water towers because of their height. Not only does this spoil their appearance, it also means that (*3*). Today's technology-addicted citizens do not appreciate this kind of interruption. So work must be completed as swiftly as possible, and residents must be educated on the essential function of water towers for their daily hygiene.

(1) **1** the cost of building one is significant

      2 in many cases this is deliberate

      3 they offer lessons for modern engineers

      4 we could not survive without them

(2) **1** What is more

      2 On the other hand

      3 For example

      4 As a result

(3) **1** water supplies are cut off without warning

      2 networks may fail while repairs are carried out

      3 local residents will suffer financial burden

      4 Internet access will be provided nationwide

第1段落：給水塔は私たちの生活に欠かせないものだが、建設当初に比べて、その維持が困難になってきている。

第2段落：給水塔周辺の開発が進んだ結果、周辺住民に影響を与えることなく維持するのが困難になっている。

第3段落：給水塔に遠隔通信の受信機が取り付けられているため、補修作業中に通信が遮断される可能性があり、周辺住民の反感を買っている。

(1) 正解：**4**

選択肢の訳

1 建設コストが著しい

2 多くの場合、これは意図的だ

3 それらは現代の技術者に教訓を提供する

4 私たちはそれらがなければ生きることができない

`解説` 段落冒頭に空所があるので、それ以降に書かれている内容に合う選択肢が正解だと考えましょう。第1段落第3文（Each tower holds ...）と第4文（We rely on ...）には、私たちが日常生活で給水塔にいかに頼っているかを、具体例を挙げながら述べています。第5文（But since the ...）では、この給水塔の維持が困難になっているという問題点を提起しています。 続いて、選択肢の検討を行います。**1**、**2**、**3**は第3文以降の内容とは無関係ですが、**4**「私たちはそれらがなければ生きることができない」は第3〜4文の具体例の内容に合います。したがって**4**が正解と決まります。

(2) 正解：**3**

選択肢の訳

1 その上

2 かたや

3 たとえば

4 結果として

`解説` 接続表現を補充する問題です。段落全体の要旨を考慮しつつ、空所の前後の文と文の意味関係に特に注意しましょう。第2段落第1文から第3文（But houses and ...）では、給水塔の周囲の開発が進み、住民への影響を伴わずに維持するのが困難になっている、という問題点を指摘しています。そして空所(2)で始まる第4文以降では、ミネソタ州リッチフィールドにおける事例を紹介しています。つまり第2段落では、第1〜3文で問題点を指摘して、空所(2)で始まる第4文以降で具体例を挙げていることが分かります。したがって、**3**「For example（たとえば）」が正解です。

(3) 正解：**2**

選択肢の訳

1 水の供給が警告なく断たれる

2 補修工事が実施されている間、ネットワークが機能を停止するかもしれない

3 地元の人々は財政上の負担に苦しむだろう

4 インターネットへのアクセスが国全体で提供されるだろう

解説 段落の中盤に空所があります。空所(3)を含む第3段落第3文（Not only does ...）には、「これ（＝給水塔に受信機が取り付けられていること）は見た目を損なうだけでなく、（　　）ことも意味する」とあります。給水塔に受信機が取り付けられていることの意味については、空所以前の箇所では説明されていないので、空所以降の内容をしっかりと確認します。すると、第4文（Today's technology-addicted ...）と第5文（So work must ...）に「テクノロジー依存の市民はこうした中断を快く思わない。そのため、作業は可能な限り迅速に完了しなければならない」とあります。したがって空所には、①「給水塔に受信機が取り付けられていることが意味すること」であり、かつ②「テクノロジー依存の市民が困る作業に関すること」の2つを満たす内容が入ると分かります。したがって、**2**が最も適切であると分かります。**1**は確かに市民が困ることですが、①「給水塔の受信機」や②「テクノロジー依存の市民」とは無関係なので不適です。

> **カリスマ講師の目**
>
> 空所(1)と(2)のポイントは「抽象→具体の対応」であり、大問2で最頻出のポイントです。「先に提示される漠然とした情報」と「後続箇所の具体説明」とを対応させて読む姿勢が身についているかどうかが問われます。普段から「抽象」と「具体」の対応を意識して読み進める習慣をつけましょう。

和訳

給水塔を維持する

　給水塔は、私たちの都市における正しく評価されていない奇跡だ。給水塔は景観に溶け込みがちだが、私たちはそれらがなければ生き延びることができない。各給水塔は100万ガロンの水——水泳プール50個分に相当する——を蓄えていて、1日中近隣の役に立っている。たとえば、ほとんどのアメリカの労働者がシャワーを浴びる午前7時から8時の間など、需要がピークになる時間帯に、私たちはこの水の供給に頼っている。しかし、この給水塔が主に1960年代から70年代にかけて建てられてから大きな2つの変化が起こり、これにより今では給水塔を維持するのが厄介になっている。

まず、給水塔周辺の土地で開発が進んできた。建設時には、ほとんどの給水塔は遠く離れた場所にあった。しかし、その周辺に住宅やその他の施設が次第に建ちはじめ、地元の人々の妨げになることなく給水塔を維持するのが困難になっている。たとえば、ミネソタ州リッチフィールドの当局は、給水塔が消防署の近くにあるため、それを改修するのに苦労した。構造物に急を要する修繕が必要になったが、この緊急修理のために周辺の道路をずっと空けておかなければならなかったからだ。

　給水塔の維持に影響を与えている2つ目の要素は、現代の遠隔通信だ。過去数十年間に、携帯電話の利用が劇的に増加し、給水塔には高さがあるため、受信機が取り付けられてきた。これは見た目を損なうだけでなく、補修工事が実施されている間、ネットワークが機能を停止するかもしれないことも意味する。昨今のテクノロジー依存の市民はこうした中断を快く思わない。そのため、工事は可能な限り迅速に完了しなければならず、住民の側も自分たちの日々の衛生に給水塔が持つ重要な機能について学ばなければならない。

Vocab.

本文

- □ unappreciated「評価されていない」
- □ blend into「〜に溶け込む」
- □ gallon「ガロン」　★液量の単位。
- □ equivalent of「〜に相当するもの」
- □ troublesome「厄介な」
- □ isolated「孤立している」
- □ amenities「（生活を快適にする）施設」
- □ disrupt「〜を妨害する」
- □ struggle to *do*「苦労して〜する」
- □ urgent「緊急の」
- □ device「装置」
- □ technology-addicted「テクノロジー依存の」
- □ interruption「妨害、中断」
- □ swiftly「迅速に」
- □ hygiene「衛生」

選択肢

- □ deliberate「意図的な」
- □ nationwide「全国的に」

大問3

The Morals of Self-Driving Cars

In 2015, *The Observer* newspaper predicted that by 2020 self-driving cars would be commonplace, and with good reason; the technology was available, and the benefits were sizable. In 2017, the United States Department of Transportation reported that 94% of all motor vehicle deaths were down to human error. Without people operating cars, one could expect a 94% drop in mortalities. While this statistic is attractive to legislators, it seems they have run into a roadblock—although self-driving cars are generally safer, some will inevitably crash, and when they do, the car must follow prescribed instructions on how to react. This seemingly small issue has caused considerable difficulties.

The problem is that self-driving cars are essentially computers and as such they must follow predefined rules; for instance, when it sees a red light, it stops. However, in extreme situations, where someone might be injured, it's trickier to know what the correct action should be. Should the car prioritize the passengers' safety, pedestrians, or other drivers? To answer this question Iyad Rahwan, at MIT devised a study. Participants were asked how they would respond in a range of extreme circumstances in which someone's death was inevitable. It turns out that reactions change according to the individual preferences. In other words, it is practically impossible to program a self-driving car with perfect morals.

Although this news has been a setback for self-driving cars, their potentially life-saving benefits are still largely acknowledged, and efforts are being made to address this issue. One solution is to program the cars so that they align with local cultural ideals. For example, in the future, the same model car might be programmed to respond to extreme situations one way, while in another, it might be given alternative instructions. Either way, it likely won't be long until we have self-driving cars, but we still have some time to wait while legislators decide how they should behave.

(1) According to the author of the passage, one benefit of self-driving cars is that they would
   1 provide a more convenient method of transporting people around.
   2 eliminate the cause of the vast majority of fatalities in automobile accidents.
   3 stop the need for people operating their vehicles on dangerous roads.
   4 promote the development of advanced technology, and so help humanity.

(2) What did Iyad Rahwan find to be the main problem facing auto-manufactures and legislators?

1 As auto-manufactures investigate how they should program their cars; they will have to keep reprogramming them as they discover more.

2 Although there are only a few laws for self-driving cars, many legislators and auto-manufacturers feel there needs to be fewer.

3 Because people have different values, car manufacturers cannot program a car that will always make the right decision.

4 Since there are so many possible accidents that could occur in real life, programmers are unable to fully program self-driving cars.

(3) What is one possible solution that has been proposed to solve the problems facing self-driving car manufactures?

1 Create a self-driving car that adjusts its programming according to the individual driving it.

2 Manufacture the car, but leave the programming and decision making to the legislators of each country.

3 Continue to research how individuals react in extreme situations so the manufactures can identify better responses.

4 Manufacture a vehicle so that the model is programmed to behave differently in different markets.

第1段落：自動運転車の導入により、人間のミスによる死亡事故の大幅な削減が期待されるが、プログラム通りにしか動けないことが大きな問題をはらんでいる。

第2段落：自動車事故における最適な行動の判断は人によって異なるので、最適な動きを自動運転車にプログラムするのは実質不可能である。

第3段落：同じ型のモデルでも、各地域ごとに異なるプログラムをするなどの対策が考えられている。

(1) 正解：**2**

設問と選択肢の訳

本文の筆者によると、自動運転車の利点の一つとして、自動運転車は

1 人々をあちこちに移動させるのにより便利な手段を提供するだろう。

2 自動車事故の死亡数の大半の原因を取り除くだろう。

3 危険な道路で人が車を運転する必要性がなくなるだろう。

4 先進技術の発達を促進し、人類の役に立つだろう。

解説 自動車運転の利点については、第1段落第2文（In 2017, ...）と第3文（Without people operating ...）に書かれています。そこでは「自動車死亡事故全体の94％が人間のミスによるもの」であり、「車を運転する人間がいなければ（＝自動運転ならば）、死亡率は94％減少するかもしれない」と述べています。こうした内容を、「自動車事故の死亡数の大半の原因を取り除くだろう」と1文で要約している**2**が正解です。**3**は「危険な道路」に限定している点が本文に一致しません。

(2) 正解：**3**

設問と選択肢の訳

イヤッド・ラーワンは何が、自動車メーカーと立法者の直面する主な問題になると分かったのか？

1 自動車メーカーが自社の車をどうプログラムしたらよいかを調べるとき、さらに多くのことを発見するにつれて継続してプログラムし直さなければならない。

2 自動運転車に関する法律はわずかしかないが、多くの立法者と自動車メーカーはもっと少ないくてもいいと感じている。

3 人の価値観はそれぞれ異なるため、自動車メーカーが常に正しい判断をする車をプログラムすることはできない。

4 実生活で起こり得る事故がとてもたくさんあるため、プログラマーは自動運転車を完全にプログラムすることができない。

解説 ラーワンが行った調査の結果については、第2段落第6文（It turns out ...）と第7文（In other words, ...）に書かれています。第6文には「（極端な状況への）対応は個人

の選択の好みによって変わることが分かった」とあり、第7文には「完璧な倫理を備えた自動運転車をプログラムすることは実質的に不可能ということ（が分かった）」とあります。要するに、人によって正しいと考える対応が異なるので、誰にとっても正しい対応を自動車にプログラムするのは不可能であると述べています。こうした内容を1文で要約している**3**が正解です。　なお、ここでは「人によって対応の好みが異なる」ことを問題視しているのであって、「事故の件数の多さ」を問題にしているわけではないので、**4**は不適です。

(3) 正解：4

設問と選択肢の訳
自動運転車のメーカーの直面する問題を解決するために提案されてきた、実現の可能性のある解決策の一つは何か？

1 運転する個人に合わせてプログラムを調整する自動運転車を作る。

2 車は製造するが、プログラムと意思決定は各国の立法者に委ねる。

3 メーカーがよりよい対応を割り出せるように、極端な状況で個人がどのように反応するかについての研究を続ける。

4 それぞれの市場で異なって動くようにプログラムされたモデルの車を製造する。

解説 解決策についての説明は、第3段落第2文（One solution is ...）と第3文（For example, ...）にあります。その内容を要約すると、「地元の文化に合わせて異なる対応ができるように、同一モデルでも地域ごとに異なるプログラムをする」のように言うことができます。こうした内容をさらに端的にまとめた**4**が正解です。なお、ここでは「地域に合わせて」プログラムをすると述べているのであって、個人に合わせるわけではないので、**1**は不適です。また、**3**はもっともらしい内容ですが、解決策について述べている第2〜3文の内容とは無関係なので不適です。

> **カリスマ講師の目**
>
> 本問の正解選択肢は3つとも、複数のセンテンスの内容を端的に要約して作られています。そのため、正解するためには、各段落の比較的広い範囲を参照して、その内容を把握する必要があります。段落ごとに要約する訓練を積んで、広い範囲の内容を把握する力を鍛えましょう。

自動運転車の倫理

　2015年に『オブザーバー』紙は、2020年までに自動運転車が一般的になるだろうと予想した。この技術は利用可能であり、その恩恵は相当なものだというもっともな理由もあった。2017年にアメリカ運輸省は、自動車死亡事故全体の94％が人間のミスによるものだと報告した。車を運転する人間がいなければ、死亡率は94％減少すると期待できるかもしれない。この統計は立法者たちには魅力的だが、壁にぶつかっているように見える——自動運転車は概してより安全だが、衝突を免れないこともあり、そうした場合に車は対応方法について事前に与えられた指示に従わなければならない。この一見小さな問題は、かなりの困難をもたらしている。

　問題は、自動運転車が本質的にはコンピュータであり、故に、事前に定義されたルールに従わなければならないことだ。たとえば、自動運転車は赤信号を見たら停止する。しかし、たとえば誰かがけがをしているかもしれない場合などの極端な状況では、正しい行動がどうあるべきか判断するのはさらに難しくなる。車が優先すべきなのは、乗客の安全か、歩行者か、それとも他の運転手か？　この問いに答えるため、マサチューセッツ工科大学（MIT）のイヤッド・ラーワンは研究調査を考案した。研究への参加者は、誰かの死が免れないような極端な状況下で、どのように対応するかを尋ねられた。対応は個人の選択の好みによって変わることが分かった。言い換えれば、完璧な倫理を備えた自動運転車をプログラムすることは実質的に不可能ということだ。

　このニュースは自動運転車にとっては痛手だったが、それらが人の命を救うという潜在的な恩恵は今でも広く認められていて、この問題に対処する努力がなされている。1つの解決策は地域の文化・思想に合わせて車をプログラムすることだ。たとえば将来、同じモデルの車でも、一方は何らかの方法で極端な状況に対応するようにプログラムされ、別の車にはまた別の指示が与えられるかもしれない。いずれにしても、私たちが自動運転車を手にするまでにそう長くはかからないだろうが、車がどう動くべきかを立法者たちが判断している間、私たちにはまだ待つだけの時間がある。

Vocab.

本文
- ☐ commonplace「当たり前の」
- ☐ sizable「かなり大きな」
- ☐ mortality「死亡率」
- ☐ legislator「国会議員」
- ☐ inevitably「必ず」
- ☐ prescribe「〜を指示する」
- ☐ considerable「重要な、相当な」
- ☐ predefined「事前に定義された」
- ☐ tricky「扱いにくい、難しい」
- ☐ prioritize「〜を優先する」
- ☐ pedestrian「歩行者」
- ☐ inevitable「避けられない」
- ☐ setback「妨げ」
- ☐ align with「〜と協調する」

選択肢
- ☐ transport「〜を運ぶ」
- ☐ vast「広大な」
- ☐ investigate「〜を調査する」

準1級の全体の構成

　準1級の一次試験は筆記（90分）とリスニング（約30分）から成り、筆記は4つの大問で構成されています。大問1が「短文の語句空所補充問題（リーディング）」、大問2が「長文の語句空所補充問題（リーディング）」、大問3が「長文の内容一致選択問題（リーディング)」、大問4が「英作文問題（ライティング)」です。

技能ごとのスコア配分、合格基準スコア

　英検®は技能ごとにスコアを均等に配分しています。リーディング、ライティング、リスニング各技能の満点が750点で、一次試験の合格基準スコアは1792点／2250点です。日本英語検定協会のwebサイトによると、各技能での正答率が7割程度の受験者の多くが合格しています。

演習問題

大問２の解答・解説

自然・環境

別冊・問題 → P.002

風力発電所は機能しているのか?

　私たちが電気を得るため石炭や石油、天然ガスに頼り続けることができないのは明らかだ。それらが環境へ及ぼす悪影響は今ではよく理解されており、いずれにしても私たちはそれらを使い果たしつつある。こうした化石燃料に代わるものの一つが風力だ。アメリカで初の風力発電所が開所した1980年以降、科学者たちは風力が未来の住宅や事業所のエネルギーを供給できるかどうかを知ろうとデータを集めてきた。風力発電所を使う環境面での多くの利点は今では広く知られている。調査では、アメリカ人の大多数が風力発電の開発を支持していることが示されている。これにもかかわらず、風力が化石燃料に完全に取って代わることができるかどうかはまだ不透明だ。

　この発電源をめぐる主な問題の一つは、風はまったく保証できないということである。そのため、風力発電所があまり動いていないところを目にするのはよくある。タービン——電気を生み出す巨大な回転する機械——があまりにも長く止まった状態になると、電力供給が不安定になる。推定では、そのほとんどは概して最大発電容量の30％で稼働していると示唆されている。そのため、地元の人々には頻繁な停電のリスクがあり、またそれだけではなく、タービンの騒音も平穏の妨げになる。さらに、機械の羽根は鳥にとって脅威になることが分かっている。

　しかし、風力発電には否定できない恩恵がある。風力発電所は汚染を出さず、既存の農地に建てることができる場合が多い。加えて、タービンがいったん設置されたら、動かすのにほとんどまったくコストがかからず、風力発電で生み出された電気を購入する多くの消費者は、余剰の発電量について請求額から控除が受けられる。風力発電所は、化石燃料に代わる、環境負荷が少ないだけでなく経済的にも理にかなった手段を提供する可能性があるように思える。

要約

第1段落：風力は化石燃料に代わるエネルギー源の候補として期待されるが、完全に置き換わり得るかどうかは不透明である。

第2段落：風力による電力供給は不安定である上に、機械の羽根が鳥の脅威になるという問題点がある。

第3段落：風力発電には、環境面でも経済面でも利点がある。

(1) 正解：**4**

選択肢の訳

1 さらに

2 その結果として

3 その代わりに

4 これにもかかわらず

解説 第1段落第6文（Surveys suggest ...）では、「アメリカ人の大多数が風力発電の開発を支持している」という好意的な調査結果を提示している。一方、次の空所(1)で始まる第7文では「風力が化石燃料に完全に取って代わることができるかどうかはまだ不透明だ」と述べて、風力発電に対して不利な見解を表明している。これらの好意的な内容の文と不利な内容の文をつなぐ語としては、「逆接」を表す **4**「in spite of this（これにもかかわらず）」が最適だ。

(2) 正解：**1**

選択肢の訳

1 概して最大発電容量の30％で稼働している

2 地元の地域に十分な電力を生産する

3 運営するのに必要なスタッフは20人未満だ

4 遠くからは動いていないように見える

解説 第2段落第2文（If the turbines ...）に、「タービンがあまり動かない場合は電力供給が不安定になる」という指摘があり、次の第3文（Estimates suggest ...）には「推定では、そのほとんどは（2）」という統計が引用されている。この推定は、前文の指摘の内容を裏付けるためのものと考えられるので、空所には「電力供給が不安定になる」という指摘に最も合う **1**「概して最大発電量の30％で稼働している」を入れるのが適切だ。この **1** は、次の第4文（So local people …）の「そのため、地元の人々には頻繁な停電のリスクがある」という内容にも自然につながる。

(3) 正解：**3**

選択肢の訳

1 現在、地元の人々の雇用を創出している

2 アメリカの国民に完全に受け入れられてきた

3 環境負荷が少ないだけでなく経済的にも理にかなっている

4 既存の政府の税金によって賄うことができる

解説 第3段落第2文（Wind farms create ...）では、風力発電の環境面に対する利点を述べている。続く第3文（Additionally, ...）では「稼働のコストが安い」、「発電量に応じて請求額から控除を受けられる」といった経済面での利点を述べている。こうした環境面と経済面での利点を端的に要約している **3**「環境負荷が少ないだけでなく経済的にも理にかなっている」が、第3段落の最終文の内容として最も適切だ。

解答解説 演習問題 大問2

空所 (3) の正解選択肢は、第3段落の内容を見事に要約したものになっています。普段から段落の要約を行っている人にとっては「まさにこれ」と思える選択肢だったのではないでしょうか。

Vocab.

本文
- ☐ rely on「〜を頼りにする」
- ☐ replacement「代わりとなるもの」
- ☐ fossil fuel「化石燃料」
- ☐ find out「〜を明らかにする」
- ☐ advantage「利点」
- ☐ common knowledge「常識」
- ☐ remain「〜のままである」
- ☐ guarantee「〜を保証する」
- ☐ relatively「比較的」
- ☐ inactive「動いていない」
- ☐ spinning「回転する」
- ☐ generate「〜を生み出す」
- ☐ idle「稼働していない」
- ☐ vulnerable「不安定な」
- ☐ frequent「たびたび起こる」
- ☐ disturb「〜を乱す」
- ☐ erect「〜を建てる」
- ☐ agricultural「農業の」
- ☐ install「〜を設置する」
- ☐ excess「余分の」
- ☐ alternative to「〜の代わりの手段」

選択肢
- ☐ capacity「生産・操業能力」
- ☐ stationary「動かない」
- ☐ green「環境にやさしい」
- ☐ ongoing「現在進行中の」
- ☐ financial「財政の」

自然・環境

別冊・問題 → P.004

センザンコウの密売

　野生動物の不法な売買など過去のことだと思っている人は、考え直すべきである。ゾウ、トラ、サメなどの動物がいまだに捕獲され、販売されているのだが、今日、ある種類の動物がさらに弱い立場に追い込まれている。それは、センザンコウである。この中くらいの大きさの哺乳類は、固いうろこで覆われており、アジアとアフリカの固有種なのだが、現在、世界の不法な動物取引のなんと20％を占めている。この数値は増加しつつあると専門家は述べている。そしてセンザンコウの「不正取引」（国家間での動物の不法な移動）の多くのケースが報告されないままになっていると専門家たちは考えている。つまり、センザンコウの将来は明るく見えない。

　なぜ、それほど多くのセンザンコウが密売されているのか。その主な理由はうろこにあり、これは伝統医学で用いられ、腰痛から鼻血まで幅広い健康問題を治療すると考えられている。1キロの袋入りのセンザンコウのうろこは、闇市場で3,000ドルもの価値がつく。さらに、この動物は中国、ベトナム、ナイジェリアなどの国で食用とされている。ニューヨーク・タイムズのある報告書によると、ベトナムの複数のレストランで、不法なセンザンコウの肉が提供されていることを誰も隠そうとしなかったとのことである。それどころか、その肉は「メニューの中で最も高価な品であることが多く（…）これを注文することは、友人や同僚に見せびらかすためのあからさまな方法である」。

　幸い、前向きな動きも起きている。2014年に、活動家たちはこうした生物に対するリスクについての認識を高めようと、「世界センザンコウ・デー」を設立した。2019年に中国が法改正を行い、センザンコウのうろこを含有する薬を国民健康保険制度の適用外とした。これは、中国における需要減少にある程度功を奏している。とはいえ、センザンコウの長期的な生存を確実にするためには、より多くの取り組みが必要だ。

要約

第1段落：哺乳類のセンザンコウは現在、世界の不法な動物取引の20％を占めると言われ、この数値は上昇していると思われる。

第2段落：センザンコウが密売されるのは、うろこが伝統医学で用いられたり、肉が食用としても人気があったりするからである。

第3段落：問題意識を高めたり、需要を減らすための取り組みが行われているものの、センザンコウの保護のためにするべきことはまだ多い。

(1) 正解：**2**

選択肢の訳

1 犯罪者たちは国際的に活動できる

2 センザンコウの将来は明るく見えない

3 センザンコウの個体数は減少しつつあるようだ

4 そのデータは不正確であることが示された

解説 空所(1)の直前に In other words があるので、空所には直前の内容を言い換えた選択肢が入ると分かる。第1段落第2文（Animals such as ...）で、不法な売買をされている動物種としてのセイザンコウに焦点を当て、続く第3文（This medium-sized ...）以降ではその不法売買の横行の実態に言及している。こうした内容の言い換えとしては、セイザンコウの不遇な実態に触れている **2**「セイザンコウの将来は明るく見えない」が最適だ。**1** はセイザンコウに焦点を当てた段落内容の言い換えとしては不適である。

(2) 正解：**2** ★（やや難）

選択肢の訳

1 それを否定するために   **2 それどころか**

3 さらに   **4** それにもかかわらず

解説 第2段落第5文（One report by ...）には、一部のベトナムのレストランにはセンザンコウの料理を提供している事実を隠す者はいないとある。次の空所(2)で始まる第6文では、センザンコウが高級品で、これを注文するところを見せびらかす者がいるという事実を紹介している。つまり、セイザンコウを食べることを「隠す」ことをしないどころか、「見せびらかす」者がいるのである。したがって **2**「On the contrary（それどころか）」が正解だ。セイザンコウを食べることを隠さないことと、そのことを見せびらかすことは「逆接」の関係とはいえないので、**4** は不適である。

(3) 正解：**3**

選択肢の訳

1 若者の自然への関心が高まっている

2 他の国々ではこの肉を食べない

3 前向きな動きも起きている

4 これらのセンザンコウは野生で生き残れる

解説 第3段落第2文（In 2014, ...）では、センザンコウの危機に対する意識を高めるための運動を紹介している。続く第3文（In 2019, ...）と第4文（This has gone ...）では、中国の法改正によりセンザンコウを含有する薬品が保険の適用外となり、需要がある程度低下したという事実を紹介している。これらの具体例の内容に最もよく合う **3**「（センザンコウにとって）前向きな動きも起きている」が正解だ。

on the contrary（それどころか、むしろ）は、前文に含まれる表現とは真逆の意味の表現を用いて通常はやや極端な事実を述べる際に使われます。空所(2)を含む文では、前文のhide（〜を隠す）とは真逆のshow off（〜を見せびらかす）という表現を用いて事実を述べています。

> 例　I don't think he's lazy. On the contrary, I look up to him.
> 「彼が怠惰であるとは思いません。それどころか、彼を尊敬しています」

この例では、前文のlazyとは真逆の意味のlook up to ... という表現を用いて事実を述べています。また多くの場合、前文は否定文で、on the contraryを含む文は肯定文であることも知っておきましょう。

Vocab.

本文

- □ pangolin「センザンコウ」★全身がうろこで覆われた哺乳類
- □ trafficking「密売」
- □ vulnerable「弱い、被害に遭いやすい」
- □ mammal「哺乳類」
- □ scale「うろこ」
- □ frequently「頻繁に」
- □ obvious「明らかな」
- □ colleague「同僚」
- □ awareness「意識、認識」
- □ ensure「〜を確実にする」

選択肢

- □ inaccurate「不正確な」

自然・環境

別冊・問題 → P.006

水の価値

　皆さんはおそらく、何も考えずに水道の蛇口をひねり、毎日長い時間シャワーを浴び、水を出しっぱなしにして洗いものをしているだろう。しかし、世界中の多くの人々には、このような選択肢はない。最近のいくつかの報告書が示すところによると、世界人口の3分の1が年に少なくとも1カ月間、水へのアクセスが制限され、この状況は悪化しているという。したがって、国連は2030年までに誰もが水の供給を確実に得られるようにするという目標を定めているが、これが達成可能かどうかについて、このデータは疑問を投げかけている。専門家らは実際、2050年までに世界の半分の人々がきれいな水を得るのに苦労するだろうと予測している。

　多くの環境問題と同様に、人類が主な原因となっている。私たちの惑星には安心して飲める水が豊富にあるが、私たちは河川や湖にあまりにも大きな負担をかけてきた。地球上の人口は過去50年間で倍増し、それに伴って農業が拡大した。農業は私たちが利用可能な水の70％を使用し、多くの場合、水を不注意に無駄にしたり汚染したりし、また、輸送や製造といった人間活動が地球の温暖化を引き起こしてきた。気温上昇は自然災害を引き起こし、その結果として水供給の減少につながることがある。要するに、自分たちの責任でしかないというわけだ。

　しかしながら、自分たちの行動の影響を感じているのは私たちだけではない。1900年以来、湿地帯（浅い水で覆われた地帯）の50％が消失している。これが意味するのは、鳥やヘビ、カメ、カワウソの住める場所が減っているということだ。湖は干上がり、魚は死に、哺乳類は水の飲み場を失っている。国連の目標を達成し、野生生物の数を回復させるためには、あらゆる大陸で水を喫緊の政治的優先事項としなければならない。

要約

第1段落：世界人口の3分の1が水不足で苦しんでいる状況を2030年までに改善するとWHOは言うが、専門家は2050年には半数が水不足に陥ると警告している。

第2段落：水不足の原因は、農業や輸送、製造などの人間の活動にある。

第3段落：水不足は、人間だけではなく野生動物にも害を及ぼしているので、世界中が水問題の解決を最優先事項として、それに注力するべきだ。

(1) 正解：**1** ★

選択肢の訳

1 世界の半分の人々がきれいな水を得るのに苦労するだろう

2 政府がこの問題を真剣に受け止め始めるだろう

3 気候変動が世界の水供給に影響を与えるだろう

4 国連は自分たちの水に関する目標を達成するだろう

解説 第1段落第3文（Recent reports suggest ...）と第4文（Therefore, although ...）
では、国連が目指す水の供給目標の達成に疑問を投げかける報告書を紹介している。続く
第5文（Experts actually predict ...）ではactually（実際に）を用いて、<u>この報告書の内
容を裏付ける専門家の見解</u>を引用していると考えられる。したがって、将来の水の供給目
標の達成に疑問を投げかける内容である **1** が最も適切だ。**4** は水の供給目標の達成に疑問
を投げかける報告書の内容と真逆になるので不適である。

(2) 正解：**4**

選択肢の訳

1 対照的に   2 それにもかかわらず

3 ついに   **4 要するに**

解説 第2段落第1文～第5文（Higher temperature lead ...）までは一貫して、人間が水
不足の原因となってきたことを、具体的な事例を用いて論じている。したがって空所(2)の
後ろのwe only have ourselves to blame（自分たちの責任でしかないというわけだ）とい
う1文は、それまでの内容を端的に要約したものであると考えられるので、正解は **4**「in
short（要するに）」だ。

(3) 正解：**3**

選択肢の訳

1 きれいな水の絶え間ない供給を享受している

2 海洋生態系を理解している

3 自分たちの行動の影響を感じている

4 水の価値を過小評価する

解説 第3段落第2文（Fifty percent of ...）から第3文（Lakes are drying ...）では、水
不足の影響が人間以外の動物にまで及んでいることを、具体例を列挙しながら述べている。
そこで、第1文の空所に **3**「自分たちの行動の影響（＝人類が引き起こした水不足）を感
じている」を入れれば、第1文はWe are not the only one to feel the impact of our
actions.（水不足の影響を受けているのは私たち〔＝人間〕だけではない）となり、第2
文以降の具体例の内容に合う文になる。正解は **3** だ。なお、**4** のように人間以外の動物が
水を軽んじていることは、本文から読み取れない。

本文で使われている we は「人間、人類」という意味です。人間と他の動物とを対比的に扱う文章では、私たち人間を we で表す場合があります。他にも、we は文脈に応じてさまざまなものを示すことができます。大人と子どもを対比的に扱う文章では「大人」を表し、現在と過去を対比させる文章では「現代の人々」を表したりもします。

Vocab.

本文

- ☐ faucet「蛇口」
- ☐ option「選択肢」
- ☐ cast doubt on「〜に疑念を投げかける」
- ☐ predict「〜を予測する」
- ☐ plenty of「たくさんの」
- ☐ agriculture「農業」
- ☐ accordingly「それに応じて」
- ☐ available「利用できる」
- ☐ pollute「〜を汚染する」
- ☐ transportation「輸送」
- ☐ disaster「災害」
- ☐ wetland「湿地帯」
- ☐ otter「カワウソ」
- ☐ immediate「迅速な」
- ☐ priority「優先」

選択肢

- ☐ struggle to *do*「〜しようと苦労する」

医療・健康

別冊・問題 → P.008

認知症を防げるか?

　認知症——加齢とともに脳の機能が低下すること——は避けられないとよく思われている。これは場合によっては正しいかもしれないが、世界保健機関（WHO）によると、大半の人の場合、認知症の発症を抑えることができるという。全世界には5,000万人もの認知症患者がおり、人類の寿命が延びるにつれてこの問題は拡大しつつある。こうした理由から、WHOは高齢者に限らずすべての成人が、以下の指針に従うことを推奨している。

　WHOは認知症を防ぐための11の行動をすすめている。その中の一部の、喫煙をやめることやアルコールの消費を減らすといったことは、何ら驚くようなことではないだろう。ややなじみの薄いものには、たとえば強固な友人関係を維持することや、地中海風の食事をするといったものもある。ギリシャ人などの地中海地方の国の人々は長寿の傾向があるが、それは彼らが多くの野菜、魚、ナッツ類やオリーブ油を摂取しているからである。その他の推奨行為としては、週に150分の運動をすることや、クロスワードパズルを完成させるといった頭の体操を定期的に行うことなどがある。また、体重や血圧や血中コレステロール値の管理に努めることも推奨されている。

　認知症には治療法がない。残念ながら、身内に認知症患者がいた場合、認知症を防ぐ手立てはほとんどないだろう。しかし、WHOの推測では、認知症の3分の1は生活スタイルを少し変えるだけで防ぐことができる可能性があるという。さらに、その助言——栄養豊富な食べ物を食べること、活動的で社交的でいること——は、他にもさまざまな恩恵をもたらしてくれる。高齢期に考え得る最高の健康状態を維持するためには、高齢期に入る前にWHOが示す指針に従うのがよい。

要約

第1段落：人類の寿命が伸びるにつれて広がりつつある認知症を防ぐために、WHOが行動指針を提唱している。

第2段落：WHOの行動指針は、社交、食事、運動、頭の体操など多岐にわたる。

第3段落：認知症には治療法がないが、高齢期に入る前にWHOが示す行動指針に従うことによって、発症を抑えることは可能である。

(1) 正解：3

選択肢の訳

1 言い換えると　　　　　　　　**2** 一方で

3 こうした理由から　　　　　　**4** それにもかかわらず

解説 第1段落第3文（There are 50 million ...）には「全世界には5,000万人もの認知症患者がおり、人類の寿命が延びるにつれてこの問題は拡大しつつある」とある。次の空所(1)で始まる第4文には「WHOが行動指針を提唱した」とある。これら2つの文の意味関係としては、第3文の「認知症の問題が深刻化していること」を理由に、第4文の「WHOが行動指針を提唱した」という結果に至った、とするのが適切である。したがって、因果関係を表す**3**「For these reasons（こうした理由から）」が正解だ。

(2) 正解：1

選択肢の訳

1 長寿の傾向がある　　　　　　**2** 両親と同居している

3 普段は自転車で移動する　　　**4** 職を得る機会が少ない

解説 第2段落第3文（Others are less ...）ではWHOが推奨する認知症予防のための行動指針としてMediterranean-style diet（地中海風の食事）をすることを挙げており、そうした食習慣のある人々の例として、空所(2)を含む第4文（People from Mediterranean ...）で「ギリシャ人などの地中海地方の国の人々」を挙げている。よって、これらの人々はWHOの指針に従って「認知症を予防できる」と考えられるので、健康面に触れている**1**「長寿の傾向がある」が最も適切だ。

(3) 正解：3

選択肢の訳

1 医師からの薬　　　　　　　　**2** 身体的、あるいは精神的な病い

3 生活スタイルを少し変えるだけ　**4** 家族の支え

解説 第3段落第3文（However, the WHO ...）では、「認知症の3分の1は(3)で予防できる」とするWHOの推測を紹介している。この(3)には、WHOが提示する予防策が入ると考えられる。この予防策を、次の第4文（Moreover, ...）のthe recommendations（その助言）で受けて、その直後で「栄養豊富な食べ物を食べること、活動的で社交的でいること」のように具体化している。この具体化の内容に最も自然につながる**3**「生活スタイルを少し変えるだけ」が正解だ。他の選択肢は、この具体化の内容につながらないので不適である。

空所 (2) は、「地中海地方の国の人々」が何に対する具体例なのかを
意識しないと、選択肢を絞り切れないかもしれません。具体例を見
たら、「何を分かりやすく述べるための例なのか」を意識する姿勢が
大切です。

Vocab.

本文

□ **dementia**「認知症」★de- [= down] + -men- [= memory]

□ **assume**「〜と思う」

□ **unavoidable**「不可避の」

□ **guideline**「行動指針」

□ **recommendation**「助言、提案」

□ **consumption**「消費、体内摂取」

□ **Mediterranean**「地中海地方の」

□ **A as well as B**「B も A も」★A and B の強調表現

□ **complete**「〜を完成させる」

□ **blood pressure**「血圧」

□ **cholesterol**「コレステロール」

□ **nutritious**「栄養豊富な」

□ **stay social**「社交的でいる」★他者と継続的な接点を持つこと

選択肢

□ **medication**「（病院で処方される）薬」

医療・健康

別冊・問題 → P.010

死ぬ権利

　1942年にスイスは新しい大胆な法律を導入した。その時までは、誰かが自らの命を断つことを手助けするのは違法だった。しかしスイス政府は、たとえば回復の見込みがほとんどなく、痛みのある病に苦しんでいる場合などは、成人には自分の命を断つ権利があると判断した。その目的のために、愛する人が平穏に死ぬのを手助けすることが犯罪ではなくなるように法律が改正された。

　スイスの先導に続いた国はほとんどなく、例外はオランダ、ベルギー、ルクセンブルク、カナダ、コロンビアである。アメリカとオーストラリアの一部の州でも、ほう助自殺が合法化されている。しかし、ほとんどの国では、国民には望ましい時期と方法で人生を終える選択肢がない。一部のケースでは、これは宗教上の理由による。神が人々に命を与えると信じられている場合、命を取り去るのもまた神だけだと考えられる傾向にあるからだ。また他のケースでは、このような法律が、誰かの死によって利益を得る可能性のある人物によって乱用されるかもしれないという懸念に起因している。しかし理由が何であれ、個人にそうした権限を与えることへの世界的な抵抗があるようだ。

　ほう助自殺を推進する活動家たちは、そうするのは人に与えられた権利のはずであると言う。何百万人もの人々が、安全に尊厳を持って死ぬ方法がまったくないために、絶望して生きている。活動家たちは、現在の法には合理性がほとんどないとも指摘している。今ではほとんどの国で自殺は合法とされている。しかし、誰かがこの合法的な行為を実行するのを手助けすることは犯罪行為のままであり、それは、誰かが窓を開けるのを助けることを犯罪行為とするようなものでもある。残念ながら、こうした議論は広く説得力を持つものの、まだ議員らを納得させるには至っていない。

要約

第1段落：1942年にスイスで法律が改正され、特定の場合における自殺のほう助が違法ではなくなった。

第2段落：宗教上の理由や権利の乱用への懸念などから、ほう助自殺が合法になることへの抵抗は、世界のどの地域でも大きい。

第3段落：推進派は、反対派の論理の不合理な点を指摘しているが、現状を変えるには至っていない。

(1) 正解：**2**

選択肢の訳

1 特に **2 その目的のために**

3 偶然 **4** これにもかかわらず

解説 空所 (1) の前後の文脈を検討すると、空所 (1) の前文の「(不治の病に苦しむ) 成人が命を絶つ」が「目的」で、空所 (1) の後ろの「愛する人が平穏に死ぬのを手助けすることが犯罪ではなくなる」が、前文の目的を果たすための「手段」であると考えられる。これらの 2 文を自然につなぐのは **2**「To the end (その目的のために)」しかない。

(2) 正解：**2**

選択肢の訳

1 自殺をほう助するクリニック数の増加

2 個人にそのような権限を与えることへの世界的な抵抗

3 もっと厳しい罰則を支持する強い主張

4 民衆にその法律について伝える際の問題

解説 第 2 段落第 2 文 (But in most countries ...) では、大半の国では国民に「死ぬ権利」が与えられていないと述べた上で、第 3 文 (In some cases, ...) では国民に「死ぬ権利」が与えられない根拠の一つを挙げて、第 4 文 (In others, ...) ではもう一つの根拠を挙げている。こうした内容を第 5 文の But no matter the reason (しかし理由が何であれ) で受けているので、それに続く空所 (2) には「国民に『死ぬ権利』が与えられていない」という内容に合う選択肢が入ると考えられる。したがって、**2** が最も適切だ。

(3) 正解：**1** ★

選択肢の訳

1 現在の法には合理性がほとんどない

2 医師は患者の命を合法的に断っている

3 人口は高齢化しつつある

4 命はどんな犠牲をはらっても守られなければならない

解説 空所 (3) を含む第 3 段落第 3 文 (Campaigners also point out ...) の主語である campaigners は、自殺ほう助を推進する立場の人々なので、空所 (3) には自殺ほう助の合法化に賛成する立場の内容が入ると考えられる。続く第 4 文 (Suicide is legal ...) ～第 5 文 (However, it remains ...) には、多くの国で自殺が合法である一方で、そのほう助が違法であることを批判する主張が書かれている。こうした内容に最も合う **1**「現在の法には合理性がほとんどない」が正解だ。**2** のような事実は第 3 段落には書かれておらず、**4** のような主張は同段の内容とは無関係である。

空所(3)は、空所の前後のヒントを丹念に利用して、選択肢を絞ることができたかどうかで差がつきました。難問であっても、必ず空所の前後をてがかりにして正解が一つに決まるはずであることを忘れないでください。何となく「正しい」内容に見える4などを選ばないように気を付けましょう。

Vocab.

本文

- [ ] commit suicide「自殺する」
- [ ] painful「苦痛を与える」
- [ ] exception「例外」
- [ ] legalize「～を合法化する」
- [ ] assisted suicide「ほう助自殺」
- [ ] option「選択肢」
- [ ] religious「宗教的な」
- [ ] take away「～を奪い去る、（人を）殺す」
- [ ] abuse「～を乱用する」
- [ ] benefit「利益」
- [ ] campaigner「活動家」
- [ ] distress「悩み、嘆き」
- [ ] remain「～のままである」
- [ ] criminal offense「犯罪（行為）、刑法上の罪」
- [ ] carry out「～を実行する」
- [ ] legal「合法的な」
- [ ] argument「議論」
- [ ] broadly「広く」
- [ ] convince「説得力のある」
- [ ] lawmaker「国会議員」

選択肢

- [ ] reluctance to *do*「～したがらないこと」

医療・健康

別冊・問題 → P.012

デング熱の増加

　マラリアは普通蚊と結びつけられる病気だが、デング熱（骨が折れるように患者が感じるので「骨折熱」としても知られる）のほうが実はさらに多い。毎年、約1億人がデング熱にかかり、そのうち22,000人が亡くなる。デング熱の年間患者数が増加しつつあることはデータも示唆しており、これには3つの理由がある。1つ目は、都市化であり、都市では単純に、ネッタイシマカが生息し、繁殖できる場所が増えている。2つ目は気候変動である。というのも、蚊は高温を好むからである。3つ目は海外旅行で、これはそうした蚊が世界中の新しい地域に広がることに一役買ってきた。世界人口の40％が現在、デング熱のリスクがある地域に住んでおり、100カ国がその影響を受けていると推定されている。

　しかし、毎年3億人の人々がデング熱に感染しても症状がまったく現れないことを考えると、この病気が増えていることは本当にそんなに悪いことなのだろうか？　残念ながら、その答えはイエスである。デング熱の治療法はなく、つまり、大流行を抑制することが難しい。洗浄用の化学薬品を、通りや建物に吹きつけてもほとんど効果がないようだ。さらに、ほとんどの人がインフルエンザのような軽症を患うのみである一方、この病気は子どもや10代前半の人々に深刻な脅威を与える。

　デング熱に対して効果的な薬を科学者が開発するまで、なすべき最善のことは、刺されるのを避けようとすることだ。蚊が生息していることの多い淀んだ水たまりに近寄らず、夜、特に野外にいるときは、腕や脚を覆っておくことだ。窓の網戸や、ベッドの上から吊り下げることのできる蚊帳も、熱帯諸国でデング熱への感染を予防するのに役立ち得る。

要約

第1段落：都市化、気候変動、国際的な人の移動などの理由で、蚊を媒介としたデング熱の患者数が増加している。

第2段落：デング熱には治療法や予防法がなく、若者に深刻な脅威になるので、デング熱の拡大は悪いことである。

第3段落：効果的な薬がない現時点では、淀んだ水たまりを避け、屋外では腕や脚を覆い、熱帯諸国では網戸や蚊帳を利用するのが最善の予防策である。

(1) 正解：**3**

選択肢の訳

1 農村地域で蚊の数が増えている

2 外国からの旅行者は、感染のリスクがさらに高い

3 デング熱の年間患者数は増加しつつある

4 治療しても最も脆弱な集団を救えない

解説 第1段落第3文（Data also suggest ...）の空所（1）の直後に there are three reasons for this とあることから、次の第4文（The first is ...）以降では空所（1）の内容に対する理由が述べられることが分かる。そこでは①都市化に伴う蚊の生息場所の拡大、②蚊が好む気候への変動、③人の移動に伴う蚊の移動、という理由を述べている。これらの理由が導く結果として最も適切な選択肢は、蚊を媒介としたデング熱の拡大について述べている **3**「デング熱の年間患者数は増加しつつある」だ。

(2) 正解：**1**

選択肢の訳

1 さらに   **2** ありがたいことに

3 しかしながら   **4** 同様に

解説 第2段落第2文（Unfortunately, ...）で、デング熱の拡大は悪いことであると明言している。それに続く第3文（There is no cure ...）から空所（2）で始まる第5文では、デング熱には治療法もないこと、予防策もないこと、さらにデング熱は若者にとって脅威であることなど、デング熱の拡大が「悪いことである」と言える根拠を挙げている。つまり、第2文に対する根拠を、第3文、第4文、そして空所（2）で始まる第5文で列挙しているのである。したがって空所（2）には、「追加」を表す **1**「Moreover（さらに）」が適切だ。**2** は、文全体を見ずに直後の the majority of people suffer only mild だけを見た人が選んでしまう選択肢である。

(3) 正解：**4**

選択肢の訳

1 デング熱を予防するための唯一の方法は、室内にいることだ

2 デング熱のリスクを減らすためにできることは何もない

3 親は次のような自然療法を試すことができる

4 なすべき最善のことは、刺されるのを避けようとすることだ

解説 第3段落第2文（Stay away from ...）から段落末尾までは、淀んだ水たまりを避ける、屋外では腕や脚を覆う、熱帯諸国では網戸や蚊帳を使用するなど、デング熱を予防するための具体的な行動指針を列挙している。こうした具体例に最も対応する **4**「なすべき最善のことは、刺されるのを避けようとすることだ」が正解だ。

カリスマ講師の目

本問のポイントは「要約力」です。第1段落の3つの理由、第2段落第3文以降、第3段落第2文以降にずらずらと述べられている内容を通して、要するに何を述べようとしているのかを把握する力が問われています。普段から段落ごとの要約を行って、要約力を鍛えましょう。

Vocab.

本文

- □ malaria「マラリア」★マラリア原虫の寄生によって起こる病気
- □ associated with「〜と関係している」
- □ mosquito「蚊」
- □ dengue fever「デング熱」
- □ urbanization「都市化」
- □ reproduce「繁殖する」
- □ prefer「〜を好む」
- □ given that ...「…と考えると、と仮定すると」
- □ symptom「症状」
- □ outbreak「病気などの突発」
- □ infection「感染」

選択肢

- □ rural「田舎の、地方の」
- □ vulnerable「弱い」

教育・心理

別冊・問題 → P.014

歴史の授業を楽しくする

　歴史が好きな科目だと主張する学生は少ない。若い人々にとって、歴史上の出来事を自分自身の生活に結びつけることは難しい上に、年号や名前を覚える必要があることもまた、やる気をなくさせることがある。しかし、歴史の授業は、教科書から読み取ることだけに限定される必要はない。昨今の歴史の教師たちは、自らの担当科目を生き生きしたものにするために、新たな手法を試みている。

　授業を活気あるものにするための一つの方法は、歴史的な物を使用することだ。もちろん、ほとんどの教師は、本物の刀やかぶとを教室に持ち込むことはできないが、本や写真、その他の小さなアイテムを持ってきて、学生たちの興味をかき立てることはできるかもしれない。同様に、劇もしばしば歴史の授業で活用される。歴史上の人物の役を演じ、それぞれの人物の個性や動機について考えることは、ある出来事がどのように、そしてなぜ発生したのかを学生が理解するのに役立ち得る。若い人々が歴史上の人物に実際の人間として出会えるようにすることは、現在、歴史教育の重要な側面であると見なされている。イングランドでは、学童たち全員がイングランド王ヘンリー8世を覚えているが、それは、彼がもたらした政治的変化のためではない。彼らが彼を覚えているのは、彼には6人の妻がいて、そのうちの2人を打ち首にして殺したからである。ヘンリー8世をこれほどまでに強く記憶に残しているのは、このひどくて、しかし興味をそそる個人情報なのだ。

　学生たちの興味を刺激するために教師たちが試みている他の方法は、授業中に学生たちにもっと主体性を与えることである。スピーチをさせたりディベートを行わせたりすることで、授業中に自分たちの考えを発表する機会を学生たちに与えている先生もいる。ブログの記事を書くことや、さらには「歴史的な」文書や物を作ることを学生に求める教師もいる。歴史は必ずしも簡単な科目ではないが、退屈な科目にする必要はないことをこうした教師らは理解しているのだ。

要約

第1段落：退屈と思われがちな歴史教育を活気あるものにするために、教師たちが新たな教授法を試みている。

第2段落：一つの手法は、歴史に関係する道具を見せたり、劇を演じたり、人物の印象的な個人情報を紹介したりすることである。

第3段落：もう一つの手法は、学生に授業中に発表させたり、文章や物を作らせたりなど、主体的に行動させることである。

(1) 正解：**2**

選択肢の訳

1 これにもかかわらず

2 同様に

3 それどころか

4 言い換えれば

解説 第2段落第1～2文（Of course, most teachers ...）では、歴史に関する道具を見せて学生の興味を引く手法を紹介している。第3文（空所（1）で始まる文）～第4文（Playing the roles ...）では、劇を演じて歴史上の出来事を深く理解させる手法を紹介している。これらはどちらも、歴史の授業を活気あるものにするための手法の具体例であると考えられる。したがって、第1～2文と第3～4文をつなぐ語としては **2**「Similarly（同様に）」が最適だ。

(2) 正解：**4** ★

選択肢の訳

1 イギリスの歴史における彼の強烈な存在感

2 彼の意義深い政治的成果

3 中世におけるこの風変わりな社会的慣習

4 このひどくて、しかし興味をそそる個人情報

解説 第2段落第5文（Allowing young people ...）から段落末尾までは、「若者が歴史上の人物に実際の人間として出会えるようにする」という手法を紹介している。その具体例として、第6文（In England, ...）～第7文（They remember him ...）ではヘンリー8世の強烈な人柄について述べている。よって、この内容に合う **4**「このひどくて、しかし興味をそそる個人情報」が正解だ。**2** は第6文に「彼がもたらした政治的変化のためではない」とあるのに反する。また **3** は人物ではなく社会に注目しており、「歴史上の人物に人間として出会えるようにする」という文脈に合わない。

(3) 正解：**2**

選択肢の訳

1 他の大人を授業に参加するように招待する

2 授業中に学生たちにもっと主体性を与える

3 教師の授業を評価させる

4 自分たちの教科書の作り方を見せる

解説 第3段落第2文（Some teachers give ...）～第3文（Other teachers ask ...）では、学生に自分の考えを発表させたり、ブログ記事や「歴史的な」文書を書かせたり、物を作らせたりするなど、学生に意見を述べさせたり行動させたりする具体的な手法が紹介されている。こうした具体例に最も合う **2**「授業中に学生たちにもっと主体性を与える」が正解だ。

空所(2)は、段落の論旨を考慮しつつ、細部の理解も求められる問題です。第2段落後半は「歴史上の人物を人間として見せること」について論じていることを意識しつつ、選択肢のhis / thisが何を指すかを判断する必要があります。広い文脈と狭い文脈を同時に分析する力を試す、やや高度な問題です。

Vocab.

本文

☐ **discouraging**「（人の）やる気をそぐような」

☐ **authentic**「（古美術品や署名などが）本物の」

☐ **motivation**「動機づけ」

☐ **encounter**「〜に出会う」

☐ **memorable**「記憶に残る」

☐ **stimulate**「〜を刺激する」

選択肢

☐ **significant**「重要な、意味深い」

☐ **medieval**「中世の」

☐ **fascinating**「魅力的な」

☐ **evaluate**「〜を評価する」★e-［外へ］+ -val-［価値］

教育・心理

別冊・問題 → P.016

内気を乗り越える

　なぜ、注目の的になりたがる人もいれば、部屋の隅に隠れていたい人もいるのだろうか？知られている理由の一つに遺伝的性質がある。つまり、内気な親は内気な子どもを持つ可能性が高い。しかし、子どもの頃にからかわれるなど、生活の中での特定の経験によって、のちの人生で内気になることもある。このことは、ある程度は、内気な性格が後天的に身につくということを示しているため、意義深い。後天的に恥ずかしがるようになるのであれば、自信を持つことも後天的に身につけられると、行動学の専門家は言う。

　自分のことを内気であると言う人たちは、見知らぬ人たちと一緒にいると落ち着かない感じがすると話す。彼らは集団の中で静かにしている傾向があり、ひょっとすると震えや発汗、赤面といった身体的な症状を経験する場合もある。こうした感覚は不快なこともあるが、心理学者は「うまくできるようになるまで、うまくできているふりをしなさい」と呼ばれる技術の活用によって克服できると述べている。これが意味するのは、内気な人は自信のある人のように振るまうべきだということだ。知らない人と会ったときに心の中では緊張を感じても、笑って、会話を促すような質問をしたほうがよい。もちろんこれは簡単ではないが、1回目よりも10回目のほうがはるかに簡単だ！ それに他者との交流を完全に避けることによって内気を克服した人は誰もいない。

　もう一つ役に立つかもしれないのは、鏡の前で自信にあふれたボディランゲージの練習をすることだ。自信にあふれた人は顔を上げて、アイコンタクトを取り、肩に力を入れていない。有名人はこうしたことをとてもうまくやっているので、彼らがトーク番組でインタビューを受けているところを見るのも役に立つかもしれない。内気な人は、家で1人で、自分以外の誰にも見られたり判定されたりせずに、有名人の姿勢やジェスチャーをまねするといいかもしれない。そうすれば、現実世界に踏み出したときには、すでに自信が感じられるだろう。

要約

第1段落：内気な性格は遺伝による場合もあれば、生活の中で後天的になる場合もあるので、後天的に自信を取り戻すこともできると述べる専門家もいる。

第2段落：内気を克服する手法の一つは、心の中で緊張を感じていても、自信がある人のように振るまうことである。

第3段落：内気を克服するもう一つの手法は、人目に触れない場所で自信に満ちた身ぶりを練習することである。

(1) 正解：1

選択肢の訳

1 ある程度は　　　　　　　　　　2 それでも

3 たとえば　　　　　　　　　　　　4 まれな場合に

解説　第1段落第2文（One known reason ...）では、内気には遺伝的な側面があると述べている。その一方で第3文（But certain life ...）では、内気には生活の中で身につく部分もあると述べている。こうした内容に続く空所(1)を含む文では、「内気な性格には後天的に身につく部分も<u>ある程度は</u>ある」とするのが適切だ。したがって正解は **1**「To some extent」である。

(2) 正解：3

選択肢の訳

1 恥ずかしさはよくあることだと受け入れる

2 友だちの輪を広げようとしてみる

3 自信のある人のように振るまう

4 よい特性に焦点を当てる

解説　空所(2)を含む第2段落第4文（What this means ...）ではthe shy person should (2)（内気な人は(2)しなさい）のように、内気な人への助言を述べており、続く第5文（Even if they ...）以降でその助言の内容を具体的に説明している。そこでは、たとえ心の中で緊張していても、「笑って、会話を促すような質問をする」よう述べていることから、この内容に最もよく合う **3**「自信がある人のように振るまう」が正解だ。なお、「笑って、会話を促すような質問をする」ことは **2** にも合うように見えるが、ここでは友だちの「多いか少ないか」を問題にしているわけではないので不適である。

(3) 正解：3 ★

選択肢の訳

1 有名な俳優の話し方をまねる

2 質問に答える前に深呼吸をする

3 鏡の前で自信にあふれたボディランゲージの練習をする

4 道を歩くときにまっすぐ前を見る

解説　空所(3)には、内気を克服するためのもう一つの手法の内容が入り、第2文（Confident people hold ...）以降でその内容を具体的に説明している。そこでは、自信にあふれた人の顔の動き、アイコンタクト、肩の様子を観察し、そうした振るまいを「誰にも見られたり判定されたりせずに」練習するよう述べている。こうした内容に最もよく合う **3**「鏡の前で自信にあふれたボディランゲージの練習をする」が正解だ。**1** は「話し方」が不適であり、第4文（Shy people may ...）では有名人の「姿勢やジェスチャー」をま

ねるよう助言している。

カリスマ講師の目

本問の空所(1)のように、純粋な接続語句ではないものが正解になる場合があります。空所の前後の内容を把握し、選択肢を一つひとつ入れてみて、前後の文が自然につながるかどうかを丹念に検討することが重要です。

Vocab.

本文
- □ overcome「〜を乗り越える」
- □ genetics「遺伝的特徴」
- □ behavioral「行動（の研究）に関する」
- □ confident「自信のある」
- □ symptom「（病気の）兆候、症状」
- □ shaking「身震い」
- □ blushing「紅潮」
- □ sensation「（五感による）感覚」
- □ psychologist「心理学者」
- □ considerably「かなり」
- □ interaction「意思の疎通」
- □ benefit from「〜から利益を得る」
- □ posture「姿勢」

教育・心理

別冊・問題 → P.018

女子が教育を受けなければ

　今日、世界中で初等・高等学校の年齢の女性の1億3,000万人が教育を受けていない。このことは社会的公正の問題だと通常考えられており、そう考えるのが正しいのだが、それは経済的な問題でもある。世界銀行による2017年の報告書は、女子に対する教育を行わないことで途上国は数兆ドルの損失を招くと推定している。この報告書はまた、この動向を覆し、女子が確実に学校に通えるようにすることは、貧困を解消する最速の方法の一つであると述べている。しかし、どのようにすればこれを達成できるだろうか。活動家たちによると、重要な行動が2つあるという。それは児童婚を減らすことと、学校を女子にとってもっと安全な場所にすることだ。

　児童婚は、世界の比較的貧しい地域で問題となる傾向がある。毎年、1,500万人の女子が18歳未満で結婚し、そのため彼女たちの教育は初期の段階で終了すると考えられている。妊娠した場合、彼女たちが労働市場に加わる可能性は低くなる。また、実際仕事をするとしても、幼い妻たちは他の女性労働者よりも収入が9%低いことを統計が示している。確かに、エチオピアのようなアフリカの一部の国では、近年、児童婚の件数を著しく減少させている。しかし、これはアフリカ大陸の大半の地域にはあてはまらない。たとえば、中央アフリカのニジェールでは、女子の4分の3が18歳未満で結婚する。その結果、女子の高校進学率はわずか5%である。

　学校をもっと安全にするにはどうすればいいだろうか。女子が学校に通うのが珍しい地域では、差別を受けたりいじめられたりすることが多い。学校に通う男子から攻撃を受けることがよくあり、場合によっては先生に攻撃されることもある。ここでも、解決策は教育であるが、ここで言っているのは、平等な教育によってどれほど社会が利益を得るかを学ばねばならない大人の男性や男子学生に対する教育である。彼らがこのことを理解し、女子生徒が恐怖を抱かずに勉強できるならば、地域社会で暮らす人々全員の経済状況の改善が見込めるであろう。

要約

第1段落：女子教育の普及は、格差を是正し、貧困問題を解決する方法であり、そのためには児童婚を減らし、学校を女子にとって安全な場所にする必要がある。

第2段落：児童婚に伴う女子の低い進学率や低賃金の問題は、貧しい地域でよく見られる。

第3段落：男女平等教育による利益を男性が理解し、女子の安全な就学を可能にすることによって、地域全体の経済状況を改善できる可能性がある。

(1) 正解：**3**

選択肢の訳

1 それは多くの予算を必要とする　　**2** 評価することは簡単ではない

3 それは経済的な問題でもある　　**4** それはこれまでのところ問題になっていない

解説 第1段落第3文（A 2017 report ...）と第4文（It also suggested ...）では、女子が教育を受けないことによる<u>損失</u>は<u>数兆ドル</u>と<u>推定される</u>だけでなく、女子の教育を保障することで<u>貧困</u>の問題が<u>解決</u>できる、という世界銀行の報告を引用している。つまり、この報告は、女子教育の問題が経済上の問題でもあることを述べていると考えられる。正解は **3**「それは経済的な問題でもある」だ。

(2) 正解：**2**

選択肢の訳

1 その結果　　　　　　　　　　　**2 しかし**

3 こうした理由で　　　　　　　　**4** 同じように

解説 第2段落第5文（It is true ...）では、一部の国では「児童婚の件数を著しく減少させている」と述べている。次の空所(2)で始まる第6文では「これ（＝児童婚の件数の著しい減少）は大半の地域にはあてはまらい」という、第5文とは対照的な内容を述べている。したがって、互いに対照的な内容を述べている第5文と第6文をつなぐ語としては、「逆接」を表す **2**「However（しかし）」が適切だ。

(3) 正解：**1**

選択肢の訳

1 女子生徒が恐怖を抱かずに勉強できる

2 性別ごとの教育がもっと一般的になる

3 女子と男子が同じような成績を得るようになる

4 就学率が公表される

解説 第3段落第1文から第3文（It is common ...）では、学校現場での女子の不利な境遇について論じており、この不利な境遇に対する解決策として第4文（Once again, ...）では、男性が男女平等教育の利益を理解せねばならないと述べている。したがって第5文（Once they understand ...）の「彼ら（＝男性）がこのこと（＝男女平等教育の利益）を理解し」に続く空所(3)には、「学校現場での女子の境遇がよくなる」という内容が入ると考えられる。よって、正解は **1**「女子生徒が恐怖を抱かずに勉強できる」だ。

空所 (1) と (3) は、広範囲の文脈の理解を問う問題です。(1) は「世界銀行の報告」という具体例の2つの内容を抽象的に述べた3が正解です。一方で (3) は、第3段落第1〜4文までの内容を踏まえて1を選ぶ問題です。このように準1級では、空所の前後を見るだけでは解答できない問題も多く出題されます。

Vocab.

本文
- ☐ issue「問題」
- ☐ fail to *do*「〜しない」
- ☐ reverse「〜を覆す」
- ☐ reduce「〜を減らす」
- ☐ poverty「貧困」
- ☐ campaigner「活動家」
- ☐ pregnant「妊娠した」
- ☐ workforce「労働人口」
- ☐ statistics「統計」
- ☐ enrollment「入学」
- ☐ significantly「大いに」
- ☐ bully「〜をいじめる」
- ☐ improvement「改善、向上」
- ☐ community「社会」

選択肢
- ☐ evaluate「〜を評価する」
- ☐ school attendance「就学」

歴史・文化

別冊・問題 → P.020

写真とは何か？

　アンリ・カルティエ＝ブレッソンはおそらく、世界で史上最も偉大な写真家である。彼は「マグナム」という写真家集団を立ち上げたり、ストリート写真の技術を発展させたりしたことや、「決定的瞬間」という彼の哲学で記憶されている。これらのうちの3つ目は、カルティエ＝ブレッソンのすべての作品の中にはっきりと見て取れる。どの写真にも、カメラのシャッターを押すべき完璧で唯一の時があると彼は信じていた。ほんの一瞬の間だけ、光と、被写体の位置、それに、人々の顔の表情などのすべてが正しく揃うのである。彼はこうした要素の理想的な組み合わせを見て取るまで、街角でカメラを持って何時間も待機したものだった。

　今日ではもちろん、写真家はこのようなことをする必要がない。携帯電話のカメラですら1秒間に10枚の画像を撮影できるし、プロ用のカメラはさらに多くの写真を撮影できる。撮影後、写真家は何百枚もの似たような写真を精査し、最もよいものをただ選択すればよい。さらに、強力な編集ソフトのおかげで、私たちが生み出したい画像はもはや実際の世界に存在する必要もない。要素を追加したり削除したり変更したりすることで、「写真」はまったく起こったことのない場面を映し出す。あの決定的な瞬間を雨の中で待つ必要があるのだろうか、そんな瞬間はコンピュータでいとも簡単に偽造できるのに。

　こうした現代の画像を写真と呼ぶべきではないと主張する人もいる。21世紀においてすら、デジタル機器で仕事をすることを拒む写真家がいる。カルティエ＝ブレッソンと同じく、最高の写真を撮るために、自らの忍耐と判断に頼るのである。カメラにフィルムを用い、暗室で手作業のみの編集を行う。こうした写真家たちは芸術表現の一形態の伝統を守っているのか、はたまた時代の流れに乗り遅れているのか、意見は分かれるところだ。しかし、写真がどのように作られようとも、私たちはこれまで以上にその魔法に心を奪われているように思われる。

要約

第1段落：写真家アンリ・カルティエ＝ブレッソンは、光・位置・表情などの要素が完璧に揃う「決定的瞬間」を撮るために、街角で何時間も待機した。

第2段落：現在では1秒に何枚も撮影できたり、撮ったあとに加工できるようになったりしたため、「決定的瞬間」を待つ必要はなくなった。

第3段落：しかし、デジタルに頼らない撮影にこだわる写真家は現代も存在する。いずれにせよ、写真はその魔力を失っていない。

(1) 正解：**2**

選択肢の訳

1 インスタント写真を撮るカメラを設計したこと

2 「決定的瞬間」という彼の哲学

3 批評が本気で芸術の形態をとるようにしたこと

4 有名な画家や作家の肖像写真

解説 空所(1)に入る内容を、直後の第１段落第３文のthe third of these（これらのうちの３つ目）で受けて、それ以降で具体的に説明している。そこでは「シャッターを押すべき完璧で唯一の時がある」、「ほんの一瞬の間に、すべてが正しく揃う」とあるので、こうした具体説明に最も合う **2**「『決定的瞬間』という彼の哲学」が正解だ。

(2) 正解：**3**

選択肢の訳

1 一般的に　　　　　　　　　　**2** 特に

3 さらに　　　　　　　　　　　**4** それとは関係なく

解説 第２段落第１文で、「今日ではもちろん、写真家はこのようなこと（＝雨の中で決定的瞬間を待つこと）をする必要がない」という主張を述べ、以降の文でさまざまな具体例を挙げている。第２文（Even a phone ...）と第３文（After shooting, ...）では、連射機能で撮影した写真の中から最良のものを選べるという例を挙げている。続く空所(2)で始まる第４文と第５文（Elements can be ...）では、編集ソフトで写真を容易に加工できるという、さらなる具体例を挙げている。したがって空所(2)には「追加」を表す **3**「Moreover（さらに）」が適切だ。

(3) 正解：**1**

選択肢の訳

1 デジタル機器で仕事をすることを拒む

2 写真を全部スタジオで撮る

3 訓練を受けておらず資格もない

4 白黒画像だけを作り出す

解説 第３段落第２文（Even in the ...）のphotographers who (3)を、次の第３文（Like Cartier Bresson, they ...）と第４文（They use film ...）ではtheyで受け、彼らが「自らの忍耐と判断に頼る」、「カメラにフィルムを用い、暗室で手作業のみの編集を行う」と述べている。こうした内容に合うように、第２文では、**1**「デジタル機器で仕事をすることを拒む」写真家、とするのが適切だ。**2** は撮影場所をスタジオに限定している点が不適である。

空所(1)と(3)では「抽象→具体」という展開、空所(2)は「具体例を見たら、何を説明するための例なのかを意識する」姿勢がポイントです。いずれも大問2では頻出の問題形式です。

Vocab.

本文

- ☐ Henri Cartier-Bresson「アンリ・カルティエ＝ブレッソン」
  ★フランスの写真家。写真家集団「マグナム・フォト」を設立。
- ☐ **Magnum photo**「マグナム・フォト」★1947年設立された、会員が出資して運営する写真家集団。
- ☐ obvious「明らかな」
- ☐ **a fraction of**「わずかな」
- ☐ correct「正しい、合っている」
- ☐ subject「被写体」
- ☐ expression「顔つき、表情」
- ☐ combination「組み合わせ」
- ☐ capture「（写真）に収める、を撮る」
- ☐ alter「〜を変更する」
- ☐ take place「起こる」
- ☐ critical「重要な意味を持つ」
- ☐ contemporary「現代の」
- ☐ darkroom「暗室」
- ☐ vary「異なる」
- ☐ **fail to** *do*「〜しそこなう」

選択肢

- ☐ decisive「決定的な」
- ☐ equipment「機器、装置」
- ☐ qualification「資格」

歴史・文化

別冊・問題 → P.022

ユーロビジョン・ソング・コンテストをやめる時期か?

　毎年5月になると、ヨーロッパ各地の人々がテレビのまわりに集まる。彼らは、世界で最も長い間行われている音楽コンテスト「ユーロビジョン・ソング・コンテスト」を見るために、友人たちとパーティーを開くのだ。このコンテストは、第2次世界大戦後、ヨーロッパ大陸全体に協調を広げるために創設された。26カ国がユーロビジョンに出場し、絶えず2億人の視聴者を集めている。しかし今、もうこのコンテストをやめる時期ではないだろうかと多くの人々が問うている。

　批判する人たちは、ユーロビジョンの音楽の質が数十年の間に低下してきていると主張する。1950年代から1970年代にかけて、ABBAの『ウォータールー』など、このコンテストは世界的なヒット曲を生み出してきたが、最近は番組が終わるとすぐに楽曲は忘れられる。1981年でさえ、イタリアはこの番組が古すぎるからという理由で参加を拒否した。しかし、これよりもさらに深刻なことに、出場する（経済的な）余裕がほとんどないのに出場へのプレッシャーを感じている国が多いのである。最近の金融危機の際には、ポルトガルとポーランドがともに出場者ではなく謝罪文を送付した。優勝した国が翌年のコンテストを開催するので、経済的な負担が耐えられないものになり得るのだ。

　それでも、多くのヨーロッパの人々にとって、このコンテストは守られるべき制度だ。ファンたちは、このイベントは国籍、年齢、収入の境界をまたいでいることから、政治的な分断ではなくつながりを促進すると主張する。彼らは、演奏が重視されるよう意図されていないとも指摘する。この観点で、彼らはイギリス・ユーロビジョンの元司会者テリー・ウォーガンから支持を得た。ウォーガンはかつて「演奏は下手でもいいのです。しかも、下手であればあるほど面白いのです」と言った。21世紀の不透明さに直面して、この「下手」ではあるが人気のある年に一度のパーティーにかかる費用をヨーロッパがこれからも正当と思えるかどうかは、時間が経たなければ分からない。

要約

第1段落：世界で最も長い間行われている音楽コンテスト「ユーロビジョン・ソング・コンテスト」の存続に多くの人が疑問を感じている。

第2段落：ここ数十年の間に、披露される楽曲の質が低下している上に、コンテストの開催費用が開催国にとって大きな負担になっているからだ。

第3段落：実は重視されているのは、演奏の質よりも社会の分断を防いでいるという点であり、そのために、この大会の意義を多くの人が認めている。

(1) 正解：**4**

選択肢の訳

1 さらに

3 結局

2 その結果

4 しかし

解説 ▶ 第1段落第3文（Twenty-six nations ...）では「26カ国がユーロビジョンに出場し、絶えず2億人の視聴者を集めている」のように、コンテストの規模の大きさと注目度の高さについて述べている。ところが空所(1)で始まる第4文では「もうこのコンテストをやめる時期ではないだろうか」のように、コンテストの開催を疑問視する意見を紹介している。したがって空所には、肯定的な内容と否定的な内容をつなぐ語を入れればよいと分かるので、「逆接」を表す **4**「However（しかし）」が適切だ。

(2) 正解：**2** ★

選択肢の訳

1 政府がこのイベントを支援すべきだ

2 経済的な負担が耐えられないものになり得るのだ

3 主催者が慎重に選ばれなければならない

4 旅行客数が増加するはずだ

解説 ▶ 第2段落第4文（But more seriously ...）から段落末尾までは「さらに深刻な問題」として、コンテストに出場する国が抱える経済的負担について論じている。空所(2)は「優勝した国が翌年のコンテストを開催するので」に続く箇所にあるので、そうした国が「経済的負担」を負うという趣旨の内容が入ると考えられる。したがって、**2** が最適だ。なお、第4文以降では「このイベントが国の経済的負担になること」を問題視しているので、「国がこのイベントを支援すべき」としている **1** は不適である。

(3) 正解：**4** ★

選択肢の訳

1 見た目で判断される

2 コンサートのために特別に作曲される

3 英語で歌わなければならない

4 重視されるよう意図されている

解説 ▶ 第3段落第3文（They point out, ...）の「演奏は(3)ではない」という指摘と、第4文（In this view ...）でこの指摘を支持するテリー・ヴォーガンの「演奏は下手でもいいのです」という発言は、互いに近い趣旨であると考えられる。したがって、「演奏は(3)ではない」を、「演奏は下手でもよい」に近づける選択肢を選べばよい。そこで、空所に **4**(meant to be taken seriously)を入れれば、空所を含む文は they point out, too, that the acts are not meant to be taken seriously（彼らは演奏が重視されるよう意図されていな

いとも指摘する）となり、テリー・ヴォーガンの発言に合う。正解は **4** だ。**3** は本文中に根拠がないので不適である。

Vocab.

本文
- [ ] longest-running「長期にわたる」
- [ ] competition「コンテスト」
- [ ] establish「〜を設立する」
- [ ] promote「〜を促進する」
- [ ] compete「競争する」
- [ ] consistently「一貫して、変わらず」
- [ ] claim「〜を主張する」
- [ ] decline「減少」
- [ ] for decades「数十年間」
- [ ] take part in「〜に参加する」
- [ ] old-fashioned「古めかしい」
- [ ] scarcely「ほとんど〜ない」
- [ ] afford「〜を支払うことができる」
- [ ] nevertheless「それにもかかわらず」
- [ ] institution「制度」
- [ ] division「分断」
- [ ] boundary「境界」
- [ ] supposed to *do*「〜するはずだ、〜することになっている」
- [ ] time will tell「時間が経てば分かる」
- [ ] justify「〜を正当化する」
- [ ] expense「経費」
- [ ] annual「年1回の」

選択肢
- [ ] furthermore「さらに」
- [ ] burden「負担」

大問2　語句空所補充　**250 words**　**12**

歴史・文化

別冊・問題 → P.024

チェルノブイリの真実

　2019年に放映された『チェルノブイリ』というドラマは称賛も批判も引き起こした。このドラマは現実に起こった惨事を慎重に描き出したことで絶賛され、ゴールデングローブ賞テレビドラマ部門作品賞を含む何十もの賞を獲得した。一方、このドラマはやりすぎだと評価する者もいる。BBCのウィル・ゴンペルズは、「これは単に考えさせるためのドラマではない。見た人を眠れなくしてしまう」と述べた。さらに、1986年4月26日に、旧ソ連で原子力発電所が爆発した際に実際に現地にいた人の中には、この番組は実際に起こったことと少しも似ていないと言う人もいる。

　チェルノブイリの技術者だったオレクシー・ブレウスは、このドラマに登場する主要人物には、娯楽のために誇張された人物像が与えられていると述べている。とりわけ、彼は副主任技師のアナトリー・ディアトロフを擁護している。この人物は、ドラマ内では非常に短気で横暴な人物として描かれていた。ブレウスは、ドラマのある回にはさらなる事実誤認があると指摘している。ドラマでは、地中の管を修復する危険な任務をするために送り込まれた発電所の作業員3人が死亡している。実際には、3人の作業員全員が生存しており、そのうち2人は今なお健在である。ドラマでは、発電所の近くにある労働者の町プリピャチの人々が、爆発が起こった夜に、家を出て発電所が燃えるのを眺めたとしているが、ブレウスはこれを否定している。

　それにもかかわらず、この元技術者は『チェルノブイリ』が成功したことを喜んで認めている。監督は人物の心情をよく描き出しており、放射線障害の描写は真に迫っていると、ブレウスは言う。彼はさらに、一連の出来事の順序は彼の記憶と正確に一致するとも述べている。要するに、（事件の）全体像を理解したいという人は、このドラマを見ればよい。しかし、この惨事について本当に理解したいと思うのであれば、より正確な情報は本から得る必要がある。

要約

第1段落：テレビドラマ『チェルノブイリ』は、惨事の細やかな描写で称賛される一方で、過激な表現や事実に反する内容を批判する者もいる。

第2段落：元発電所技術者のブレウスは、ドラマ内の誇張された人物描写や、事実に反する内容を指摘している。

第3段落：このドラマの鮮明な描写や、出来事の順序の正確さは、惨事の大枠を把握するのには役立つ。

(1) 正解：4 ★

選択肢の訳

1 未来への警告を発している

2 万人に好意的に受け入れられた

3 生存者の証言に基づいている

4 称賛も批判も引き起こした

解説 ▶ 第1段落第2文（It was applauded ...）には、ドラマ『チェルノブイリ』は絶賛されたとある。第3文（On the other hands, ...）から最終文までは、このドラマに対して批判的な声が挙げられている。こうした展開に合うように、第1文では、『チェルノブイリ』は **4**「称賛も批判も引き起こした」とするのが適切だ。第2文以降には「未来への警告」に相当する内容はないので、**1** は第2文以降の内容に合わないと判断できる。

(2) 正解：1

選択肢の訳

1 実際は　　　　　　　　　　　　**2** 特に

3 最終的に　　　　　　　　　　　**4** それに加えて

解説 ▶ 第2段落第3文（Breus has pointed out ...）から最終文までは、『チェルノブイリ』の additional factual mistakes（さらなる事実誤認）を指摘するブレウスの発言を紹介している。第4文（In the series, ...）では「3人の作業員が死亡した」というドラマの描写を紹介しているが、次の空所(2)で始まる第5文では「3人全員が生存していた」と述べている。つまり、この第5文ではドラマの描写が事実誤認であることを裏付ける「事実」を提示していると考えられるので、**1**「In truth（実際は）」が正解だ。

(3) 正解：2 ★

選択肢の訳

1 詳しい年表を作成する　　　　　**2**（事件の）全体像を理解する

3 人々の反応の仕方を見る　　　　**4** 事実と虚構を区別する

解説 ▶ 第3段落第1文から第3文（He adds that ...）までは『チェルノブイリ』に対するブレウスの好意的な発言を挙げて、それを第4文冒頭の In short（つまり）で受けているので、空所には『チェルノブイリ』に対する肯定的な内容が入ると分かる。ところが同段最終文（But if they ...）には「より正確な情報は本から得られる」とあるので、『チェルノブイリ』の細部については評価できない部分があることが読み取れる。したがって空所には **2** を入れて、少なくとも「全体像（＝大まかな内容）を理解する」にはこのドラマを見ればよい、とすれば前後の文脈に合うので、**2** が正解だ。**1** は「詳しい」が不適で、本文には「正確な情報は本から得る必要がある」とあるのに反する。

カリスマ講師の目

本問の空所(2)は接続表現を入れる問題ですが、第2段落第3文 (Breus has pointed out ...) 以降ではドラマ『チェルノブイリ』の事実誤認を指摘していることを踏まえる必要があります。このように、接続表現を問う問題でも、段落全体の展開を押さえる必要がある場合もあります。

Vocab.

本文

☐ Chernobyl「チェルノブイリ」★旧ソ連のウクライナ最北部の都市
☐ be applauded for「～のことで称賛される」
☐ sensitive handling of「～を細かく配慮して扱うこと」
☐ be present「その場にいる」
☐ nuclear power plant「原子力発電所」
☐ bear resemblance to「～に似ている」
☐ for the sake of「～のために」
☐ deputy「(役職を表す名詞の前に置いて) 代理の、副の」
☐ bully「弱い者いじめをする者」
☐ with an uncontrollable temper「(手に負えないほど) 短気な」
☐ factual「事実に関する」
☐ underground pipe「埋設管」
☐ acknowledge「～を認める」
☐ radiation injury「放射線障害」
☐ sequence「順序」
☐ precisely「正確に」
☐ accurate「正確な」

設問・選択肢

☐ universally「万人に、至る所に」
☐ be well-received「好意的に受けとめられている」
☐ account「証言」
☐ criticism「批判」
☐ big picture「全体像」

社会・政治・ビジネス

別冊・問題 → P.026

都市を離れる

　1950年代において、アメリカン・ドリームとは郊外に一戸建てを購入することだった。こうした家には、最新の電化製品が装備されたキッチンがあり、白いフェンスのついた庭がついていた。誰もが近所の人たちのことを知ってはいても、プライバシーが保たれるのに十分な空間があった。犯罪率は低く、生活の質は高かった。これが夢だった。しかし、その世紀の終わりまでには、「郊外」での生活は多くの人々にとって悪夢のようなものになっていった――そして環境にとっても。

　郊外の住宅は他の住宅と互いに距離があり、都市部からもかなり離れていた。都市部は当時、無秩序で不快だと思われていた。車を持つ家庭が増えていたため、初めのうちは、このように距離があることは問題視されていなかった。しかし、時間が経つにつれて、男性たち（まだ都市部へ車で通勤していた）は、毎日の移動で時間を無駄にしていることに気がつき、女性たち（子どもたちを育てるために家に留まっていた）は退屈と孤独を感じるようになった。ガソリンは今や大きな出費になった。自然の多い地域を通って道路が建設されなければならなかったため、清潔で緑の多い郊外というものは、人々の想像の中にしか存在しなくなった。つまり、車を運転する必要があるということは、郊外での生活が不満につながることを意味した。娯楽のほとんどない地域に閉じ込められ、郊外では、いら立ちを抱えた10代の若者たちが、時間をやり過ごすために問題を起こし、犯罪も増えた。

　21世紀になって都市部での生活が再び人気を取り戻しているのは、驚くようなことではない。都市部では移動距離が短くなり、徒歩や自転車でも移動できることが多く、このことは費用の節約にも地球環境を守ることにもなっている。住宅やアパートも、互いの距離が近くなってエネルギー効率が上がり、また、活気のある都市中心部ではいつでも何かしらやることや見るものがある。現代の「アメリカン・ドリーム」は都市部から遠くに引っ越すことではなく、都市部に向かっていくことになっているようだ。

要約

第1段落：1950年代に見られた郊外での暮らしに対する憧れは、20世紀末には終わろうとしていた。

第2段落：郊外での暮らしでは、自動車通勤のために無駄な時間や燃料費がかかり、女性は孤独を感じ、退屈した若者たちは犯罪に走るなどの問題が生じた。

第3段落：21世紀には、移動距離が短く、活気もある都市部での暮らしが見直されている。

(1) 正解：**4**

選択肢の訳

1 都市部に現代的なアパートを持つ

2 自分の家を設計して建設する

3 職場にでかけることなく仕事をする

4 郊外に一戸建てを購入する

解説 第1段落第2文（It would have ...）と第3文（Everyone would know ...）にある「白いフェンスのついた庭」、「誰もが近所の人たちのことを知っている」、「プライバシーが保たれるのに十分な空間」という具体説明に最も合うのは、**4**の「郊外の一戸建て」である。第2文前半のa kitchen with the latest appliances（最新の電化製品が装備されたキッチン）だけを見て、**1**の「都市部の現代的なアパート」を選ばないように注意。

(2) 正解：**2**

選択肢の訳

1 ようやく　　　　　　　　　　**2** つまり

3 たとえば　　　　　　　　　　**4** しかし

解説 第2段落第1文～第5文（The clean, green ...）までは、自動車での都市部への無駄な通勤時間や燃料費、育児をする女性の孤独など、郊外での暮らしにおける問題点を指摘している。そうした内容を受けて、空所(2)以降に続く箇所では「車を運転する必要があるということは、郊外での生活が不満につながることを意味した」のように、第1～5文までの内容を1センテンスで要約している。したがって、**2**「In short（つまり）」が正解だ。

(3) 正解：**4** ★

選択肢の訳

1 公共交通機関を利用する人が増えている

2 アメリカは安全ではなくなってきている

3 若者が郊外を拒絶している

4 都市部での生活が再び人気を取り戻している

解説 第3段落第2文（Journeys in the city ...）以降では、都市部の生活について、移動距離が短く出費も少ない上に、暮らしに活気があると述べている。これらの具体説明から、第2段落で述べた郊外での生活における問題点が、都市部の暮らしでは解消されていることが分かるので、空所(3)には都市部での暮らしを評価する内容が入ると考えられる。したがって**4**「都市部での生活が再び人気を取り戻している」が正解だ。**3**は第2段落末尾には対応しているように見えるが、空所(3)が含まれる第3段落の具体説明の内容とは合わないので不適である。

本問の空所 (1) と (3) は「抽象→具体」という流れがポイントでした。
ところが空所 (2) では、長い具体説明をしたあとでその内容を端的
にまとめる、という「具体→抽象」の流れになっている点に注目し
ましょう。このように、長い具体説明をしたあとでは、in short や
in other words（要するに）等の語を用いてその内容を一旦まとめ
る場合があります。

Vocab.

本文
- □ latest「最新の」
- □ appliance「電化製品」
- □ burbs「郊外」★通例複数形
- □ suburb「郊外」
- □ chaotic「無秩序な」
- □ unpleasant「感じの悪い」
- □ go on「（時間が）経つ」
- □ isolated「孤立した」
- □ significant「かなりの」
- □ necessity「必要」
- □ suburbia「郊外」
- □ dissatisfaction「不満」
- □ suburban「郊外の」
- □ frustrated「いらだった」
- □ amenity「娯楽」
- □ urban「都会の」
- □ contemporary「現代の」

選択肢
- □ detached house「一戸建て」
- □ public transportation「公共交通機関」
- □ renew「〜を取り戻す」

大問2　語句空所補充　　250 words　　14

社会・政治・ビジネス

別冊・問題 → P.028

自主的な人類絶滅運動

　たいていの人にとって、子どもを持つことは人生の目標であり、喜びである。しかし、ある活動グループは、地球のために私たちがまったく生殖しないよう説得したいと望んでいる。人類はこの地球上にあまりにも多くの害をもたらし、何百万種もの動植物を絶滅させた――だから、今度は「私たち」が絶滅する番だと、「自主的な人類絶滅運動（VHEMT）」は考えている。これ以上人間を生み出さないよう選ぶことで、自然が回復できるようにするのだと彼らは言う。

　予想がつくかもしれないが、この立場は一般的なものではない。彼らに反対する人たちは、人間は自然の一部である、人間は自らの生態を否定することに納得してはならない、私たちの全員が地球に害を与えるような行動をしているわけではない、と主張する。反対派の人たちは、VHEMTの考えは残酷なものであり、この団体のメンバーは自然災害や病気で人命が失われたら喜んでいるに違いないと述べている。しかし、この運動の代表者らは、これは事実ではないと主張している。彼らのモットーは「長く生きて、絶滅しよう」――つまり彼らは、すでに存在している人類が苦しんだり、死亡したりするのを望んでいるのではなく、この世にこれ以上人類が生まれてこないでほしいと願っているのだ。

　VHEMTは、すでに親になっている人たちにも彼らの大義に加わるようにすすめている。もし、1組の夫婦がもうこれ以上子どもを持たないことに決めたら、この活動はそれを成功と見なす。やはり、子どもを1人産まないことによる環境への好影響は、車1台を持たないことの25倍であると、ある研究で示されているのだから。しかし、VHEMTの立場はすぐには広く受け入れられそうにない。著述家のスティーブン・ランは、多くの人々の声を代弁していたと思われる。彼はこう述べた。「私は人間を問題解決者だと捉えており、人間が多くなれば、解決される問題も増え、社会はもっとよくなるだろうと考えている」。

要約

第1段落：VHEMTは、自然にとっての害である人類がこれ以上増えないように求める運動である。

第2段落：VHEMTは、今生きている世代が死ぬことを望んでいるのではなく、次の世代がこれ以上生まれないことを願っている。

第3段落：子持ちの夫婦にはこれ以上産まないようにも求めているが、VHEMTの活動が市民権を得ることはすぐにはなさそうだ。

(1) 正解：2

選択肢の訳

1 政治についてもっと多く話す

2 まったく生殖しない

3 もっと健康的な生活スタイルを採用する

4 屋外で過ごさない

解説 空所(1)には、one campaign group が私たちに行うよう主張している内容が入る。その主張の具体的な内容は、第1段落第3文（The Voluntary Human ...）と第4文（By choosing not ...）にある通り、「今度は私たちが絶滅する番だ」、「もう人間を生み出さないよう選ぶ」というものである。こうした内容に最も合う **2**「まったく生殖しない」が正解だ。

(2) 正解：3

選択肢の訳

1 この事実を否定したことはない

2 このことについて議論することを拒んでいる

3 これは事実ではないと主張している

4 私たちはこれを受け入れるべきだと言っている

解説 第2段落第2文（Opponents argue that ...）から第3文（They suggest ...）までは、VHEMT に反対する人々の考えとして「VHEMT の考えは残酷で、会員は人類の死滅を望んでいる」という内容を例を挙げながら紹介している。続く空所(2)を含む第4文（However, representatives ...）以降では、VHEMT 側の「現存の人々が長く生きて、これ以上増えないことを望んでいる」という主張を紹介している。これは、第2～3文目までの反対者の考えに対する反論と考えられるので、**3**「これは事実ではないと主張している」が正解だ。

(3) 正解：2 ★

選択肢の訳

1 さらに   **2** やはり～なのだから

3 同様に   **4** 代わりに

解説 第3段落第2文（If a couple ...）では、「1組の夫婦がもうこれ以上子どもを持たないことに決めたら、これを成功と見なす」という VHEMT の考えを述べている。次の空所(3)で始まる第3文の「子どもを1人産まないことによる環境への好影響は、車1台を持たないことの25倍である」という内容は、第2文の「夫婦が子どもを持たないことは成功と見なせる」と言える根拠だと考えられる。したがって、前文の内容に対する補足理由を表す **2**「After all（やはり～なのだから、そもそも）」が正解だ。

文頭に置かれる after all には「やはり、なんといっても〜なのだから」という意味で、前文の根拠を述べる用法があります。空所 (2) の after all はこの用法です。一方で文末に置かれる after all は「結局は」という意味で、通常は期待や予想に反する結果を述べる際に使います。

Vocab.

本文

- □ voluntary「自由意思による」
- □ extinction「絶滅」
- □ campaign「組織的運動」
- □ convince「〜を納得させる」
- □ go extinct「絶滅する」
- □ opponent「反対者」
- □ argue「〜を主張する」
- □ deny「〜を否定する」
- □ biology「生態」
- □ cruel「残酷な」
- □ representative「代表者」
- □ which is to say「つまり」
- □ encourage A to *do*「A に〜するように促す」
- □ consider「〜とみなす」
- □ widespread「(広い範囲に) 広がった」
- □ acceptance「受容」

選択肢

- □ reproduce「生殖する、繁殖する」

社会・政治・ビジネス

別冊・問題 → P.030

顔を変える

　多くの女性にとって、家を出る前に口紅を塗ることは歯磨きと同じくらい毎日のルーティンの一部になっている。しかし最近の調査によると、アメリカ人女性は年間、時間にして2週間、金額にして480ドルを化粧品に使っているという。これはかなり大きな投資であり、アートメイクの高い人気の説明になるかもしれない。今では資格のある技術者が顔料（水に溶けない着色素材）を眉毛やまぶた、頬、唇に注入できる。1日24時間メイクが落ちないような錯覚を覚えるので、さまざまな層の多くの人々にとって極めて便利だ。

　忙しい女性こそが、アートメイクの恩恵をいちばん受けるのだが、定期的に運動をする人もロッカールームから出るのが早くなることをメリットに感じるかもしれない。視力の低下や、手がうまく動かせなくなる関節炎など、健康上の問題のためにこの施術を選ぶ女性もいる。さらに、この種の化粧は再建手術を受けた人にとっても有益である。「顔のタトゥー」で傷を覆い隠すことができるので、事故のあとで外見に自信を取り戻す人もいる。

　しかし、施されるのが背中、腕、顔であろうと、タトゥーに伴うリスクはどれも変わらないと医療当局は指摘する。アメリカでは、食品医薬品局（FDA）が承認していない特定の顔料が広く使用されており、アレルギー反応を引き起こすこともある。施術の結果に落胆することは比較的よくあるし、元に戻すのは難しい。つまり、その決定は軽々しくされるべきではない。

要約

第1段落：体の特定の部位に有資格者が色落ちしない顔料を注入するアートメイクの人気が高まっており、さまざまな人の役に立っている。

第2段落：アートメイクは多忙な女性、スポーツをする女性、視力が弱い女性、関節炎の女性、再建手術を受けた女性などの役に立っている。

第3段落：アートメイクには認可されていない顔料の使用、アレルギーの発症、気に入らなかったときに顔料を除去するのが難しいなどの問題があり、気軽に受けるべきではない。

(1) 正解：**4** ★

選択肢の訳

1 世界中で手ごろな化粧品ブランドが増えていること

2 多目的の製品の開発

3 昨今では化粧を面倒に感じる女性もいること

4 アートメイクの高まる人気

<u>解説</u> 第1段落第4文（A qualified technician ...）では、顔に顔料を注入するという具体的な施術を紹介しており、次の第5文（This gives the ...）ではこの施術について、「さまざまな層の多くの人々にとって極めて便利だ」という好意的な評価を述べている。こうした肯定的な内容の具体説明に最もよく合う **4**「アートメイクの人気の高まり」が正解だ。その他の選択肢は、空所の後ろの内容を反映していないので不適である。

(2) 正解：**1** ★

選択肢の訳

1 さらに

2 その結果

3 そのときでさえ

4 そうでなければ

<u>解説</u> 第2段落では第1文から末尾まで一貫して、アートメイクが役に立っている女性の例を挙げている。第1文から第2文（Some women opt for ...）までは多忙な女性、スポーツをする女性、視力が弱い女性、関節炎の女性を挙げている。次の空所(2)で始まる第3文でも引き続き、再建手術を受けた女性という例を追加している。したがって、「追加」を表す **1**「Moreover（さらに）」が正解だ。第2段落では具体例を列挙しているだけなので、「因果関係」を表す **2**「As a result（その結果）」や、「条件」を表す **4**「Otherwise（そうでなければ）」は不適である。

(3) 正解：**2**

選択肢の訳

1 医学的な知見によって裏づけられている

2 軽々しくされるべきではない

3 長期の投資を必要とする

4 1人の若い女性が後悔している

<u>解説</u> In short（要するに）で始まる第3段落第4文にある空所(3)には、第3段落を要約した内容が入る。第1文から第3文（Disappointment with the ...）までは、認可されていない顔料の使用、アレルギーの発症、除去の困難さなど、アートメイクに伴うリスクの例を挙げている。こうした例に合う選択肢としては、アートメイクをするという決定に対し

て警告を発する **2**「(アートメイクをするという決定は) 軽々しくされるべきではない」が適切だ。

本問で重要なのは「具体例の処理」です。空所(1)は「抽象→具体」の把握、空所(2)は「同じことを説明する具体例の列挙」、空所(3)は「具体例の一般化 (例を通して何を説明しようとしているかの把握)」がポイントでした。

Vocab.

本文

- □ apply lipstick「口紅を塗る」
- □ routine「決まったやり方」
- □ survey「調査」
- □ cosmetics「化粧品」
- □ huge「莫大な」
- □ investment「投資」
- □ account for「〜の主な原因となる」
- □ qualified「資格のある」
- □ inject「〜を注入する」
- □ pigment「顔料」
- □ dissolve「溶ける」
- □ eyebrow「眉」
- □ eyelid「まぶた」
- □ obvious「明らかな」
- □ beneficiary「恩恵を受ける人」
- □ appreciate「〜をありがたいと思う」
- □ turnaround「所用時間」
- □ opt for「〜を選ぶ」
- □ procedure「医療措置」
- □ arthritis「関節炎」
- □ unsteady「不安定な」
- □ reconstructive surgery「再建手術」
- □ confidence「自信」
- □ appearance「外見」
- □ point out「〜を指摘する」
- □ associated with「〜と関連している」
- □ approve「〜を承認する」
- □ Food and Drug Administration「食品医薬品局」 ★米国の政府機関で、食品などさまざまな製品の安全性や有効性を証明し、国民の健康を守る役割を担っている。

選択肢

- □ budget「手ごろな」
- □ reluctance to *do*「〜するのが気が進まないこと」
- □ permanent makeup「アートメイク」

演習問題

大問３の解答・解説

自然・環境

別冊・問題 → P.034

魚の乱獲

　魚にはタンパク質が豊富に含まれており、貴重な食料源である。また、湖や海に面した国では、漁業は常に経済の中核をなす部門であった。1950年代までは、漁獲高と魚の繁殖数とのバランスは維持されていた。しかしその後、各国政府はこの高タンパクな食料をもっと獲得するために漁業を拡大した。商用漁船が強引な漁法で、海に出るたびに何トンもの魚をかき集めた。高い利益を狙って、こうした大企業の漁船は激しく競争し、その結果、魚の乱獲という事態に陥ってしまった。とりわけ一度に多くの魚を獲りすぎてしまったために、各地の魚の生息数が通常の繁殖ペースで元に戻ることができなくなった。その結果、魚の生息数は劇的に減少した。

　特定の地域で乱獲をしてしまうことは時にはあったものの、この問題は1990年代には地球規模の問題になった。2003年発表の科学報告書によると、世界の海洋に生息する魚の数は90％減少してしまったと見積もられている。オレンジラフィーやマジェランアイナメやタイセイヨウクロマグロといった市場で人気のある一部の種は、乱獲のせいでほぼ完全に姿を消してしまった。さらに悪いことに、漁船が捕獲した魚を引き上げるとき、他の多くの海洋生物種（いわゆる「混獲」）もまた手繰り寄せられ、そのまま破棄されてしまっている。

　2006年に『サイエンス』に掲載された記事によると、こうした風潮がこのまま続けば、2050年までに世界中の漁業のすべてが崩壊してしまうと予測されている。これは確実に起こり得る脅威であり、海洋専門家や経済学者はこれを防ぐための計画に取り組んでいる。各国政府が漁獲量を規制し、「禁漁期」や「禁漁区」を設けるべきであると主張する者もいる。生産性を向上させ、穏便な漁法を採用して海洋生物の被害を最小化するよう漁業の民営化を提唱する者もいる。養魚場は海洋環境に対する影響が軽微なので、これを増やすこともまた解決策になり得ると考えられている。

要約

第1段落：1950年代以降、利益を求める大企業による乱獲の結果、繁殖ペースを上回る漁獲が行われ、世界の魚の生息数が激減した。

第2段落：乱獲は1990年代には地球規模の問題になり、すでに完全に姿を消した種もいるし、漁獲の対象ではない海洋生物種の多くも混獲で破棄されている。

第3段落：漁業の崩壊を防ぐために、政府による規制強化や、漁業の民営化、養魚場の増設などが提唱されている。

(1) 正解：**3**

設問と選択肢の訳

本文の筆者によると、乱獲は

1 沿岸国の政府が飢えを軽減しようとした結果である。

2 魚以外の高タンパクな食料がある国ではほとんど行われていない。

3 大量の魚を売ることによる利益の獲得を狙う企業が引き起こしている。

4 養殖魚の半数以上が一度に漁獲される場合のみ問題になる。

解説 乱獲については、第1段落第3文（After that period, ...）以降で述べている。このうち、第5文（Targeting high profits, ...）にある「高い利益を狙って、こうした大企業の漁船は激しく競争し、魚を乱獲」したという内容に一致する **3** が正解だ。本文のTargeting high profitsを、選択肢ではaiming to make a profit（利益の獲得を狙う）と言い換えている。**1** はto reduce hungerが誤りで、第3文（After that period, ...）に政府が漁業を拡大した目的は「この高たんぱくな食料をもっと獲得するため」とあるのに反する。

(2) 正解：**1**

設問と選択肢の訳

3種の魚について述べたのは、------- 動物の例を示すためである。

1 世界規模で行われる、海洋環境に損害を与える商行為が原因で、ほぼ絶滅させられている

2 国際的な科学組織による協業により過去数十年の間に絶滅から守られた

3 漁船が捕獲した魚を海から引き上げる際に混獲として偶然引き上げられることがよくある

4 少し前には激しく乱獲されていたが、今日では生息数を大いに回復することができた

解説 第2段落第2文（In 2003, a ...）では、「2003年までに世界の海洋に生息する魚の数が90％減少してしまった」とする推定を引用し、次の第3文（Some commercially popular ...）ではそうした魚（＝著しく減少した魚）の具体例として3種の魚を紹介している。したがって **1** が正解だ。第3文にはこれらの魚がcommercially popular species（市場で人気な種）とあるので、**1** でこれらの魚がほぼ絶滅させられている理由をdue to a damaging commercial process（海洋環境に損害を与える商行為が原因で）としている点も適切である。**3** はこの3種の魚と一緒に捕獲される海洋生物種に関する記述である。

(3) 正解：**1** ★

設問と選択肢の訳

本文によると、乱獲を止めることができる一つのこととは何か？

1 海洋生物へ及ぼす被害を軽減する民営の漁業会社が、海で操業している大企業に取って代わること。

2 政府機関によって、海に面する地域は「禁漁区」であると公式に定めること。

3 科学誌が乱獲の有害な影響について一般の人々にもっと多くの情報を提供すること。

4 養魚場で養殖された魚のみ、捕獲して販売することが許されること。

解説 第3段落第3文（Some say that ...）から最終文にかけて、乱獲を防ぐための提案を列挙している。このうち、第4文（Others advocate privatizing ...）の「生産性を向上させ、穏便な漁法を採用して海洋生物の被害を最小化するよう漁業の民営化を提唱する」という内容に一致する **1** が正解だ。本文の advocate privatizing fisheries（漁業の民営化を提唱する）を、選択肢では Private fisheries ... should replace large corporations（民営の漁業会社が … 大企業に取って代わるべきだ）のように詳しく言い換えている。**2** は「海に面する地域」が余分な記述で不適である。

カリスマ講師の目

準1級の正解選択肢では、本文の内容が巧妙に言い換えられます。本問の正解選択肢を本文とよく見比べて、言い換えの巧みさを観察してください。これ以降の演習でも、選択肢の言い換えに注目し、さまざまな言い換えのパターンに慣れていきましょう。

Vocab.

本文

- ☐ contain「～を含む」
- ☐ protein「タンパク質」
- ☐ economic sector「経済部門」
- ☐ up to「～まで」
- ☐ reproduce「生殖する、繁殖する」
- ☐ enlarge「～を拡大する」
- ☐ retrieve「～を回収する、そのために行って持って帰ってくる」
- ☐ corporate「企業の、法人組織の」
- ☐ compete「競争する」
- ☐ intensively「激しく」
- ☐ overfishing「魚の乱獲」
- ☐ specifically「特に」
- ☐ breed「繁殖する」
- ☐ certain「ある」
- ☐ at times「時には」
- ☐ commercially「商業的に」
- ☐ orange roughy「オレンジラフィー」
  ★ヒウチダイ科の魚
- ☐ Chilean sea bass「マジェランアイナメ」
  ★南極周辺の深海に生息する肉食性の大型深海魚

- ☐ bluefin tuna「タイセイヨウクロマグロ」
  ★スズキ目・サバ科に分類される魚の一種で、大西洋の熱帯・温帯海域に分布する大型魚
- ☐ catch「捕獲した物」
- ☐ haul in「～を手繰り寄せる」
- ☐ fishery「漁業」
- ☐ collapse「崩壊する」
- ☐ valid「妥当な、根拠の確かな」
- ☐ advocate「～を主張する」
- ☐ privatize「～を民営化する」
- ☐ fish farm「養魚場」

設問・選択肢

- ☐ coastal「沿岸の、臨海の」
- ☐ breeding fish「養殖魚」
- ☐ problematic「問題のある」
- ☐ be wiped out「絶滅する」
- ☐ extinction「絶滅」
- ☐ coordinated「動きを調整された、協調的な」
- ☐ lift「～を持ち上げる」
- ☐ in captivity「捕獲された状態で」

大問3　内容一致選択　　300 words　　02

自然・環境

別冊・問題 → P.036

ホテイアオイ

　ホテイアオイは、すみれ色や紫色の美しい花で、庭の池や水槽によく見られる。だが、この水に浮かぶ魅力的な植物は世界で最も環境に対して有害な外来種の一つである。ダムや灌漑用の水路など、ホテイアオイは主に人間の活動の影響を受けている水域に見られる。一度広がりはじめると、水路を詰まらせ、釣りや水泳、船の往来を制限する。池や流れの遅い川の水面に厚い植生層を作るので、日光と酸素が水中に入るのを防いでしまい、そのために、生態系を劇的に変化させる。

　ホテイアオイは南アメリカのアマゾン川流域が原産地であり、1880年代に世界の他の地域に広がりはじめた。わずか1週間で繁殖し、幅広い気候の状況に耐えることができるため、すぐに広い範囲にはびこる。どこで育ちはじめても、完全に除去することはほぼ不可能だと人々は理解しているため、これを活用しようとしている。ホテイアオイは動物に直接エサとして与えられたり、有機農業で肥料や堆肥として用いられたりする。ホテイアオイは乾くと、メタンの熱出力が2倍になるため、家を暖めるために使えると研究で示されている。加えて、この植物の根は、鉛や水銀といった汚染物質を吸収するため、この根で排水が処理されることがよくある。

　さまざまな用途にもかかわらず、ホテイアオイは未だに雑草と見なされ、世界中の政府はこれを除去しようとしている。機械によるホテイアオイの除草は費用が高く、化学物質による抑制は水質を汚染する可能性があるので、最も穏やかでコスト効率の高い方法は、生態学的な抑制を取り入れることである。つまり、ホテイアオイの繁茂するエリアに当局が天敵を導入するのである。この天敵には、ホテイアオイの茎の細胞を食べ、それを枯らす感染症を引き起こす微生物を運ぶ昆虫（ゾウムシなど）や、マナティなど1日に水草を最大45キロ（108ポンド）食べる哺乳類が含まれる。

要約

第1段落：ホテイアオイは世界で最も環境に害を及ぼす植物の一つで、水中の生態系を大いに変えてしまう。

第2段落：適応力が高く繁殖力の強いホテイアオイを根絶することは難しいため、人々はその利点を生かして活用しようとしている。

第3段落：世界中の政府は、繁殖エリアに特定の生物を導入することで、ホテイアオイを枯らす作戦に出ている。

(1) 正解：3

設問と選択肢の訳

本文の筆者によると、ホテイアオイは

1 小さな池の水を他の植物種よりもきれいに保つことができるため、人気がある。

2 人間の活動がダムや水路のまわりに限られるため、こうしたエリアに最小の数で見つかる。

3 どこに出現してもその環境の繊細なバランスを崩す傾向がある。

4 生態系から酸素やその他の重要な要素を吸い取ることで、人間の定住地に取り返しがつかないダメージを引き起こす。

解説 第1段落第5文（Since it creates ...）に、ホテイアオイが繁殖地で厚い植生層を作り、「日光と酸素が水中に入るのを防いでしまい、そのために、生態系を劇的に変化させる」とある。この内容を言い換えている **3** が正解だ。本文の dramatically changes the ecosystem を、選択肢では upset the delicate balance of its environment と、やや詳しく言い換えている。なお、**4** は人間の定住地に「取り返しのつかないダメージを引き起こす」が本文には無い内容である。第1段落最終文（Since it creates ...）では、ホテイアオイが水面に繁茂した結果、生態系に「劇的な変化を引き起こす」としか述べられていない。

(2) 正解：4 ★

設問と選択肢の訳

ホテイアオイが有用な点の一つは ------- ということだ。

1 ほとんどの場所で、高価な肥料の使用を最小限にして有機的に栽培可能である

2 適した気象条件ではすぐに成長し、年に数回安価に収穫できる

3 家やその他のタイプの住居から排水を運ぶのに理想的な素材である

4 人々がより快適に生活するために役立つエネルギーを大量に生み出す

解説 第2段落第3文（Wherever it starts ...）に、「これを活用しようとしている」とあり、続く第4文（The water hyacinth ...）以降でその活用例を紹介している。その中で、第5文（Studies have shown ...）の「干上がると、メタンの熱出力が2倍になるため、家を暖めるために使える」という内容に一致する **4** が正解だ。本文の it can be used to warm homes を、選択肢では help people live more comfortably のように漠然と言い換えている。**2** は「年に数回安価に収穫できる」が、**3** は「排水を運ぶ」が本文にはない内容で不適である。**1** はホテイアオイを有機的に栽培可能としている点が不適で、本文では有機農業で肥料として利用可能であるとしか述べられていない。

(3) 正解：1 ★

設問と選択肢の訳

本文の筆者によると、ホテイアオイが繁茂するエリアに特定の生物が導入されるのはなぜか。

1 一部の昆虫はホテイアオイの一部を食べるだけでなく、この植物を枯らす病気にさせるから。

2 他のタイプの防衛措置に耐性を持ちはじめたホテイアオイの個体群が増えているから。

3 特定の水中哺乳類は機械によるホテイアオイの除去にいくらか役立つことが分かっているから。

4 数種類の昆虫は、ホテイアオイを完全に破壊する化学物質を生成することで知られているから。

第3段落第2文（Since mechanical removal ...）の後半に「ホテイアオイの繁茂するエリアに天敵を導入する」とあり、続く第3文（These include insects ...）でその実例を挙げている。その中で、weevil などの昆虫が「ホテイアオイの茎の細胞を食べ、それを枯らす感染症を引き起こす微生物を運ぶ」とあり、この内容を言い換えている **1** が正解だ。本文の carry microorganisms that cause fatal infections in the plans を、選択肢では expose the plants to deadly diseases のように漠然と言い換えている。**3** は「機械による」、**4** は「化学物質を生成する」が本文にはない内容で不適である。

> 本問の正解選択肢は、本文を巧妙に言い換えたものになっています。特に設問(2)と(3)では、本文の内容を漠然と（抽象的に）言い換えています。この場合、本文の該当箇所と選択肢の照合が甘いと言い換えに気づかない場合があります。一つひとつの選択肢を本文と丁寧に照らし合せ、言い換えに気づく目を養いましょう。

Vocab.

本文

- □ **water hyacinth**「ホテイアオイ」
  ★ミズアオイ科の多年生水草
- □ **aquarium**「水槽」
- □ **invasive species**「侵入生物種」
- □ **irrigation**「かんがい」
  ★川・湖などから水を田畑に引くこと
- □ **canal**「用水路」
- □ **clog**「〜の動きを妨げる」
- □ **layer of vegetation**「植生層」
- □ **originate from**「〜から始まる、〜に源を発する」
- □ **basin**「流域」
- □ **fertilizer**「肥料」
- □ **compost**「堆肥」
- □ **absorb**「〜を吸収する」
- □ **pollutant**「汚染物質」

- □ **lead** /led/「鉛」
- □ **mercury**「水銀」
- □ **weed**「雑草」
- □ **eliminate**「〜を取り除く」
- □ **removal**「除去」
- □ **infest**「〜にはびこる」
- □ **weevil**「ゾウムシ」
- □ **stem tissue**「茎組織」
- □ **microorganism**「微生物」
- □ **fatal**「致命的な」
- □ **mammal**「哺乳類」

選択肢

- □ **irreversible**「取り返しがつかない」
- □ **settlement**「定住」
- □ **optimal**「最適な」
- □ **harvest**「（作物）を収穫する」
- □ **immune**「免疫のある」

社会・政治・ビジネス

別冊・問題 → P.038

西洋諸国、貧困国から医師や看護師を雇用

　世界の富裕国の多くが、医療従事者の不足に直面している。この問題に対して、これらの国々は、その不足を補うために、積極的に外国の専門家たちを雇用している。表面的には、これはウィン・ウィンの状況のように見えるかもしれない。多くの外国の医療従事者は、より高い賃金のおかげで生活の質が向上する機会を与えられると同時に、受け入れ国でのより発展した医療業界でキャリアアップのための機会も得られる。しかし、富裕国が外国からの雇用でその医療制度を強化することによって、雇用された人々の祖国で問題が起きていると、多くの人々が主張している。

　「トロピカル・ヘルス・アンド・エデュケーション・トラスト（THET）」による最近の報告書は、イギリスの国民保健サービスが低所得国から広く雇用を行ってきたことを明らかにしている。このTHETの報告書は、インドネシアをはじめとする国々を挙げており、同国は、国際的に雇用されている医療従事者群として上から2番目に位置する。この報告書によると、インドネシアは「同国の人里離れた地域に医療保険を提供することに関して深刻な問題」を抱えているという。実質的に、こうした国々には、自国の医療従事者を手放す余裕がない。他方、この見解に反対する人々は、医療従事者の国外居住によって生み出される経済的収入は、低所得国の経済を強化すると主張している。国外の医療従事者が母国に収入を送金することで生み出される収益により、その国がより優れた技術や医療を得る力が強化されると、こうした論者は見積っている。

　この問題に対処するために、複数の解決策が提案されてきたが、最も成功しそうなものとして、2つの策が際立っている。多くの先進国が現在では、「国際的雇用に関する実施規則」を策定している。このような方針に賛同した場合、国々は、低所得国から医療従事者を連れて来ることを禁じられる。2つ目の方策は「受け入れ・教育・帰国スキーム」と呼ばれ、母国に送り返す前に医療研修を提供することを目的とした、外国からの看護師の募集を促進するものだ。この2つ目の解決策はとりわけ、先進国が必要とする医療従事者を供給する一方でまた、貧困国に向けて医療教育システムを実施することで、一石二鳥になる可能性がある。

要約

第1段落：富裕国が外国から医療従事者を雇用することで、その医療従事者に経済的、技術的な恩恵をもたらす一方で、医療従事者の母国では問題も起きている。

第2段落：インドネシアでは医療従事者の不足を招く海外派遣に反対する者もいるが、そ

こから得る収益から医療の発展が見込めるという理由で賛成する者もいる。

第3段落：低所得国から派遣された医療従事者に研修を提供して本国に送り返す策は、派遣する国と受け入れる国の双方の利益が見込まれる。

(1) 正解：2

設問と選択肢の訳

本文によると、医療従事者が外国で働くことを選択する理由の一つは彼らが、

1 自分たちのスキルが母国で必要とされず、より多くの労働者を必要とする国を支援したいためだ。

2 より先進的な業界で、プロフェッショナルとして成長する機会を見いだすためだ。

3 自分の家族をもっと繁栄した国に移住させるための方策を探しているからだ。

4 母国において自分のスキルが十分に活用されるとは感じていないからだ。

解説 第1段落第4文（For many foreign ...）で「より高い賃金のおかげで生活の質が向上する機会を与えられると同時に、受け入れ国でのより発展した医療業界でキャリアアップのための機会も得られる」という、外国人医療従事者にとっての恩恵が紹介されている。このうち、後半の内容に一致する **2** が正解だ。本文の opportunities for career development を、選択肢では an opportunity to develop professionally と言い換えている。

(2) 正解：4 ★

設問と選択肢の訳

外国の医療従事者の雇用を擁護するために、一部の批評家たちが述べる議論はどんなものか？

1 先進国が労働者を雇用する貧困国では、そのような労働者を必要としていない。

2 適切な医療支援が不足している田舎の地域において、テクノロジーは医療従事者を支援するための最善の解決策である。

3 低所得国は、医療のプロを海外に派遣することによってはじめて、高度に訓練された医療従事者を雇用することが（経済的に）可能になる。

4 国外居住によって生み出される低所得国の医療システムの利益は、医療従事者の損失を上回る。

解説 外国の医療従事者の雇用を「擁護」する立場は、第2段落第5文（However, opponents to ...）以降に書かれている。具体的には第6文（They poised that ...）に、国外の医療従事者が母国に収入を送金することで、「その国がより優れた技術や医療を得る力が強化される」という恩恵がもたらされると書かれている。この恩恵の内容を「低所得国の医療システムの利益」と言い換えている **4** が正解だ。本文では医療のプロの海外派遣によって「優れた医療を得る力が強化される（それ以前にも得る力は一応ある）」とある一方で、**3** は医療のプロの海外派遣によって「はじめて～が可能になる（それ以前には不可能

である）」としている点が言い過ぎで本文とずれている。

(3) 正解：**3**

設問と選択肢の訳

富裕国と低所得国の両方に利益をもたらすものとして、どのような解決策が提示されているか？

1 低所得国の医療労働者に対する賃金を増やし、そうした労働者がとどまるように促す。

2 低所得国でもっと強固な医療システムを開発することで、そうした国がより多くの専門家を外国に派遣できるようにする。

3 低所得国から医療労働者を募集し、富裕国でそうした労働者に研修を行い、契約終了後に帰国させる。

4 低所得国の医療システムを保護できるように、こうした国々の中で「国際的雇用に関する実施規則」を策定する。

解説 ▶ 第3段落で提示されている2つの解決策のうち、「富裕国と低所得国の両方に利益をもたらす」ものは、第6文（This second solution, ...）に「この2つ目の解決策はとりわけ一石二鳥になる可能性がある」とある。この2つ目の策の内容は第5文（The second approach, ...）に「母国に送り返す前に医療研修を提供することを目的として外国からの看護師の募集を促進する」とあり、この内容に一致する **3** が正解だ。**4** は「国際的雇用に関する実施規則」を「低所得国の中で」策定するとしている点が不適。

カリスマ講師の目

> 設問(2)は、対立項の把握がポイントです。第2段落では対立する2つの立場が挙がっていますが、第5文のopponents to this position（この見解に反対する人々）が、外国の医療従事者の雇用を「擁護」する立場であると分かれば正解できます。

Vocab.

本文
- □ **at face value**「表面通りの意味で」
- □ **appear to** *do*「〜するように思われる」
- □ **identify**「〜を明らかにする」
- □ **make up**「〜を構成する」
- □ **remote**「遠く離れた」
- □ **in essence**「本質的には」
- □ **afford to** *do*「〜するだけの余裕がある」
- □ **opponent**「反対者」
- □ **revenue**「収益」
- □ **expatriation**「国外への移住」
- □ **posit**「〜と仮定する、断定する、推測する」
- □ **boost**「〜を強化する、促進する」

- □ **address**「（問題）に取り組む」
- □ **stand out**「際立つ」
- □ **prohibit ... from** *do*ing「…が〜するのを禁止する」
- □ **implement**「〜を実施する」

選択肢
- □ **relocate**「〜を移転させる」
- □ **prosperous**「繁栄している」
- □ **adequate**「適切な」
- □ **outweigh**「（重要度や価値が）〜を上回る」
- □ **remain**「残る、とどまる」
- □ **robust**「安定している」

社会・政治・ビジネス

別冊・問題 → P.040

国の成功を評価する新たな方法

　1930年代半ば以降、世界中の国々は、国内総生産、あるいは略してGDPと呼ばれる評価システムによって自分たちの成功を計測してきた。GDPは、ある国において1年間で生産されるすべての物やサービスの価値を測定することによって計算される。この計算を行うことで、経済学者や政治家はどの国の富でも計測し、そのため、その富を最大化する政策を選択することが可能となる。こうした計測を用いることで、私たちはどの国が「発展途上」でどの国が「先進的」であるかを確定することができる。

　しかし、GDPには欠点が無いわけではない。最も注目すべきこととして、自分たちの成功を金銭的に測定する国々は、その後、自分たちの経済に最も直接的に影響する政策や制度を選択すると多くの人々が主張している。こうした政策は、幸福や信頼、文化といったその他の指標の犠牲を伴うことが多い。実際、GDPの原則の策定を手伝ったサイモン・クズネッツは、「成長の量と質の差異を念頭に入れておかねばならない」と1934年に述べている。85年以上を経て、彼の警告はこれまで以上に差し迫っているように思える。GDPに焦点を合わせることにより、私たちは気候変動や、うつなどの精神衛生上の問題の増加といった問題を無視してきたと、多くの人々が論じている。実際、GDPを優先させても幸福は増進していないと多くの人は主張するであろう。

　1970年代に、ブータンのジグミ・シンゲ・ワンチュク国王は、この問題にはっきりと気づいた。対応として、彼は国の成功に関する異なる指標を掲げ、「国民総幸福量」(GNH)という造語を作った。GNHは、健康、教育、生態系、心理、文化的多様性やその他の測定規準の変数を考慮することによって、国の進歩を計測する。GNHは政府の注目を富だけではなく国民の幸福を高める政策に向けるので、「GDPよりも重要」だと、ワンチュク国王は主張していた。多くの都市や国際組織がこれに注目した。カナダのヴィクトリア、ブラジルのサンパウロ、イギリスのブリストル、さらには国連総会でさえ、いずれも、生活の質に注目するために、GNHによく似た指標を導入している。

要約

第1段落：一国の富を測定するGDPには、その富を最大化すると思われる政策の選択を可能にするという利点がある。

第2段落：GDPを重視するあまり、経済政策を優先して環境や精神衛生を軽視する傾向が生まれる恐れがあり、このことは現代ではさらに深刻である。

第3段落：政府が経済以外の他の側面にも注意を向けるよう開発されたGNHという指標が注目されている。

(1) 正解：**1** ★

設問と選択肢の訳

一部の経済学者らによると、GDPによって国を評価する利点の一つは

1 政策立案者らが国の繁栄を評価し、その国の富を増やすための方法を特定できることだ。

2 どれだけのお金を稼いでいようと、それは経済の指標として一国のすべての国民によってたいてい支持されていることだ。

3 どの国が発展途上であるかを浮き彫りにし、先進国がその国々に役立つ政策を選択することを可能にすることだ。

4 国内のあらゆる製品とサービスを対象とし、適切な値段をつけるのに役立つことだ。

解説 第1段落第3文（By running this ...）で、GDPを計算することによって「国の富を計算できる」、「富を最大化する政策の選択が可能となる」という利点を紹介している。この2点に触れている **1** が正解だ。本文のgauge the wealthを **1** ではassess the prosperityと言い換えており、本文のselect policies that will maximize that wealthを **1** ではidentify ways to increase that wealthと言い換えている。**2** の「すべての国民によってたいていは支持されている」、**3** で述べられている「先進国が途上国を支援する」という図式、さらに **4** の「適切な値段をつけるのに役立つ」は、いずれも本文にはない内容である。

(2) 正解：**2**

設問と選択肢の訳

サイモン・クズネッツは、GDPによって国を評価する際の潜在的な問題は何だとみていたか？

1 経済成長に重きを置きすぎると、貧富の差の拡大につながる。

2 経済を単に成長させることは国民がよりよい生活水準を得ることを必ずしも意味しない。

3 私たちは、経済成長に焦点を当てる前に、うつなどの精神衛生上の問題を重視しなければならない。

4 GDPは国によって大きく異なり、異なった方法で計算されるので、信頼できないものとなる。

解説 第2段落第2文（Most notably, ...）で、GDPを採用する国は「経済に最も直接的に影響する政策や制度を選択する」傾向があると述べている。さらに第6文（By focusing on ...）では「GDPに焦点を合わせることにより、私たちは気候変動や、うつなどの精神衛生上の問題の増加といった問題を無視してきた」という問題点を指摘している。つまり第2段落では、「GDPを採用 → 経済を優先 → 他の問題が発生」という問題が指摘されており、これを端的に述べた **2** が正解だ。

(3) 正解：**4** ★

設問と選択肢の訳

ジグミ・シンゲ・ワンチュク国王によるGDPの代案は、ブータンの国民にどんな利益をもたらすか？

1 それは、世界中の異なる国々を比較する際に活用するにはより公平な指標である。

2 それは経済的成長と幸福の背景にある理由を考慮するが、その一方でGDPはそのような考慮をしない。

3 それは、経済成長に焦点を当てた政策を政府が作り上げる必要性を排除する。

4 それは政府が経済的生産性に重きを置きすぎず、その代わりに幸福に焦点を当てることを促す。

▶解説 第3段落第4文（Wangchuck argued that ...）に、GNHがGDPより重要である理由として「GNHは政府の注目を富だけではなく国民の幸福を高める政策に向ける」と述べている。この内容を言い換えた **4** が正解だ。本文のthe well-being of a population（国民の幸福）を **4** ではwelfare（幸福）で、their wealthを **4** ではeconomic productivityで言い換えている。第3段落第3文（GNH measures a ...）には「GNHは、～やその他の測定基準の変数を考慮する」とあるので、**2** の「経済的成長と幸福の背景にある理由を考慮する」は本文とずれている。また同段落第4文に「富だけでなく国民の幸福を高める」とある通り、経済政策の必要性を排除するものではないので **3** は不適。

カリスマ講師の目

本問の(1)と(3)の選択肢は非常に巧妙に作られており、記憶だけを頼りに解答すると誤答する可能性があります。本文の記述との照合作業を徹底しましょう。

Vocab.

本文
- Gross Domestic Product「国内総生産」
- calculate「～を計算する、算出する」
- determine「～を確定する」
- gauge「～を正確に測定する」
- ascertain「～を突き止める、確定する」
- notably「特に」
- monetarily「財政上」
- at the cost of「～を犠牲にして」
- subsequently「そのあとに」
- distinction「差異、区別」
- keep ... in mind「…を覚えておく」
- pressing「差し迫った」
- depression「うつ病」

- prioritize「～を優先する」
- coin「（新語）を作り出す」
- consider「～を考慮する」
- variable「要素、変数」
- diversity「多様性」
- metric「測定基準」
- take note「注目する」
- variation「変形」

設問・選択肢
- policymaker「政策立案者」
- assess「～を評価する」
- accurate「正確な」
- not necessarily「必ずしも～ない」
- whereas ...「…である一方で」

歴史・文化

別冊・問題 → P.042

東と西が出会う場所

　トルコの都市イスタンブールには誇れるものが数多くある。イスタンブールは、複数の大陸にまたがっている（つまり、二つの大陸〔ヨーロッパとアジア〕の上に位置している）という特徴で最もよく知られている都市だ。この文化のるつぼには毎年1,200万人の外国人旅行客が訪れ、世界で5番目に訪問者の多い都市となっている。人々は空を背景としてそびえ立つ建築物の息を呑むほど美しい輪郭を見、おいしい料理を味わい、そしてとりわけ、あらゆる建物や通りに宿る素晴らしい歴史に浸るためにイスタンブールに集まってくる。

　コンスタンティノープルという前称で、この都市は約1,600年間、一連の帝国の首都として機能した。最初は東ローマ帝国、その後、ラテン帝国、それからビザンティン帝国、最後はオスマン帝国に属した。イスタンブールの発展が最もはっきりと見られる建築物はハギア・ソフィアで、ギリシャ正教の教会として建てられ、その後、カトリック教会に様変わりしたあと、最終的に（イスラム教の）モスクとして改築された。イスタンブールでは、その宗教の歴史だけではなく、建築物が過去から現在に至るまで商業都市として栄えたことを物語っている。東洋と西洋の間という要所にあることは、長い間この都市が交易の活発な中心地となってきたことを意味し、グランバザールは15世紀からファティ地区にある。

　トルコ独立戦争後の1923年まで、この都市は現在の名前を与えられていなかった。多くの人々は今もまだアンカラではなくイスタンブールがトルコの首都だと思っているが、首都としての地位も奪われた。ここは、政治的な中心地ではないにしても、確かに国際的な中心地となっており、ここで生まれた住民は（全人口の）3分の1未満である。こうした理由から、多くの芸術家たちがこの都市にほれ込むのである。フランス人の詩人アルフォンス・ド・ラマルティーヌは「もし人が世界を一度しか眺められないとしたら、イスタンブールを見るべきだ」と言った。

要約

第1段落：ヨーロッパとアジアにまたがる位置にあり、興味深い歴史を有するイスタンブールは、世界中から訪問者を引きつけている。

第2段落：歴史上、イスタンブールはさまざま王朝や宗教の影響を受けてきただけでなく、交易の中心地としても栄えてきた。

第3段落：首都の地位を失った現在でも、イスタンブールは国際都市としての地位を保持しており、多くの芸術家を魅了している。

(1) 正解：**2**

設問と選択肢の訳

本文の筆者によると、イスタンブールに訪問者がたいてい引きつけられる理由は

1 文化的な名所とレストランが、金額の割に優れた価値を提供しているからだ。

2 イスタンブールには、そこを歩くだけで感じられる興味深い過去があるからだ。

3 イスタンブールの古い建築は、旅行者のための十分な宿泊施設を提供している。

4 イスタンブールには外国からの旅行客を歓迎してきた長い歴史があるからだ。

解説 第1段落第4文（People flock to ...）の冒頭に「人々がイスタンブールに集まってくる」とあり、続く箇所にその目的がto see ... / to taste ... / to soak up ... と3つ書かれている。その中で、3つ目の「あらゆる建物や通りに宿る素晴らしい歴史に浸る」という内容をan interesting past that can be felt just by walking through it（そこを歩くだけで感じられる興味深い過去〔があるからだ〕）のように言い換えている**2**が正解だ。**1**、**3**、**4**は本文にそのような記述がないので不適切である。

(2) 正解：**1**

設問と選択肢の訳

イスタンブールの歴史について、本文から分かることは何か？

1 この都市は過去のさまざまな時代にさまざまな帝国と宗教に支配されてきた。

2 この都市の歴史はグランバザールを建てるのに使われた素材を見ることで理解できる。

3 コンスタンティノープルとして知られていたときのこの都市の位置は、現在のものと同じではない。

4 この都市はその位置によって、はるか昔から、宗教の理念を共有することを促進してきた。

解説 第2段落第1文から第3文（The building in ...）までは、イスタンブールの歴史を説明している。第1〜2文（It belonged first ...）ではさまざまな王朝の支配下に置かれてきた歴史を説明し、第3文ではハギア・ソフィアを例に出して、さまざま宗教に合わせて改築されてきた歴史を説明している。このように王朝や宗教が交代してきた歴史を一文で漠然と述べた**1**が正解だ。なお、第2段落最終文で「立地と商業」の関係について言及しているが、「立地と宗教」については言及がないので**4**は不適である。

(3) 正解：**2**

設問と選択肢の訳

本文の筆者によると、クリエイティブな人々がイスタンブールにとても引きつけられるのはなぜか？

1 トルコ独立戦争以降、政府はここへ移り住む芸術家に報奨金を提供してきた。

2 イスタンブールは、さまざまな背景を持った人々が住む多様な都市である。

3 政治的中心地ではないため、首都のアンカラよりも刺激的な文化生活がある。

4 ほとんどのヨーロッパの都市と比べ、ここでは作家がキャリアを築きやすい。

解説 第3段落第4文（This has led ...）に「こうした理由から、多くの芸術家たちがこの都市にほれ込む」とあるので、この直前の第3文（It is certainly ...）の内容が「引きつけられる理由」になると判断する。第3文には「ここは、確かに国際的な中心地となっており、ここで生まれた住民は（全人口の）3分の1未満である」とあり、この内容に一致する **2** が正解だ。地元民が全人口の3分の1未満である現状を、**2** では is home to people from a wide variety of backgrounds と言い換えている。**3** は「首都のアンカラよりも」が不適で、本文では生活上の刺激についてアンカラとの比較は行っていない。

カリスマ講師の目

設問(1)と(3)は「細部の内容把握」を問う問題で、設問(2)は「広範囲の内容把握」を問う問題です。前者では、本文の該当箇所を詳細に検討して正解を絞ります。一方で後者では、広い範囲を参照しながら選択肢を検討します。一文一文を読む力と、段落単位で要旨を把握する力の両方を鍛えましょう。

Vocab.

本文
- □ fame「名声」
- □ transcontinental「複数の大陸にまたがる」
- □ which is to say「つまり」
- □ continent「大陸」
- □ melting pot「るつぼ」
- □ flock「詰めかける」
- □ stunning「見事な」
- □ skyline「スカイライン」
  ★（高層ビル・連山などの）空を背景にした輪郭
- □ cuisine「料理」★フランス語
- □ soak up「〜を楽しむ、に浸る」
- □ incredible「途方もない」
- □ previous「前の」
- □ erect「〜を建設する」
- □ Greek Orthodox church「ギリシャ正教会」
- □ transform「〜を変える」

- □ Catholic church「（ローマ）カトリック教会」
- □ remodel「〜を改築する」
- □ mosque「モスク、イスラム教寺院」
- □ religious「宗教的な」
- □ commercial「商業の、民間の」
- □ strip「〜を奪う」
- □ assume「〜と思い込む」
- □ cosmopolitan「国際的な」
- □ Alphonse de Lamartine「アルフォンス・ド・ラマルティーヌ」★ロマン派の代表的詩人
- □ glance「一見」
- □ gaze on「〜をじっと見つめる」

設問・選択肢
- □ be drawn to「〜に引かれる、魅了される」
- □ attraction「観光名所」
- □ incentive「報奨金、動機」
- □ diverse「多様な」

自然・環境

別冊・問題 → P.044

カリフォルニアコンドルの復活プロジェクト

　1980年代に、米国で野心的かつ非常にコストのかかるプロジェクトが開始された。その計画は、「カリフォルニアコンドル復活プロジェクト」と名づけられ、北米で最大の鳥を絶滅の危機から救うことを目的とした。最終氷期以前、この巨大な腐肉食生物は大陸全体を徘徊していたが、大型哺乳類の消滅により、その生息地は中西部や西海岸に限られるようになった。ヨーロッパからの入植者たちが西部に押し寄せると、彼らはしばしばコンドルを捕獲し、毒殺し、撃ち殺し、また、コンドルが生存のために摂っていた動物たちを狩猟することでこの鳥たちの食料を減らした。1910年代半ば以降、この鳥を殺すことは違法だという事実があるにもかかわらず、時が経つにしたがって、カリフォルニアコンドルの数は減少し続けていた。

　野生に残されたカリフォルニアコンドルがわずか22羽になったとき、米国はこの絶滅危惧の鳥に対する既存の飼育下繁殖プログラムの拡大を承認した。サンディエゴ野生動物園（SDWAP）が主導し、生き残ったすべての個体が1987年の春までに捕獲され、SDWAPと数カ所の動物園に割り振られた。この復活プロジェクトが軌道に乗るまでかなり時間がかかった。というのも、メスのコンドルは1年おきに一つしか卵を産まないからである。繁殖の速度を上げるために、専門家らは、子を産むすべてのつがいから一つ目の卵を取り上げた。これは、「ダブルクラッチ」、つまり、産んだ卵が失われた場合にもう一つ卵を産むという特別な能力をコンドルが持つことを知ってのことである。コンドルたちは、飼育下での繁殖にうまく対応し、その数が50羽を超えた際、野生復帰が開始された。2003年には野生のコンドルの最初のひな鳥が生まれ、2019年7月には1,000羽目のコンドルの孵化が見られた。

　研究者らは現在、カリフォルニアコンドルの完全な復活を妨げるあらゆる障害の排除に取り組んでいる。研究者らがこれを行っているのは、単にこの鳥が最後に生き残ったカリフォルニアコンドルだという理由のみならず、腐肉食生物は自然界で非常に重要な役割を担っているためでもある。腐肉食生物は発見した動物の死体とともにバクテリアを食べることで、病気のまん延を予防する。自然保護活動家たちが直面している最大の問題は、コンドルが食べる死骸の大半は狩猟された動物で、弾丸の鉛の破片が時々含まれることである。その他の腐肉食生物とは異なり、カリフォルニアコンドルも属する集団であるコンドル科は、胃の中で非常に強力な消化液を分泌する。そのため、鉛を摂取すると、急速に血中に入り、死に至る。リドリー・ツリー・コンドル保護法は、コンドルの生息域では鉛不使用の弾薬を使用することをハンターに求めることによって、この特定の問題に対処している。

第1段落：1980年代に、米国は絶滅の危機に瀕していたカリフォルニアコンドルを保護して個体数を増やす壮大なプロジェクトを開始した。

第2段落：最後の22羽を保護して繁殖させ、次第に野生に戻した結果、2003年には野生の最初のひな鳥が、2019年には1,000羽目が誕生した。

第3段落：弾丸の鉛を含む動物の死体を食べてコンドルが死ぬのを防ぐために、コンドルの生息地ではハンターに鉛の弾薬の使用を控えるよう求めている。

(1) 正解：**2**

設問と選択肢の訳

カリフォルニアコンドルに関して分かることは何か？

1 大型哺乳類に大量に捕食されたので、その数は20世紀までに危険なほどの低水準まで減少した。

2 米国に新参者が増えると、コンドルが食料にしていた動物が少なくなった。

3 それを殺すことがカリフォルニアで違法となるまでに、その自然生息地に取り返しのつかない損害がもたらされていた。

4 コンドルを救うために米国の西側の地域に大型の哺乳類を再導入するプログラムが1980年代に開始された。

解説　第1段落第3文（Before the last ...）から第4文（As European settlers ...）では、コンドルの個体数が減少する経緯を説明している。このうち、第4文の「彼ら（入植者たち）は…コンドルが生存のために摂っていた動物たちを狩猟することでこの鳥たちの食料を減らした」という内容を端的に言い換えた **2** が正解だ。本文のEuropean settlers を、**2**ではnewcomersのように漠然と言い換えている。**1** はコンドルの数が減少した原因を「大型哺乳類に大量に捕食されたので」としている点が本文に合わない。また、生息地という場所への損害については触れていないので、**3** も不適である。

(2) 正解：**4**

設問と選択肢の訳

カリフォルニアコンドル復活プロジェクトが最初の段階では少ししか成果を上げられなかったのはなぜか？

1 メスのコンドルは人間に囲まれる生活に適応するのに苦労し、交尾したがらなかったため。

2 コンドルの家族から取り上げられた卵の大半が、実験室の条件下では孵化しなかったため。

3 当局が開始を引き延ばしすぎた結果、集められた個体が繁殖させるには脆弱すぎたため。

4 野生でも、飼育下で生きる場合でも、コンドルは2年に1度、1羽しか子どもを産まないため。

解説 第2段落第第3文（The recovery project ...）に「（プロジェクトは）が軌道に乗るまで少し時間がかかった」とあり、その原因として「メスのコンドルは1年おきに一つしか卵を産まないからである」と述べている。この内容を言い換えた **4** が正解だ。なお、この第3文ではメスのコンドルの（特に飼育状況を問わない）一般的な性質を述べているので、**4** の前半の「野生でも、飼育下で生きる場合でも」は特に問題ない。本文の lay only one egg を **4** では only produce a single offspring に言い換え、every other year を **4** では every two years に言い換えている。

(3) 正解：**3**

設問と選択肢の訳

本文の筆者によると、カリフォルニアコンドルが今も大量に殺されている理由の一つは何か？

1 ここ数十年でその猟場に現れた新種のバクテリアによって引き起こされる致命的な病気にかかっている。

2 鉛が入った弾薬の使用を禁じる規制がコンドルの生息地で十分な強制力をもって施行されていない。

3 その鳥は、化学成分を自分の血流に吸収せずに金属片を排出することができる。

4 巣づくりの場所が人間の居住地にとても近く、そこではしばしば、毒に汚染された動物を食べざるを得ない。

解説 コンドルの死因については、第3段落第5文（Unlike other scavengers, ...）と第6文（For this reason, ...）に「胃の強力な消化液のために、摂取された鉛が急速に血中に入り、死に至る」とある。この「鉛を消化吸収すること」に触れている選択肢は **3** だけであり、これが正解だ。**3** では "be unable to do without ..." 「…せずに〜することはできない」という否定構文を用いて本文内容を複雑に言い換えていることに注意。

カリスマ講師の目

設問 (1) と (3) で問われている「コンドルの個体数が減少した経緯」と「コンドルの死因」は、やや複雑な内容でした。このように準1級では、英文のやや複雑な内容の理解を問う問題も出題されます。一定以上の速さを保ちつつ、やや複雑な内容をきちんと理解しながら読む訓練を行う必要があります。

Vocab.

本文

- □ condor「コンドル」
- □ recovery「回復」
- □ ambitious「野心的な」
- □ brink「寸前、瀬戸際」
- □ extinction「絶滅」
- □ magnificent「壮大な」
- □ scavenger「腐肉食（性）動物」
  - ★生物の死体、または排出物などを食物とする動物
- □ roam「うろつく」
- □ mammal「哺乳類」
- □ habitat「生息地」
- □ settler「入植者」
- □ approve「～を承認する」
- □ captive breeding「飼育下繁殖」
  - ★動物を飼育して繁殖させること
- □ endangered「絶滅寸前の」
- □ specimen「見本、検体」
- □ capture「～を捕らえる」
- □ distribute「～を配分する」
- □ take off「軌道に乗る」
- □ lay「(卵) を産む」
- □ captivity「飼育されていること」
- □ exceed「～を超える」
- □ reintroduction「野生復帰、再移入」
- □ nestling「ひな鳥」

- □ hatch「(ひな) をかえす」
- □ obstacle「障害、妨げ」
- □ complete「完全な」
- □ Gymnogyps「カリフォルニアコンドルの学名」
- □ conservationist「自然保護活動家」
- □ carcass「死骸」
- □ feed on「～を食糧にする」
- □ lead /led/「鉛製の」
- □ fragment「破片」
- □ vulture「コンドル」
- □ digestive juice「消化液」
- □ consume「～を摂取する」
- □ specific「特定の」
- □ ammunition「弾薬」

設問・選択肢

- □ scarce「少ない」
- □ irreparable「回復不可能な」
- □ reluctant to *do*「～するのに気が進まない」
- □ mate「交尾する」
- □ produce「(子) を産む」
- □ offspring「(動物の) 子」
- □ regulation「規則」
- □ chemical component「化学成分」
- □ absorb「～を吸収する」

医療・健康

別冊・問題 → P.046

最小侵襲手術

　最小侵襲手術（さいしょうしんしゅうしゅじゅつ）は、1980年代に登場して以来、この分野において最大の進歩を見せていると多くの医療専門家らは考えている。あらゆる手術はもともと侵襲性のあるものだが、この手法は、従来の手術に比べて、患者の身体への負担がはるかに小さい。この技術を使う際、「鍵穴」と呼ばれるわずか数カ所の切開が行われ、たいていの場合、傷口の適切な回復には粘着性の包帯で十分である。腹腔鏡（ふくくうきょう）という、軽くて小さなカメラが付属した細長いチューブが最初の切開部から挿入され、それにより、手術を行う部分を外科医が見ることができるようになる。その他の1カ所あるいは複数の切開部は、実際の手術で用いられる器具のためのものである。

　この手法を用いることで、治療に非常によい結果が得られる症状は多岐にわたり、伴うリスクは観血的手術（かんけつてき）よりも少ない。痛みや感染症にかかる可能性、あるいは失血が少なく、回復時間も短いことを統計が示している。メリーランド州ボルティモアにあるジョンズ・ホプキンズ・メディスンの研究者らが実施した調査の目的は、そのまぎれもない利点があるにもかかわらず、多くの病院が最小侵襲手術を最大限活用していない理由を明らかにすることであった。この調査は、米国の1,000カ所以上の病院での700万人の入院患者を対象とした。ジョンズ・ホプキンズの外科教授で、調査のリーダーを務めたマーティ・マカリー博士によると、彼の研究チームは、病院の経済状況と最小侵襲手術の活用率との間には明白な関係性が見られなかったという。

　むしろ、彼らが明らかにしたのは、手術が従来の方法で行われるか、あるいは最小侵襲手術が行われるかどうかは、単にそのときの外科医の好みの問題だということだった。たとえば、虫垂切除（ちゅうすいせつじょ）、つまり盲腸を取る場合、最小侵襲的アプローチは71％の手術において適切だと認められていたが、これを選択したのは、病院全体のわずか4分の1だった。というのも、外科医はその手術に関心がないか、あるいは技術がなかったからである。外科の研修医が研修先の病院で何を学ぶかに大きく左右されると、マカリー博士は述べている。研修医が従来の手法を教われば、チューブを患者に挿入する外科手術を行うことに不安を感じるだろう。同博士が述べているように、この場合、慣習に従うことはかなり問題であり、こうした技術が患者によりよい結果をもたらすことは証明されているのだから、外科の専門医らはむしろ新しい技術に注意を向けるべきだ。

第1段落：小型カメラとチューブを用いて、最小限の切開で行う最小侵襲手術は、医療分野における著しい進歩であると言える。

第2段落：さまざまな利点がある最小侵襲手術を実施しない例は多く、その理由は病院の経済状況とは無関係であるようだ。

第3段落：最小侵襲手術を実施するかどうかは、外科医の関心、技量、教育に左右されるが、利点の多いこの新しい技術をもっと活用するべきである。

(1) 正解：**2**

設問と選択肢の訳

最小侵襲手術に関して正しいのはどれか？

1 従来の手術とは異なり、患者の肌に切開を行う必要がない。

2 小さな切開部を経由して、いくつかの外科器具が患者の体に挿入される。

3 外科医は、きちんと治癒していない切傷や創傷に粘着性の包帯を当てるために腹腔鏡を使用する。

4 1980年代以前は比較的一般的だったが、患者の体への好ましくない影響のためにもう行われていない。

<u>解説</u> 最小侵襲手術の特徴について述べている第1段落の内容に合致する選択肢を選ぶ。第5文（The other cut ...）に「その他の1カ所あるいは複数の切開部は、実際の手術で用いられる器具のためのもの」とあり、この内容を簡潔に言い換えている **2** が正解だ。本文の the instruments that are used for the actual surgery を、**2** では the surgical devices（手術器具）のように端的に言い換えている。**1** は「切開を行わない」としている点が不適である。また、腹腔鏡の用途は「手術を行う部分を外科医が見ること」なので、**3** も不適である。

(2) 正解：**4**

設問と選択肢の訳

ジョンズ・ホプキンズ・メディスンの調査の目的は

1 患者の経済状況と治療手法との関連性が存在するかどうかを突き止めることだった。

2 従来型ではない手術の利点に関する十分なデータを集め、市民がインフォームド・チョイスを行うのに役立つことだった。

3 最小侵襲手術のコスト管理の観点からなるべく多くの病院を評価することだった。

4 最新の外科手術が多くの医療機関であまり活用されないままである理由を発見することだった。

<u>解説</u> ジョンズ・ホプキンズの調査の目的については、第2段落第3文（A study conducted

...）の was aimed at ...（…を目的として）以降で明示されており、そこでは「多くの病院が最小侵襲手術を最大限活用していない理由を探すこと」と述べている。この内容に触れている選択肢は **4** だけであり、これが正解だ。

(3) 正解：**3**

設問と選択肢の訳

マカリー博士によると、病院がすべきことは何か？

1 最小侵襲手術を行う準備ができていなければ、それを必要とする患者に他の病院を紹介するべきだ。

2 最小侵襲手術のような新しい手術を試みることは若い研修医だけに許可すべきだ。

3 昔から確立された手法に頼らず、さらに高度な手法を取り入れることで治療を向上させることに前向きになるべきだ。

4 より優れた治療を患者に提供するために、研修先の病院から専門の外科医を招いて虫垂切除やその他の手術を行うべきだ。

解説 マカリー博士の提案は、第3段落第6文の As stated by the professor（同博士が述べているように）以降に書かれている。そこでは「慣習に従うことはかなり問題であり…外科の専門医らはむしろ新しい技術に注意を向けるべきだ」とある。この内容を言い換えた **3** が正解だ。本文の convention（慣習）を **3** では long-established methods（昔から確立された手法）と言い換え、new technologies を more sophisticated ones（さらに高度な手法）のように漠然と言い換えている（ones は methods のこと）。

カリスマ講師の目

本問は、「医療・健康」分野にありがちな、日常生活では触れる機会が少ない専門的な文章です。本問の内容に親しみを感じることは難しいかもしれませんが、問題の難易度も、正解選択肢の言い換えも標準的です。どんな文章でも興味を持って通読し、段落ごとに要約し、きっちりと選択肢の検討を行いましょう。

Vocab.

本文

- [ ] **minimally invasive surgery**「最小侵襲手術」★皮膚や筋肉などの切開を最小限にとどめた外科手術
- [ ] **advancement**「進歩」
- [ ] **advent**「登場」
- [ ] **invasive**「侵襲の」★切開を伴う手術など
- [ ] **adhesive**「粘着性の」

- [ ] **bandage**「包帯」
- [ ] **laparoscope**「腹腔鏡」
- [ ] **incision**「切開」
- [ ] **exceptional**「非常に優れた」
- [ ] **open surgery**「観血的手術」
  ★メスを入れたり縫ったりする手術
- [ ] **statistics**「統計」
- [ ] **infection**「感染症」

□ appendectomy「虫垂切除」
□ undeniable「否定できない」
□ appendix「虫垂、盲腸」
□ opt for「～を選ぶ」
□ surgical procedure「手術」
□ convention「慣習」

設問・選択肢
□ informed choice「インフォームド・チョイス」★十分な説明を得たうえでの選択
□ evaluate「～を評価する」
□ underused「十分に活用されていない」
□ refer「～に差し向ける」

教育・心理

別冊・問題 → P.048

高校生の抱えるストレス

　2014年にアメリカ心理学会が行った調査で、ティーンエイジャーの83％が、日常生活におけるストレスの主な原因が学校にあると感じていることが明らかになった。生徒たちは自分の成績が十分によいのかどうかを心配し、常に自分を同級生と比べている。勉強に加えて、課外活動に参加したり大学準備講座を受講したりしており、これらが生徒たちにとってさらなるストレスになっている。多くの生徒は慢性的に不安な状態に陥っており、このため自由時間においてさえ、楽しみを持つことができなくなっている。ティーンエイジャーがこのような不健康な状態に陥っているのは、生徒たちも親たちも、望ましいキャリア形成の唯一の手段がよい大学を卒業することだと信じているからである。複数の教育専門家が述べているように、大学の学位は、今では高校の卒業証書に代わって個人に求められる最低限の学歴とみなされている。より具体的には、多くの生徒が、キャリア形成で成功するためには最高の大学に入らなければならないという考えを持つようになっている。

　ハーバード大学やマサチューセッツ工科大学やエール大学のような一流大学は、こうした風潮を認識しており、入学を非常に困難にしている。その結果、生徒たちは学業成績をよくするだけでなく、課外活動に参加したり、スポーツをしたり、何らかの職場経験やボランティアの経験を積むことすらもして、他の生徒と差をつけるように強いられている。心理学者は、こうした激しい競争が原因で抱えることになる高いレベルの不安のせいで、生徒が自身にのしかかるプレッシャーに押しつぶされてしまう可能性があると警告している。心理学者はスクールカウンセラーに、こうした過労気味のティーンエイジャーに対して、バランスのとれた生活の送り方を教え、すべてを完璧にこなすことは現実的ではないということを生徒に説明するよう提言している。さらにカウンセラーは、生徒たちが夢中になれる趣味を見つけたり、瞑想したり、運動したり、同級生と仲良くしたりするよう促すべきである。

　一方で、こうした競争に参加しないティーンエイジャーも多い。中にはもっと楽しめる他のキャリアを追求したいがためにそうしたがらない者もいるが、その一方で、特に低所得者層出身の生徒の中には、単に名門大学に志願する準備のための資金が整わない者もいる。こうしたことが上位の大学への進学を妨げてしまうかもしれないという不安が、裕福な生徒が抱えるストレスと似た種類のストレスを産み出していると、スタンフォード大学の調査に記録されている。こうした低所得者層の生徒は、学業支援を必要としているだけでなく、名門の家庭の子どもたちに引けを取らない学業成績を収めるようにするために自信を高めてやることも必要としている。

第1段落：アメリカのティーンエイジャーの多くが学校生活にストレスを感じているのは、キャリア形成のために名門大学への進学を目指し、過当な競争を強いられているからだ。

第2段落：生徒がプレッシャーに押しつぶされるのを防ぐために、心理学者はカウンセラーに、バランスの取れた生活や、競争以外の活動もするように生徒に提言するよう求めている。

第3段落：こうした競争に参加できない低所得者層の生徒が抱えるストレスに対処するには、学業支援に加えて、自信を高める支援を提供する必要がある。

(1) 正解：**2**

設問と選択肢の訳

ティーンエイジャーの生徒が抱えるストレスの主な原因は、------- ということである。

1 大学準備講座への志願者が多いために、参加するのが非常に困難になっている

2 高校卒業後に名門大学のうちの一校に入らない限り、将来適切な地位につくことができないかもしれないと恐れている

3 多くの場合彼らが参加する課外活動は、彼らが取得しようとしている大学の単位に対応していない

4 大学教育の質は以前よりも低下しており、大学の単位のほとんどはかつての威厳を失っている

解説 ティーンエイジャーがストレスを抱えている理由については、第1段落第5文（The reason for ...）で「生徒たちも親たちも、望ましいキャリア形成の唯一の手段がよい大学を卒業することだと信じているからである」と述べている。この内容をやや複雑に言い換えた **2** が正解だ。本文の「Aするための手段は、Bすることである」という内容を、**2** では「Bしない限り、Aできない」のように言い換えていることに注意。

(2) 正解：**4**

設問と選択肢の訳

心理学者は何をすすめているか？

1 高校生のストレスを軽減するために、大学に生徒が入学しやすくすること。

2 ハーバードやその他の名門大学は、生徒が入学に一度目の失敗をした場合は、何らかの就業経験を得られるよう支援すること。

3 競技スポーツをしてもティーンエイジャーが耐え忍ぶストレスが増すだけなので、他の息抜きを選ぶこと。

4 カウンセラーが生徒と面談し、生徒が現実的な目標を設定したり、不安を軽減するさまざまな手段を見つけるのを支援すること。

解説 第2段落第4文（They advise school ...）と第5文（In addition, ...）にある心理学者の提言は、いずれもカウンセラーに対するものなので、**4** が正解だ。第4文の「全てを完璧にこなすことは現実的ではない」というやや遠回しな助言を、**4** では set realistic goals（現実的な目標を定める）のように直接的に表している。さらに第5文の「夢中になれる趣味を見つけたり…同級生と仲良くしたりする」という具体的な助言を、**4** では find various ways in which they can reduce anxiety（不安を軽減するさまざまな手段を見つける）のように漠然と表している。

(3) 正解：4

設問と選択肢の訳

本文の筆者によると、一部の低所得者層の生徒は

1 最上位の大学への志願を思いとどまるよう親から言われているが、多くの場合、彼らは自分の考えを変えたがらない。

2 失敗や他の生徒の否定的な意見をとても恐れるあまり、不本意ながらも名門大学を狙っている。

3 夢を実現するためにスポーツに打ち込むことによって、名門大学に進学するためのストレスのたまる競争から逃げている。

4 彼らが内に秘めている学力を最大限に発揮できるように、教育者が意欲を喚起する必要がある。

解説 第3段落第4文（These low-income students ...）では、低所得者層の子たちには「名門の家庭の子どもたちに引けを取らない学業成績を収めるようにするために自信を高める支援も必要」と述べている。この内容を言い換えた **4** が正解だ。本文の need ... boosts to their confidence を **4** では receive motivation（意欲を受け取る）と言い換え、so that they can achieve just as much as the children of the elites という具体的な記述を **4** では so that they can reach their full academic potential（内に秘めている学力を最大限に発揮するように）のように漠然と言い換えている。

カリスマ講師の目

本問の正解選択肢は、かなり巧妙です。設問(2)と(3)の言い換えもかなり練られていますが、設問(1)ではさらに高度な言い換えがなされています。こうした選択肢を選ぶためには、他の選択肢を消去していくという方法も有効ですが、「選択肢を読み込む力」を鍛えることもまた大切です。

Vocab.

本文

- □ peer「同級生、同僚」
- □ engage in「〜従事する」
- □ preparatory「準備のための」
- □ add to「〜を増やす」
- □ get stuck in「〜に陥る、はまり込む」
- □ permanent「恒久的な」
- □ college degree「大学の学位」
- □ diploma「卒業証書」
- □ notion「考え」
- □ tier「層」
- □ admission「入学許可」
- □ stand out「目立つ」
- □ become overwhelmed by「〜に圧倒される」
- □ be subject to「〜にさらされている、の支配下にある」
- □ meditate「瞑想する」

- □ pursue「〜を追及する」
- □ university application「大学への応募」
- □ apprehension「不安」
- □ affluent「裕福な」
- □ boost「応援」

設問・選択肢

- □ applicant「応募者」
- □ inferior to「〜より劣っている」
- □ prestige「名誉」
- □ institution「機関、組織」
- □ competitive sport「競技スポーツ」
- □ undergo「耐える」
- □ discourage「（人の）やる気を失わせる」
- □ prestigious「名声のある」
- □ despite *one*'s better judgement「不本意ながらも」
- □ fulfill「〜を実行する」

社会・政治・ビジネス

別冊・問題 → P.050

インターネット・フィルター

　インターネットが登場して間もないころは、情報の自由な流れによって、人々が周囲の世界についてさらに広く明確に理解できるようになるだろうと期待されていた。当初はそうだったが、過去10年の間に異なる現実が姿を見せた。検索エンジンやソーシャルメディアの会社は、どの情報を表示するかをフィルターにかけるため、「アルゴリズム」という名としても知られるコンピュータプログラムに頼りはじめた。これは、情報の閲覧にかかる時間を少なくすることができるので、ユーザーにとって有益である。インターネット上のプラットフォームにとっても、ユーザーを彼らのサイトにとどめておくだけでなく、的を絞って広告することもでき、その結果収益が上がるため、有益である。

　しかし、こうしたフィルターには悲惨な結末がある。マイクロソフト創業者のビル・ゲイツはこの話題について語っていて、ソーシャルメディアは「あなたを考え方の似た人々と引き合わせるので、あなたは他の観点と交わったり、共有したり、理解したりすることにはならない」が、「それは私や他の多くの人々が予想していたよりも大きな問題になっていることが分かった」と述べた。アルゴリズムはユーザーを「フィルターバブル」の中に引き入れる。ユーザーは自分の信じていることを裏づける情報しか目にしないし、逆の意見を無視する。インターネット活動家のイーライ・パリサーも同じ意見だ。パリサーからすれば、フィルターバブルは「人々の市民としての対話の土台を壊して」おり、人々を「プロパガンダと情報操作」に影響されやすくしているという。さまざまな考え方が自由に行き来することは民主主義が機能するためには欠くことができないものであり、そのため、フィルターバブルは民主主義の基盤を浸食しているかもしれないのだ。

　政策決定者らとIT企業は近年注意を向けはじめ、一定の範囲の対策を実施しだした。欧州連合（EU）はこの現象に関する調査に投資し、アメリカは個人情報に影響されたオンライン検索をユーザーがやめられるようにする「フィルターバブルの透明性に関する法令」の成立を検討している。一方、ソーシャルメディアプラットフォームのフェイスブックとグーグルは、さまざまな観点に人々を触れさせるようにアルゴリズムを調整する方法を検討している。しかし、現状維持を支持する人々は、相反する見解をフィルターにかけて表示しないのはアルゴリズムではなく、人間の性質だと主張する。フェイスブックのデータ・サイエンティストは最近、人々は同じようなイデオロギーの友人を持つ傾向があり、彼らのイデオロギーに合った情報を互いにシェアする可能性が高いということを発見した。これはおそらく事実だろうが、パリサーをはじめとする人々は企業の責任だけでなく個人の責任も主張している。フィルターバブルの影響に対抗するため、彼らは人々に「エスケー

プ・ユア・バブル」などのファクトチェック用プラグインのダウンロードや、「ダック・ダック・ゴー」など匿名で使える検索エンジンの使用をすすめている。

要約

第1段落：インターネット上に表示される情報を選別するフィルターによって、ユーザーが効率的に情報を閲覧でき、サイト運営者も収益を上げることができている。

第2段落：このフィルターによって、自分の考えに合う情報だけを集めるようになり、その結果、自由な思考が阻害されて民主主義が衰退する可能性がある。

第3段落：多様な考えとの接触を可能にするよう、オンライン検索の調整がされる一方で、好みに基づく情報の取捨選択をするのが人間の性質であると主張する者もいる。

(1) 正解：**3** ★

設問と選択肢の訳

本文の筆者によると、ユーザーにとって、企業がアルゴリズムを使用することの利点の一つは何か？

1 ユーザーが読んだり検討したりするための幅広い情報を提供する。

2 ウェブサイトから直接、その内容を読みたい人々へ自在に情報が共有されるようになる。

3 情報の検索が効率的になり、検索しやすくなる。

4 広告主が彼らの製品を最も購入しそうな人々をターゲットにすることが可能になる。

解説 アルゴリズムの機能について、第1段落第3文（Search engine and ...）の後半に「どの情報を表示するかフィルターにかける」とある。そして次の第4文（This is beneficial ...）に、このアルゴリズムによってユーザーは「情報の閲覧にかかる時間を少なくすることができる」という利点が挙がっている。こうした内容を make searching for information more streamlined（情報検索を効率的にする）のように漠然とまとめている **3** が正解だ。**4** は「広告主として」の利点を述べているが、設問文には「ユーザーにとって」とあるので、不適切である。

(2) 正解：**2** ★

設問と選択肢の訳

本文での彼の発言に基づくと、イーライ・パリサーは ------- ということに同意しそうだ。

1 専門家たちは当初、フィルターバブルはインターネットにいい影響をもたらすと思っていた

2 フィルターバブルを活用することによって、一部の人の意見に政治団体の影響を与えることが可能になっている

3 私たちが民主主義の成功を求めるのであれば、フィルターバブルを完全になくす必要が

ある

4 考えの似通った人々と意見を交わすと、ある話題について理解を深めることができる

解説 パリサーの発言が引用されている第2段落第5文（To Pariser, filter ...）の中で、フィルターが「プロパガンダと情報操作に人々を影響されやすくしている」と述べている。このことから、「フィルターを使用することによって、特定の思想や情報の影響を受けやすくなる」とパリサーが考えていることが伺える。したがって **2** が正解だ。なお、本文中で引用されているパリサーの発言だけでは、彼がフィルターの「完全な」排除まで求めているかどうかは判断できないので、**3** は不適である。**4** は考えの似通った人々と意見を交わすことによって「理解を深めることができる」のように肯定的に述べている点が本文に合わない。

(3) 正解：1 ★

設問と選択肢の訳

フェイスブックのデータ・サイエンティストがアメリカの「フィルターバブルの透明性に関する法令」について述べる可能性があるものはどれか？

1 この法令はインターネットで人々が得る情報にあまり効果をもたらさない。

2 この法令は人々がフィルターバブルの罠に陥るのを防ぐために必要な手段だ。

3 この法令はインターネットの歴史であまりにも遅く登場したので、今となっては人々の行動を変えるには遅すぎる。

4 どんな情報に触れるかを選ぶのは、政府ではなく個人であるべきだ。

解説 「フィルターバブルの透明性に関する法令」の内容は第3段落第2文（The European Union ...）に「個人情報に影響されたオンライン検索をユーザーがやめられるようにする」とある。また、フェイスブックのデータサイエンティストの考えは同段第5文（Data scientists at ...）にあり、そこでは「人々は同じようなイデオロギーの友人を持つ傾向」があると指摘している。つまり、自分の考えに合う情報ばかりを表示するオンライン検索をユーザーが任意でやめられることを法令が定めてはいるが、同じような考えを持つ友人を持ちたがるユーザーがそれをやめる可能性は低いと考えていることが伺える。よって、この法令の効果は薄いとしている **1** が最も適当だ。

カリスマ講師の目

設問(2)は most likely が、設問(3)は might が設問文で使われています。どちらも「推測」することが求められていますが、このような問題でも必ず本文の記述に基づいて選択肢を検討しましょう。「推測」を求める問題でも正解が一つに決まるのは、本文の記述にきちんと基づいて正解選択肢が作られているからです。

Vocab.

本文

- [ ] algorithm「アルゴリズム」
  ★問題を解決するための方法や手順
- [ ] otherwise known as「別の名を～という」
- [ ] beneficial「有益な」
- [ ] browse「閲覧する」
- [ ] tragic「悲劇的な」
- [ ] consequence「結果」
- [ ] speak on「～について話す」
- [ ] like-minded「同じ考えを持った」
- [ ] filter bubble「フィルターバブル」
  ★まるで泡の中に包まれたように、自分が見たい情報しか見えなくなること
- [ ] confirm「～を裏づける、を強める」
- [ ] contrary「正反対の」
- [ ] undermine「～をむしばむ」
- [ ] discourse「議論」
- [ ] susceptible「影響を受けやすい」
- [ ] manipulation「（人を）操ること」
- [ ] take note「～に注意する」
- [ ] implement「～を実行する」

- [ ] countermeasures「対策」
- [ ] transparency「透明性」
- [ ] act「法令」
- [ ] opt out「やめる、身を引く」
- [ ] adjust「～を調整する」
- [ ] expose「～に触れさせる」
- [ ] proponent「擁護者」
- [ ] (the) status quo「現状」
- [ ] data scientist「データ・サイエンティスト」★巨大で複雑なビッグデータの分析を専門とする研究者や技術者
- [ ] align ... with「…を～と合わせる」
- [ ] counter「～に反撃する」
- [ ] plug-in「プラグイン」
  ★アプリケーションの機能を拡張するソフトウェア
- [ ] anonymous「匿名の」
- [ ] DuckDuckGo「ダック・ダック・ゴー」
  ★利用者のプライバシーの保護と利用履歴等を記録保存しないことを運営方針としている検索エンジン

設問・選択肢

- [ ] eliminate「～を廃絶する」

社会・政治・ビジネス

別冊・問題 → P.052

地球上のすべての人がインターネットを
享受することに伴う問題

　私たちは、社会学者が呼ぶところの「情報化時代」を生きている。富や権力を得るために工業化や農業に頼っていたこれまでの世代とは違って、現代の経済は情報の流れに依存している。我々の経済や教育、そして政治制度さえも、その成功の可否は、高い水準の情報を得るかどうかで決まる。インターネットの登場に伴って、多くの先進工業国が情報社会に移行した。現在では39億人がインターネットを利用しているが、主にアフリカや中東の多くの低所得国では、インターネットに接続することは難しい。この未開発の市場に対して、アメリカの宇宙開発企業「スペースX」は、「スターリンク」と呼ばれるプロジェクトを通じて3万台の衛星を軌道に送りこむことを計画している。完全に運用されるようになると、スターリンクはインターネットを地球のあらゆる場所に提供することになり、残りの40億人が情報化時代に加わることが期待されている。

　スターリンク・プロジェクトは目標は立派だが、このプロジェクトに賛成しない人もいる。特に天文学者である。2018年から1,584基もの衛星が打ち上げられ、その多くは夜空の中に裸眼でもはっきり見える。この比較的少ない数でも、望遠鏡で星や遠く離れた天体を見るのに澄んだ空を必要としてきた天文学者にとって深刻な問題を引き起こしてきた。ハーバード・スミソニアン天体物理学センターの天体物理学者ジョナサン・マクダウェルは、衛星がなくなってほしいと思っている。彼は衛星の明るさを計測してきた。彼の報告では、衛星は絶えず観測の妨げとなっており、正確な観測をほぼ不可能にしている。彼は「結局どうなっているかといえば、絶えずこうしたものが見えるのだ」と言う。

　これを受けて、スペースXは、こうした問題を解決するであろうと彼らが考える幅広い解決策を提案した。2020年から、彼らは衛星が簡単に光を反射しないように塗装をしはじめた。これに加え、彼らは科学団体が何もない空を必要とする場合に、衛星の方向を求めに応じて調整することを申し出た。彼らはさらに追加の措置として、天文学者が観測の時間を調整して、衛星が目に入るのを避けることができるようにするために、衛星のトラッキングデータを一般に利用できるようにした。こうした変更にもかかわらず、多くの天文学者たちは、それでもこのようなプロジェクトは彼らの仕事に継続した困難を引き起こし得ると感じている。しかしながら、スペースXにとって、またアメリカの政策決定者にとって、スターリンクを通じて世界が相互につながることによってもたらされる恩恵は、天文学者にのしかかる困難をはるかに超えている。それでもなお、問題は始まったばかりのように見える。2019年にチリのブランコ望遠鏡は19台の衛星が頭上を横切っていた間の

数時間、作業を停止した。マクダウェルは、時間が経つにつれて問題は悪化するだろうと感じており、「私たちはスターリンクの変更が状況を改善するだろうと期待できるが、しかし、論より証拠なのではないか」と述べている。

要約

第1段落：3万基の人工衛星を用いて、情報化社会への移行が遅れている地域にインターネットへの接続を提供しようとする計画がある。

第2段落：この計画で打ち上げられた人工衛星が、天文学者による正確な天体観測を妨害しているという問題が起こっている。

第3段落：この計画からの利益を政府が重視する中で、天文学者が抱える問題は解決の目途が立っていない。

(1) **正解：3**

設問と選択肢の訳

筆者によると、低所得国が先進工業国に遅れずについていくのが難しい理由の一つは何か？

1 インターネット接続があることで、先進工業国は低所得国がアクセスできる情報の管理ができる。

2 現代の経済活動における競争に必要な技術の利用を、低所得国は拒否してきた。

3 インターネット接続がなく、低所得国は情報化時代における競争がうまくできていない。

4 低所得国は情報を基盤とした経済に対し、経済システムを変えることを拒んできた。

 解説 第1段落第1文から第3文（Our economic, ...）では、あらゆる分野での成功は情報量に左右されると述べている。また第4文（Many developed nations ...）では、先進工業国での情報化社会への移行はインターネットの出現に伴って起こったと述べているが、次の第5文（Today 3.9 billion ...）では、低所得国ではインターネットへの接続が困難であると述べている。要するに、低所得国では「インターネットへの接続が困難 → 情報化社会への移行が困難 → 情報量が少なく、成功が困難 → 情報化社会の先進国に遅れを取る」ということである。こうした内容を一文に要約した **3** が正解だ。

(2) **正解：2 ★**

設問と選択肢の訳

本文でのジョナサン・マクダウェルの発言によると、------- ということに彼は最も同意しそうだ。

1 打ち上げられる衛星が多くなると天文学者が衛星の動きを予想するのが簡単になる

2 スターリンク・プロジェクトから生じる問題は、今後の天文学者の仕事に影響を及ぼし続ける可能性がある

3 スターリンク・プロジェクトの発展は天文分野の進歩に対してほとんど影響を与えていない

4 スペースXが提案した解決策の多くは、現在天文学者たちが直面している問題を解決するだろう

解説 ▶ 第2段落第6文（His report has ...）にマクダウェルの報告書が引用されており、そこでは「（スターリンク・プロジェクトで打ち上げられた）衛星は絶えず観測の妨げとなっており、正確な観測をほぼ不可能にしている」と述べている。このことから、マクダウェルはこのプロジェクトで打ち上げられる人工衛星によって、天文学者の観測が妨げられることを問題視していることが分かる。したがって、人工衛星の打ち上げに対して否定的な内容を述べている **2** が最も適切だ。**1** は衛星の影響を肯定的に捉えている点、**3** は衛星の影響はほとんどないとしている点、**4** は「解決するだろう」という楽観的な姿勢がマクダウェルの見解に合わない。

(3) 正解：**2**

設問と選択肢の訳

なぜ天文学者からの苦情が政府に無視される可能性があるのだろうか？

1 スターリンクがもたらす可能性がある収入は、宇宙探査からもたらされる収入よりもはるかに大きい。

2 すべての人にインターネットを提供する利点は、天文学者が直面している問題よりもはるかに大きい。

3 天文学者に提示されている問題のすべては簡単にかつ恒久的に解決できる。

4 天文学者はスペースXのような大企業のようには立法者に影響力を持っていない。

解説 ▶ 第3段落第5文（Despite these changes, ...）に、「このようなプロジェクトは彼らの仕事に継続した困難を引き起こし得る」という天文学者からの苦情を引用している。ところが次の第6文（However, for ...）では、このプロジェクトが為政者にとっては「天文学者にのしかかる困難をはるかに超える恩恵をもたらすもの」であると述べている。したがって、政府は天文学者の苦情よりも、プロジェクトから得られる利益を重視する可能性が高いと考えられるので、**2** が正解だ。

カリスマ講師の目

設問(2)と(3)のように、設問文にmost likelyやmightが含まれる問題でも、必ず本文の記述を根拠に正解選択肢は作られます。したがって解答する際は、必ず本文の記述を根拠にしながら選択肢の正誤判定を行います。本文の内容からかけ離れた想像を含むような選択肢が正解になることはありません。

Vocab.

本文

- □ previous「前の」
- □ industrialization「工業化」
- □ transition「移行」
- □ in conjunction with「〜と連動して、と同時に」
- □ primarily「主として」
- □ untapped「未開発の」
- □ aeronautics「航空学、宇宙飛行」
- □ orbit「軌道」
- □ remaining「残りの」
- □ in favor of「〜に賛成して」
- □ astronomer「天文学者」
- □ telescope「望遠鏡」
- □ astrophysicist「天体（宇宙）物理学者」
- □ consistently「一貫して」
- □ interfere with「〜を妨げる」

- □ observation「観測」
- □ accurate「正確な」
- □ issue「問題」
- □ adjustment「調整」
- □ orientation「方向、向き」
- □ require「〜を要求する」
- □ time「〜を頃合いを見計らって行う」
- □ pose「（負担）を課す」
- □ the proof is in the pudding「論より証拠」

設問・選択肢

- □ keep up with「〜についていく」
- □ compete「競争する、立ち向かう」
- □ complaint「不満」
- □ permanently「永久に」
- □ legislator「国会議員」

医療・健康

別冊・問題 ⟶ P.054

外国語様アクセント症候群

外国語様アクセント症候群（FAS）は、初めて説明がなされて以来、報告された症例は約120件しかないが、れっきとした医学的症状である。この病気の特徴は、患者が自分の母語とは異なる発話パターンを発達させるというものである。私たちが現在、外国語様アクセント症候群として知っているものは、フランスの神経科医ピエール・マリーが1907年に初めて記述した。彼の患者の中には、脳卒中を起こしたあとにフランス北部の強いなまりで話すようになったパリの人がいた。医師たちはそれ以来、この症状について多くのことを知るようになったが、これは未だに医学で知られている中で最も不思議な病気の一つである。

マリー医師の患者と同じように、調査された人々のほとんどがFASの症状を示す前に脳卒中を起こしていた。しかし、科学者らは発達障害または心理的障害、頭部損傷もこの病気の原因と特定した。発話を制御する役割を担うさまざまな部分が脳の左側にあり、そのうちの一部分でも損傷すればFASを発症する可能性がある。この病気が難解なのは、我々の発話パターンは大人になるころまでには固定されるが、脳のなんらかの外傷がきっかけとなり、患者の音韻体系全体が一夜にして変わることがあるからだ。具体的には、患者は母語においては通常使われない母音と子音を使いはじめる。一般的に、FASの患者の話し方は母国語を外国なまりで話しているように聞こえる。

FAS発症による最もつらい影響は、患者が自分のコミュニティで孤立してしまうことである。ノルウェー人の女性についての特に詳細なケーススタディが、この病気がどれだけの困難をもたらし得るかを証明している。この女性は第2次世界大戦で頭部を負傷し、その結果、ドイツ語なまりで話すようになった。ノルウェーはこの戦争でドイツと戦ったので、彼女は敵のように扱われ、自分の国の市民からの敵意を受けなければならなかった。もっと最近の症例では、平和な時代においても異なるなまりで話すことが問題を引き起こすことが明らかにされている。FASを診断された患者は、自分自身のアイデンティティから遠ざかっているように感じると語る。鏡を見ると、そこに見慣れた顔が映っているが、話しはじめると、見知らぬ人物が話しているように聞こえる。話し方というのは、どこの出身であるかを明らかにし、社会的階級や教育レベルを示すことさえあるのだから、それは驚きではない。言い換えれば、話し方は我々が何者であるかを直接的に反映しているため、発話の変化は恐ろしい経験になり得るのだ。

幸い、FASはたいてい、脳卒中や類似する脳への損傷から回復へ向かう途中の一時的な段階である。それでも、この病気がもたらす感情面のストレスを緩和するための治療は患

者に強く推奨されている。さらなる脳卒中を防ぎ、脳の損傷を受けた部分への圧力を下げる薬が知られている。脳卒中の影響を受けている血管へ流れる血流を減らす、もしくは血管から血栓を取り除く手術も効果があることが分かっている。根底にある FAS の物理的原因がなくなれば、患者は通常、自分の正常な発話を取り戻す。もしそのような物理的原因が見つからない場合、言語療法を用いて、かつては患者が自然に発音することができた音をもう一度出せるように患者は教えられる。

要約

第1段落：母語の標準的な話し方とは異なる発話をする医学的症状である FAS は、1907年に初の症例が確認されて以来、依然として謎が多い。

第2段落：FAS は発話を司る左脳の一部が損傷すると発症する可能性があり、脳の外傷によって一夜にして母語には無い母音や子音を発するようになる。

第3段落：FAS 患者は地域社会における孤立感や、自分が自分でないような感覚に苦しめられることがある。

第4段落：FAS の治療法としては、薬の投与や手術による治療の他に、かつては自然に発話できていた音を出すよう訓練する言語療法がある。

(1) 正解：**4**

設問と選択肢の訳

FAS について第1段落で分かることは何か？

1 ピエール・マリー医師は彼の FAS 患者の症状に当惑したが、現代の医師たちはこの病気について明確に理解している。

2 ピエール・マリーは複数の FAS 患者を検査することができた医学史上最初の人物だ。

3 1907年に初めてこの症状が報告されたとき、FAS の症状は比較的軽症だった。

4 FAS により、患者の話し方が祖国とは異なる地域で生まれ育ったかのように聞こえるようになる。

▶解説 第1段落第2文（It is characterized ...）で、「この病気（= FAS）は、患者が自分の母語とは異なる発話パターンを発達させる」のように FAS の症状を説明している。これと同じ内容を sound as if they were born and raised in a region different from their homeland（祖国とは異なる地域で生まれ育ったかのように聞こえる）のように比喩的に言い換えている **4** が正解だ。第5文（Doctors have learned ...）の末尾にあるように、FAS については現在でも謎な点が多いので、**1** は不適である。

(2) 正解：**3**

設問と選択肢の訳

FAS の調査で ------- ということが分かった。

1 この症状を診断された患者には、必ず複数のタイプの心理的障害がある

2 発話パターンが人生の後の段階で一定になってくると、FASを発症する可能性が高くなる

3 脳の一つの部分への損傷で、自分の言語の音を発音する能力が変わり得る

4 FAS患者の母音と子音の発音の仕方は、損傷している正確な位置を医師が特定するのに役立つ

解説 ▶ 第2段落第4文（The condition is ...）に「脳の外傷によって引き起こされると、患者の音韻体系全体が一夜にして変わることがある」とある。この患者の症状を、次の第5文（To be specific, ...）ではより具体的に「母語においては通常使われない母音と子音を使いはじめる」と述べている。このような患者の症状を、change a person's ability to pronounce the sounds of their own language（自分の言語の音を発音する能力が変わる）のように漠然と言い換えている **3** が正解だ。**1**、**2**、**4** は本文にはない内容で不適である。

(3) 正解：**1**

設問と選択肢の訳

本文の筆者によると、FASは患者にどのような影響を及ぼすか？

1 話し方が違って聞こえることで、自分の人格が現実であるかどうか疑問に思うようになる。

2 話すのに苦労するため、仲間を避けるようになり、自傷行為を考えはじめるかもしれない。

3 患者は、自分のアイデンティティからの疎外感のため、現在の自分の国籍を失うことを恐れ始める。

4 患者は鏡を見つめ、表情の変化を観察するとき、二度と回復しないのではないかと恐れる。

解説 ▶ 第3段落第1文から第4文（Since Norway fought ...）では、FAS患者が抱える地域社会での孤立感について説明している。続く第5文（More recent cases ...）から段落末尾では、FAS患者が抱えるアイデンティティを失う感覚（＝自分の発話が自分でないように聞こえる感覚）について説明している。このうち、後者の内容を question the reality of their own personality（自分の人格が現実であるかどうか疑問に思う）のように漠然と言い換えている **1** が正解だ。**2** の「自傷行為」、**3** の「自分の国籍を失う」、**4** の「二度と回復しないのではないか」は本文中に記述がない。

(4) 正解：**4**

設問と選択肢の訳

FASの症状をコントロールする最も効果的な治療の一つは何か？

1 ストレスを減らし、患者が日常的に夜よく眠れるようにするのに役立つ薬を服用すること。

2 この病気の進行により血栓でいっぱいになった脳の小さな部位を除去すること。

3 体への外傷によってダメージを受けた組織を発見し、それから時間をかけてそれを修復できる薬を塗ること。

4 関連した専門知識のある人々による訓練で、話し方を変える方法を習得すること。

解説 第4段落第6文（If such physical ...）に「かつては患者が自然に発音することができた音をもう一度出せるように患者に教えるため、言語療法が用いられる」とある。この内容を learning how to change the way that one speaks（話し方を変える方法を習得する）のように漠然と言い換えている **4** が正解だ。なお、**1** は第3文（There are certain ...）で述べている薬の用途に一致せず、**2** は「この病気（＝ FAS）の進行によって」脳に血栓が生じるとしている点が本文に一致しない。

カリスマ講師の目

> 設問(2)〜(4)では、本文の内容を漠然と言い換えている定番の正解選択肢が用意されていましたが、(1)の正解選択肢は比喩的な言い回しを使った、中々珍しいパターンです。どのような言い換えがなされていても対応できるよう、日頃から正解選択肢をよく観察しながら解いてください。

Vocab.

本文
- □ description「説明」
- □ syndrome「症候群」
- □ legitimate「正真正銘の」
- □ condition「（病理用語）病気、症状」
- □ native tongue「母語」
- □ describe「〜を述べる」
- □ neurologist「神経学者」
- □ thick「（なまりが）強い」
- □ stroke「発作」
- □ trauma「身的外傷」
- □ similarly to「〜と同じように」
- □ developmental「発育上の、発達上の」
- □ psychological「心の、精神の」
- □ disorder「不調、疾患、障害」
- □ puzzling「困惑させる」
- □ phonetic system「音韻体系」
- □ to be specific「より具体的には」
- □ vowel「母音」

- □ consonant「子音」
- □ distressing「痛ましい、悩ませる」
- □ consequence「結果」
- □ acquire「〜にかかる」
- □ isolated「孤立した」
- □ hardship「困難」
- □ hostility「敵意」
- □ diagnose A with B「A を B と診断する」
- □ give accounts of「〜の説明をする」
- □ alienate「〜を疎外する」
- □ temporary「一時的な」
- □ vein「血管、静脈」
- □ clot「かたまり」
- □ blood vessel「血管」
- □ underlying「基本的な」

選択肢
- □ mystify「〜を当惑させる」
- □ invariably「常に」

大問3　内容一致選択　**500 words**　**02**

医療・健康

別冊・問題 → P.057

アメリカの医療

　『アメリカ医師会誌（JAMA）』による2018年の研究の目的は、なぜアメリカの医療費は他の富裕国よりも大幅に高いのかを知ることだった。この研究での主な発見は、アメリカの医療における事業と業務の水準は他の富裕国と同じようなものだが、国家も国民も医療のインフラに著しく多くの資金を費やしていることだった。富裕国の平均支出が11.5％である一方、アメリカはGDPの17.8％を医療に当てている。医学的治療と医薬品もまたアメリカではかなり高く、このことは経済水準の低い層に重い負担となっている。

　多くの専門家たちはこうした結果を認めながらも、それは単に、もともと欠陥のある不公平な制度の現れだと主張する。彼らによれば、根本的な問題は、他の先進国とは異なり、アメリカ政府が価格を監督することも規制することもせずに、民間保険会社と医薬品会社が設定するがままにしているということなのだ。医療が、国民全員に手の届く値段でのケアを提供することを目的としたシステムではなく、利益追求の産業として運営されている。この姿勢は、アメリカの医療制度の中で公共セクターが占める割合が全体の半分以下しかないという事実によって如実に証明されている。かたや、民間セクターの割合がアメリカに次いで大きいスイスでさえも、民間セクターの2倍のお金を公共セクターに費やしている。

　医療費の高さには複数の理由があるが、最もよく引用される一つの理由は、アメリカのこうした医療官僚機構が極めて大きく複雑であること、そして、それに伴う高額の管理費である。公共セクターは、高齢者、軍人、16歳未満の貧しい人、16歳以上の貧しい人、政府職員などごとに異なるプランを提供している。さらに、何百もの民間保険会社が保証対象の段階がたくさんある個別化した何千ものプランを提供している。さらに、公共でも民間でも、サービス提供者は、用途、請求、資金集め、分類に関して、複雑な規制に従わなければならないため、そうした書類仕事を処理するためだけに、医師3人につき2人の請求係を雇わなければならない。そのため、医療事業からの収入の8％が管理費だけに使われていても驚くことではない。

　ほとんどの調査では、アメリカの人口の約半数が何らかの変化を歓迎するだろうとされる。普遍的な単一支払者制度が提案されているが、政治的反対意見が非常に強い。現行制度の主要な利害関係者（保険会社や医薬品会社）は失うものが多く、強力なロビー活動を行っている。単一支払者制度では政府が医療事業のすべてもしくはほとんどの費用を負担するため、民間の保険会社は仕事を失い、その他の医療事業提供者のほとんどは利益を失う。単一支払者制度の支持者は、業界の再組織化にはかなりの初期投資を伴うが、長期的に見れば、それはアメリカ人全員に保証をもたらし、医療の財政的負担を減らし、すべて

の国民にとって全体的な健康面の結果が改善すると主張する。ほかに、（イギリスにおいてのように）消費者が政府系の業者か民間の業者かを選ぶ選択肢を持つ複合システムを提案する専門家もいる。しかし、これまでのところ、このような折衷案でさえも実現に向けたほとんどのステップは敗北を喫している。

要約

第1段落：他国と比べて医療の質は変わらないのに、アメリカの医療費は高く、経済的に余裕のない市民にとって重い負担になっている。

第2段落：政府が規制をせずに、価格の設定を民間に任せていることが原因だと専門家は言う。

第3段落：医療組織が複雑すぎるため、管理コストが高くついているのも医療費が高い主な原因である。

第4段落：保険会社や医療品会社などが既得権益を守ろうとして、制度改革を拒んでいる。

(1) 正解：**4**

設問と選択肢の訳

第1段落でアメリカの医療について分かることは何か？

1 毎年、アメリカのGDPの4分の1以上が国民の健康保険にかかる費用をまかなうのに使われている。

2 出費率が低いにもかかわらず、アメリカでは医療の質が他の富裕国よりも高い。

3 アメリカ政府は、より多くの社会階級の低い人々が手の届く価格の医療を利用できる方法を見つけようとしている。

4 アメリカの医療の質は、医療にかける費用がアメリカよりもずっと少ない他の複数の富裕国の質と同じようなものだ。

〔解説〕 第1段落では、アメリカの医療費が高額であることを問題視している。第2文（The main finding ...）では「アメリカの医療における事業と業務の水準は他の富裕国と同じようなものだが、国家も国民も医療のインフラに著しく多くの資金を費やしている」という研究結果を紹介している。これと同じ内容を、「医療の質」を比較する観点から言い換えている **4** が正解だ。アメリカの医療費の対GDP比は17.8%なので、これを「GDPの4分の1以上」としている **1** は不適である。

(2) 正解：**2**

設問と選択肢の訳

アメリカの医療が高額である理由の一つは -------- ためだ。

1 保険料のタイプは同じだが無料の医療ケアを、貧しい国民に提供できるようにするために、政府が高い医療税を課している

2 中央行政組織に医療の価格をコントロールする権限があるのではなく、**医療の価格が民間組織のネットワークの間での取引によって決定される**

3 公共セクターでは同程度の質の医療を提供できないので、値段がより高い民間の医療ケアを選ぶ患者が増えている

4 他のほとんどの富裕国とは異なり、アメリカ政府が外国の保険会社と医薬品会社に国内での営業を許可していない

解説 ▶ 第2段落第1文では、第1段落で触れていた高額な医療費の原因は「もともと欠陥のある不公平な制度」にあるとする専門家の意見を紹介している。次の第2文（The underlying problem, ...）には、この「欠陥のある不公平な制度」の具体例として「アメリカ政府は金額を監督も規制もせずに、民間保険会社と医薬品会社に設定させている」とある。したがって、医療の価格を民間の会社が決定していることが、高額な医療費の一因とされていることが読み取れるので、この点について触れている **2** が正解だ。

(3) 正解：**2**

設問と選択肢の訳

アメリカの医療制度の複雑さが問題である理由は

1 保険の契約内容が多くの点で不明瞭であるため、患者は適切な保険プランを自分で選ぶのに苦労するからだ。

2 請求明細書の発行や書類のファイリングといった管理業務に不相応に多くの人員の労力がかかり、それが運営への大きな金銭的負担になっているからだ。

3 どのような保障内容があるかにかかわらず、人々は基本的な医療ケアを利用するために必要とされる書類仕事を完成させるために、少なくとも3人の医師を経なければならないからだ。

4 公共セクターは政府から資金を得ていて、さまざまな保健計画を提供しているが、それらはどれも国のほとんどの地域でとても貧しい市民や高齢の市民を対象としていないからだ。

解説 ▶ 第3段落第1文では、高額な医療費の原因として最も引き合いに出されるのは「アメリカの医療官僚機構が極めて大きく複雑であること、そして、それに伴う高い管理費」だと述べている。さらに第5文（Therefore, it is ...）では「医療からの収入の8％が管理費だけに使われているというのは驚きではない」とある。つまり、複雑な医療制度が原因で管理費が高くつくことが、高額な医療費の原因になっていることが分かる。この内容を具体例に触れながら述べている **2** が正解だ。なお、本文では「医師3人につき2人の請求係」とあるが、これを「3人の医師を経る」としている **3** は不適である。

(4) 正解：3

設問と選択肢の訳

支持者によるとアメリカは普遍的な単一支払者医療制度からどんな恩恵が得られるか？

1 医療を扱う最良の方法に関する討論について、今ある政治的緊張が最小限になるだろう。

2 新制度によって実力のない保険会社と医薬品会社の自然淘汰が始まり、最良の企業だけが残るだろう。

3 再構築プロセスの後、政府はすべてのアメリカ人により**よい医療をずっと安い費用で提供**できるようになるだろう。

4 医療業界の現在の利害関係者はイギリスのモデルをまね、政府が保有するサービスに資金を投資するだろう。

解説 第4段落第5文（Advocates of the single-payer system ...）に、単一支払者医療制度の支持者の主張が引用されている。そこでは「長期的に見れば、それはアメリカ人全員に保障をもたらし、医療の財政的負担を減らし、すべての国民にとって健康上の全体的な結果が改善する」と述べている。つまりここでは、「医療サービスの向上」と「財政的負担の軽減」という2つの恩恵が読み取れるので、この2点に触れている **3** が正解だ。本文の decrease the financial burden を、**3** では at a much lower expenditure（ずっと安い費用で）と言い換えている。

カリスマ講師の目

設問(1)で**1**を、設問(3)で**3**を選びそうになった人は「数値データは必ず確認」と覚えておきましょう。数値の一つひとつを覚えながら読む必要はありませんが、選択肢に数値があれば、必ず本文中の該当する数値データを確認してください。

Vocab.

本文
- [ ] substantially「相当、十分に」
- [ ] infrastructure「社会の基盤、インフラ」
- [ ] allocate「～を計上する、配分する」
- [ ] inherently「本質的に」
- [ ] underlying「根本的な、内在的な」
- [ ] oversee「～を監督する、監視する」
- [ ] regulate「～を規制する」
- [ ] pharmaceutical company「製薬会社」
- [ ] for-profit「利潤追求の」
- [ ] affordable「手頃な」
- [ ] expenditure「費用」
- [ ] complexity「複雑さ」
- [ ] bureaucracy「官僚組織」
- [ ] administrative「管理の」

- [ ] tier「層」
- [ ] coverage（保険会社が保険加入者に支払う）保障（の範囲）
- [ ] poll「世論調査」
- [ ] advocate「賛同者」
- [ ] entail「～を必然的に伴う」
- [ ] considerable「かなりの」
- [ ] compromise「折衷案」

設問・選択肢
- [ ] expenditure「出費」
- [ ] levy「（税金を）課す」
- [ ] premium「保険料」
- [ ] administrative entity「行政の」
- [ ] have authority「権限のある」
- [ ] transaction「取引」

| 大問3　内容一致選択 | 500 words | 03 |

教育・心理

別冊・問題 → P.060

ティーンエイジャーのオンライン起業家精神

　ソーシャルメディアはあらゆる地域の社会に大きな影響を与えた。今日利用可能である数え切れないほどのソーシャルメディアのプラットフォームを通して、個人は友人や家族と連絡を取り合い、企業は自社の商品を売り込み、政府や非営利団体はそれぞれの目標や政策を宣伝する。そうしたサービスは通常無料で、人々はそれを通して世界中の利用者とつながることができる。ピュー・リサーチセンターの研究者であるモニカ・アンダーソンとジンジン・ジャンは、ティーンエイジャーの間でソーシャルメディアの人気が特に高いことを発見した。両氏の研究によると、ティーンエイジャーたちは、クラスメートとつながったり、新しい視点を見つけたり、一般に「世界に遅れずについていったりする」ためにソーシャルメディアが役に立っていると述べているという。

　社会学者や教師や親はしばしば、ネットいじめや完璧主義など、ソーシャルメディアの負の側面に焦点を当ててきたが、それがティーンエイジャーに与えるユニークな機会にはあまり注意が払われてこなかった。起業家精神はそうした恩恵の一つであり、その理由の一つには、ソーシャルメディアを基盤としたビジネスは資本がわずかで済んだり、あるいはまったく必要なかったりすることが挙げられる。若者が必要とするのは、良好なインターネット接続と、ウェブカメラ、そしてある程度の動機のみだ。複数の研究によると、英国におけるティーンエイジャーの起業家精神は2009年から2019年にかけて700％高まり、また米国においても、ティーンエイジャーの男子と女子のそれぞれ6％と4％がすでにビジネスを開始している。しかし、この傾向は欧米に限らず、大きく成功しているティーンエイジャーの起業家の出身国はインド、ロシア、南アフリカというように多様である。

　ティーンエイジャーの起業家のほとんどは、基本的にシンプルなことをしてお金を稼いでおり、たとえば、自分の毎日の活動をライブ配信したり、商品レビューを投稿したり、同年代の人たちが興味を持ちそうな最近の話題について意見を発表したりしている。歌手やコメディアン、あるいは俳優としてオンラインでキャリアを開始する若者もいて、その後、伝統的な映画会社や音楽会社と契約する。「インフルエンサー」は、特別なタイプの若い起業家で、自分のソーシャルメディアで特定の商品やサービスについてほめたりコメントしたり、あるいはただそれらを使用するだけでお金を稼ぐことができる。これらの、あるいはその他も含め、オンラインを利用するティーンエイジャーの起業家の存在はティーンエイジャーの顧客を引きつけており、その結果、ソーシャルメディアを基盤とした業界が全体的に成長している。

　こうしたティーンエイジャーの若者たちがいかに野心的で働き者であろうとも、その冒

険的事業は、親の支援や許可無しでは不可能である。たとえその理由が、ティーンエイジャーはほとんどの場合、法的強制力のある契約を結べないというだけのことではあるが。親は、こうした若者たちがフルタイムで働いたり金持ちになったりしなくても価値のあるスキルを得られると信じているので、自分の子どもの味方をする。子どもの金銭的成功を利用する親も中にはいるが、親のほとんどは、賢明なビジネス上のメンターや金銭的な助言者として指針を与えるだけである。

　ところが、多くの教育の専門家や心理学者らは、ビジネス界に早い段階で関わることは若者の人格形成によくないと主張している。信じがたいほどストレスの多いビジネス界に対応したり、年齢が時には3倍も上回るスタッフを管理したりすることを若者たちは困難であると思うかもしれないと警告しているのだ。さらに、有名になったり多くのお金を稼いだりしたいという欲望は若者の人格を歪める可能性がある。こうした専門家たちは、若いうちにビジネスの概念を学ぶことの有用性は認めているが、基本的なインターンシップやパートタイムの仕事以上にプロの世界に若者が関わることはすすめていない。

要約

第1段落：個人から企業、政府、非営利団体に至るまでの幅広いユーザーがいるSNSは、特にティーンエイジャーの間でよく利用されている。

第2段落：負の側面ばかりに焦点が当たることが多いが、ここ10年のティーンエイジャーの起業家の急増はSNSの寄与が大きい。

第3段落：ティーンエイジャーの起業家はSNS上で日常的な話題をライブ配信する一方で、キャリア形成や影響力の行使をする者もいる。

第4段落：価値あるスキルが身につくとして、親たちは概してティーンエイジャーの起業に肯定的である。

第5段落：専門家は人格形成への影響の観点から、ティーンエイジャーが企業活動に深入りしすぎることを警戒している。

(1) 正解：**1**

設問と選択肢の訳

第1段落でソーシャルメディアに関して分かることは何か？

1 それがなければ不可能だったような幅広い人や考え方と接触する機会を利用者に与えてきた。

2 ある年齢の人々が全般的に心身ともにより健康な暮らしを送るのに役立ってきた。

3 ソーシャルメディアが今のように世界中で人気になると予測していた人はほとんどいなかった。

4 ソーシャルメディアのプラットフォームはより注意深く利用する必要があることをティーンエイジャーとより年上の人々の両方が理解している。

解説 第1段落第5文（According to their ...）に、「ティーンエイジャーたちは概して、クラスメートとつながったり、新しい視点を見つけたり、〔世界に遅れずについていく〕ためにソーシャルメディアが役立っていると述べている」という調査結果が引用されている。この内容を、otherwise（そうでないならば）を用いて「それ（＝ソーシャルメディア）がなければ不可能だったような幅広い人や考え方と接触する機会を利用者に与えてきた」のように言い換えている **1** が正解だ。**2**〜**4** は本文にはない内容なので不適である。

(2) 正解：**3**

設問と選択肢の訳

ティーンエイジャーの企業家が関わっている活動は、たとえば

1 インターネットなどのツールを毎日使うことでティーンエイジャーに影響を与える可能性のある重要な問題について定期的な調査を行うことだ。

2 最も優れた若い俳優や音楽家がいつか国際的な名声を獲得するのを手助けするために、彼らを見つけることだ。

3 フォロワーが興味を持つ可能性のある商品に詳しくなり、その長所と短所を説明することだ。

4 ティーンエイジャーの起業家精神の利点を説明するコンテンツを投稿することで、他の若者たちが自らの事業を開始する気にさせることだ。

解説 ティーンエイジャーの起業家の具体的な活動内容は、第3段落で紹介されている。その中に含まれる、第3段落第1文（Most online teen ...）の posting product reviews（商品レビューを投稿する）や第3文（"Influencers" are a ...）の commenting on ... a certain product（特定の商品についてコメントする）という内容を、explaining both its strong and weak points（〔商品の〕長所と短所を説明する）のように具体的に言い換えている **3** が正解だ。**1** は「定期的な調査を行う」が、**2** は有望な俳優や音楽家を「ティーンエイジャーが」見つけるとしている点が、本文にはない内容である。

(3) 正解：**4**

設問と選択肢の訳

親が子どものビジネスを支援するのはなぜか？

1 子どものビジネスへの試みを許可するよりも禁止することのほうがより大きな害を及ぼすと考えているため。

2 子どもの助言者になるという個人的な野心は、ティーンエイジャーのビジネスに対する親の同意において最大の要因となっている。

3 仕事をしているティーンエイジャーは、もっと意味のない活動をしている人々よりも賢く時間を使っていると考えられている。

4 経営を通じて子どもが得る知識は後のキャリアに極めて重要だと考えるから。

解説 第4段落第2文（Parents stand by ...）には「こうした若者たち（＝起業する若者

たち）が…価値のあるスキルを得られると信じるので、自分の子どもの味方をする」という親の考えが書かれている。この内容を言い換えている **4** が正解だ。**1** は「許可すること」と「禁止すること」の影響の程度を比べており、**3** は「働くティーンエイジャー」と「別の活動をするティーンエイジャー」の時間の使い方の賢明さを比べているが、これらのような比較は本文では行われていないので不適である。**2** は子どもの助言者になるという親の野心を、親が同意する「最大の要因」として挙げている点が本文にはない内容である。

(4) 正解：**1**

設問と選択肢の訳

一部の教育の専門家や心理学者らはどのようなことを考えているか？

1 ティーンエイジャーのビジネスパーソンたちは、金持ちになりたいという欲望のせいで、（自分にとって）損になる方向に成長する危険性がある。

2 ティーンエイジャーが契約を結ぶのは非合法なので、どれだけ経験があったとしてもビジネスを行うべきではない。

3 子どもたちは莫大な富に伴うストレスに対処するのに十分なくらい成熟するまで、運動や勉強に集中すべきだ。

4 ビジネス環境は、ティーンエイジャーにとって、将来必要となるあらゆる対人関係を学べる場合においてのみ有益である。

解説 第5段落第3文（Moreover, their desire ...）の「有名になったり多くのお金を稼いだりしたいという欲望は若者の人格を歪める可能性がある」という専門家の指摘の内容に一致する **1** が正解だ。本文の may distort their personalities を、**1** では be in danger of developing in a disadvantageous way（損になる方向に成長する危険性がある）のように言い換えている。**3** は「運動や勉強に集中すべきだ」、**4** は「あらゆる対人関係を学べる」が本文は無い内容で不適である。

カリスマ講師の目

本問は2022年度第2回で出題された、5段落構成で設問が4つの形式です。段落と設問の数が一致しない場合は、段落ごとの要約をきちんと行って、設問解答時に参照すべき段落を判断します。

Vocab.

本文
- entrepreneurship「企業家精神」
- substantial「相当な」
- if only because「～というだけの理由でも」
- Pew「ピュー・リサーチセンター」
- peer「同等の人、仲間」
- endorse「～を宣伝する、推薦する」
- enforceable「法的強制力のある」
- monetary「金銭的な」
- mentor「助言者」
- incredibly「非常に」
- commerce「商業」
- distort「～を歪める」

選択肢
- vital「必要不可欠な」
- mature「成熟した」

大問3　内容一致選択　　**500 words**　　04

歴史・文化

別冊・問題 → P.063

インド人ITエリート

　広く知られていないものの、インドは世界第2位のソフトウェア生産国で、その先を走るのはアメリカだけだ。欧米の大手IT企業のほとんどはインドに営業拠点を持っており、基本的なプログラミングから最先端の研究に至るまで、あらゆることを行っている。トップクラスのインド人IT労働者の一部は欧米で直接働くよう引き抜かれる。そしてその数は、インド人ITディベロッパーをオーストラリアやカナダ、アメリカなどの企業と契約させることに一社まるごと特化したコンサルティング企業があるほどだ。インドのIT業界は毎年こうして何十億ドルも稼ぎ、世界基準のエンジニアや科学者、デザイナーを輩出し、その他にも、インド経済と世界経済の両方に大きく貢献している。

　それでも、この分野で働く男性も女性も、必ずしもインド社会で一般にヒーローと見られているわけではない。ある意味で、これは世界全体に見られるITエリートに対する社会的な反感の一部だ。たとえば、シリコンバレーのような場所では、通勤するITスタッフを乗せた専用シャトルバスに住民が石や卵を投げつける。スマートグラスといった先進的な機器を身につけたIT労働者に物理的に挑みかかったり、けんかをしたりする人もいる。サンフランシスコやニューヨーク、ロンドンなどさまざまな都市で、IT労働者はよく、家賃や買い物にかかる費用や生活費全般を、多くの住民が出ていくしかなくなるほどにまで上昇させた張本人だと見なされる。さらに悪いことに、トップクラスのマンションやストックオプション、学位を持つIT労働者たちはよくひとりよがりだと思われ、孤立している。近所の人々はたいてい、IT業界が何億ドルもの地域への投資をもたらし、さまざまな種類の雇用機会を提供しているという事実を見落としている。

　この世界中の「アンチIT」の傾向はインドにも当てはまるかもしれない。しかし、批判するインドの人たちは欧米の批判者たちのさらに先を行く。一つの問題は「頭脳流出」だ。インドのIT業界における最も優秀な才能ある人々の10〜15％が毎年外国へ移住する。彼らは家族にお金を送るが、彼らの直接的な専門知識を祖国は失ってしまう。批判する人たちは、インドのIT労働者の過半数が国内企業ではなく外国企業に焦点を合わせていることも指摘している。彼らはIT労働者のことを、海外で長い間働いたり住んでいたりした人のことは特に、文化の点からよそ者とみなしている。欧米の大学を卒業し、カリフォルニアやニューヨークで10年以上仕事をして、アメリカなまりの英語を話し、いくつかの欧米の社会的慣習を取り入れているインド人帰国者の態度は、批判者たちからすると、えらそうに映っている。そのうえ、明らかに単独でもうまくやっている業界へのインド政府による継続した支援の必要性を疑問視する市民も多い。

しかし、IT労働者についての新しい肯定的な共通認識がインドで醸成されつつあるかもしれない。独自の新興企業の中心地や、ベンチャーキャピタル、地元の労働者にかなりの利益をもたらす大手IT企業を、国が育んでいるのはその顕著な例だ。さらに重要なことに、技術と経営の最高水準の内容を欧米で実践的に学んだインドの人々が、海外で得られたその知識をインドの企業や学校に持ち帰ることがある。インド経済はこの「頭脳の逆流出」から得るものが非常に大きい。それでもなお、多くのインド人の間にはインド育ちのITエリートに関して複雑な感情が依然としてあり、これは少なくとも今後しばらくは続きそうだ。

要約

第1段落：インドは毎年何十億ドルも稼ぐ世界的なIT大国であり、世界クラスの人材を数多く輩出している。

第2段落：ITエリートはインドのみならず世界中の都市で、生活費の高騰の元凶とされ、煙たがられているが、彼らの貢献については見逃されがちだ。

第3段落：インドにおけるITエリートへの反感は根強く、頭脳流出だけではなく、欧米から文化的な影響を受けていることも批判されている。

第4段落：大手IT企業やIT労働者がインド経済に大きく寄与しているため、肯定的な雰囲気が広がりつつあるものの、ITエリートに対するわだかまりが完全に払しょくされたわけではない。

(1) 正解：**3**

設問と選択肢の訳

第1段落でインドについて分かることは何か？

1 インドは世界第2のソフトウェア生産国であるにもかかわらず、最先端の研究に適した環境を提供していない。

2 能力のあるIT労働者が大勢いるにもかかわらず、外国のIT企業はこの国に進出する気がない。

3 自分の専門分野で卓越したインド人IT労働者の多くは海外で働くためにインドを離れる。

4 インド出身のIT労働者と契約する企業は、毎年国内での違法営業により何十億ドルの罰金を科せられている。

解説 ▶ 第1段落第3文（Some of the ...）に「トップクラスのインド人IT労働者は欧米で直接働くよう引き抜かれており、その数は、インド人ITディベロッパーを…企業と契約させることに一社まるごと特化したコンサルティング企業があるほどだ」とある。これは、欧米で直接雇用されるインド人IT労働者の数が非常に多いことを表している。したがって**3**が正解だ。本文の are recruited away to work directly in the West を、**3**では leave the country to work abroad（海外で働くために国を離れる）のように簡潔に言い換えている。**1**は後半部分、**4**は are fined（罰金を科せられている）が本文にはない内容なので不適である。

(2) 正解：**4**

設問と選択肢の訳

本文の筆者によると、IT労働者は

1 たいてい、世界のほとんどの地域で地元の経済への貢献について高い評価を受けている。

2 一部の地域では、公共交通機関を使うことが許されていないため、専用のシャトルバスで移動しなければならない。

3 殴り合いのけんかに進んで関わり、そうすることによって一部の地域を危険にしていると非難されている。

4 元々の居住者にとって手が届かなくなるほど家賃を高くしている原因と見なされることが多く、一部の都市では歓迎されていない。

> **解説** 第2段落では、世界中に見られるIT労働者への風当たりの強さについて説明している。その中で、第5文（In cities as ...）の「家賃や買い物にかかる費用や生活費全般を、多くの住民が出ていくしかないほどにまで上昇させた張本人だと見なされている」の中の、rents（家賃）の高騰に触れている**4**が正解だ。本文の to the point where many residents have no option but to move out を、**4**では unaffordable for current residents（今の居住者にとって手が届かない〔ほど高い〕）のように簡潔に言い換えている。

(3) 正解：**2**

設問と選択肢の訳

インドのIT業界に対する主な不満は何か？

1 他の国で働いているインド人のIT開発者は家族をとても困難な経済状況に置き去りにしている。

2 ITの才能ある最も優れたインド人は外国で働いたり、外国の企業で仕事をしたりしているため、インドに恩恵をもたらしていない。

3 インドのIT企業は従業員を欧米の仕事文化や社会的慣習に従わせている。

4 IT業界は、インド政府から継続した支援を受けているにもかかわらず、期待される収入を生み出すことができていない。

> **解説** 第3段落では、インドにおけるITエリートへの強い風当たりについて説明している。その中で、第3文（One issue is ...）と第4文（Although many remit ...）には、海外に流出する優秀なIT労働者の多くは「家族にお金を送るが、彼らの直接的な専門知識は祖国からは失われてしまう」とある。つまり、海外流出するIT労働者は、国家には恩恵をもたらしていないことが読み取れるので、この点に触れている**2**が正解だ。ITに優れたインド人は「家族にお金を送る」とあるので**1**は不適。**4**は「期待される収入を生み出せて

いない」が本文にはない内容なので不適である。

(4) 正解：3

設問と選択肢の訳

本文の筆者によると、IT労働者に対するインドの人々の態度が最近よくなってきているのはなぜか？

1 インドにいるIT労働者や外国で働いている人々は、インドのいくつかの時代遅れの風習を改革するために協力している。

2 インドでは現在、IT労働者とその他のほとんどの事業分野の従業員との間で、インド人の収入格差が狭まってきている。

3 地元のビジネスは、インド人IT労働者が他の国で雇われている間に得た知識によって助けられている。

4 数十年間外国に住んでいたインド人IT労働者が、退職してからの歳月をインドで過ごすために戻ってきている。

解説 第4段落第1文では、インドにおけるIT企業やIT労働者への認識がよくなってきていると述べており、後続の文でその具体的な理由を述べている。その中で、第3文（More importantly, ...）に「技術と経営の高度な内容を欧米で実践的に学んだインドの人々が、海外で得られたその知識をインドの企業や学校に持ち帰ることがある」とある。この内容を簡潔に言い換えた**3**が正解だ。**1**は「時代遅れの風習」、**4**は「退職してからの歳月」が本文には無い内容なので不適である。

カリスマ講師の目

本問の正解選択肢は、やや複雑な本文の内容を簡潔に言い換えたものになっています。500 wordsの文章では、内容もやや高度で複雑なものが出題されることがあります。これらの文章を読みながら段落ごとに要約する訓練を通して、高度な内容を読みこなす「本物の読解力」を養ってください。

Vocab.

本文
- [ ] trail「〜にリードされている」
- [ ] cutting-edge「最先端の」
- [ ] cultivate「〜を育てる」
- [ ] resentment「恨み」
- [ ] confront「〈人〉を糾弾する」
- [ ] gadgetry「目新しい小道具」
- [ ] stock options「株式購入権」
- [ ] smug「独りよがりの」
- [ ] counterpart「同等物、よく似た人」

- [ ] drain「（重要な資源の）損失、流出」
- [ ] remit「（金）を送る」
- [ ] alien「異邦人」
- [ ] perceive「〜だと理解する」
- [ ] superiority「高慢」
- [ ] consensus「（意見などの）一致」
- [ ] emerge「発生する」
- [ ] substantial「かなりの」

設問・選択肢
- [ ] be fined「罰金を科せられる」

社会・政治・ビジネス

別冊・問題 → P.066

ユニバーサル・ベーシック・インカム

　政府が全国民に無料でお金を与えたらどうなるだろうか？ ユニバーサル・ベーシック・インカム、略してUBIと呼ばれるこの考え方は近年人気を得ている。UBIの明確な定義については多くの経済学者の間で意見が一致していない。それでも、UBIというものは貧困ライン——食料や住む場所といった必需品をまかなえなくなるレベル——を超えるのに十分なお金を全国民に支払うというものであるということで、ほとんどの人の意見が一致している。アメリカではたとえば、UBIは年間12,000ドルほどになる。この支払い分は非課税で、仕事を持っていようといまいとすべての人に配分される。

　現代的な考え方に思えるが、UBIには長い歴史がある。1700年代後半、アメリカ建国の父の一人であるトマス・ペインは、50歳になったらすべての人に1人10ポンドを与えるという考えを推進した。19世紀には、ナポレオン・ボナパルトもこの考えを支持したが、法制化されることはなかった。1934年、アメリカの上院議員だったヒューイ・ロングは全国民に年間2,000ドルの収入保障を与える法案を提出した。他の目立った提唱者には、マーティン・ルーサー・キングやリチャード・ニクソン大統領といった人物が含まれる。しかし、この考えはとてつもなく高くついて非現実的だと常にみなされたため、国民の間で機運が高まることはなかった。

　2008年の世界的な金融危機のあと、状況は変わりはじめた。不景気が世界中の国々に深刻な影響を与え、これを受けて、政治家や経済学者はUBIを検討しはじめた。左派の議員たちはUBIを、裕福な人々と貧しい人々との間で拡大する不平等の解決策として見ていた。右派の側では、政治家たちは福祉（お金を必要とする家庭を支えること）をもっと効率よくする方法をUBIと捉えるようになった。UBIを支持する両派の人たちは、私たちの経済はもっと効率がよくなれば、何らかの収入をすべての人に与えるという古い夢は今や実現可能かもしれないと思っている。しかし、全員がこの考えに納得しているわけではない。マイクロソフトのオーナーのビル・ゲイツは懐疑的だ。最近のインタビューで彼は「アメリカでさえ人が働かなくても済むほどまでには裕福ではない」と主張した。そう考えているのは彼だけではない。この考えを批判する人は普通、よく二つの明白な主張をする。一つ目は、UBIはあまりにもお金がかかりすぎてほとんどの政府は提供できないというものであり、2つ目は、UBIは人々から働く意欲を奪い去ってしまい、最終的には経済を破壊するというものである。

　批判する人たちから出されているこれらの問いに答えるために、ルーズベルト研究所はUBIの影響を調べる経済モデルを考えた。UBIが経済をむしばむだろうと批判する人々の

考えに反して、その逆のことが起こるということが分かった。支出が増えることによって
UBIは実際には経済を刺激するということが明らかになった。実は、1,000ドルのUBIは
経済を12.56％拡大する。UBIが仕事をする意欲を削ぐという主張については、ジョージ
タウン大学のカール・ワイダークイスト教授は、1968年から1980年にかけてアメリカで
実施されたUBIの実験について指摘している。人々は実際働く時間が少なくなり、労働時
間が7％弱減少したが、教育の機会と意義のある仕事を見つける機会は大幅に拡大した。実
のところ、批判する人々の心配事が正当かどうかを確認するためにはさらなる研究を実施
する必要がある。

要約

第1段落：UBIは一般的に、生活必需品を購入する余裕が持てるだけのお金を全国民に給
　　　　　付することと定義されている。
第2段落：UBIは18世紀から発案されてきたが、費用がかかり現実的ではないとして、大
　　　　　衆の支持は得られなかった。
第3段落：2008年の不況以降、UBIを見直す機運が生まれたが、高額な費用と労働意欲
　　　　　の減退を主な理由に反対する者もいる。
第4段落：UBIで経済が刺激され、労働意欲も維持されるとする試算もあるが、確かな予
　　　　　測をするにはさらなる研究が必要である。

(1) 正解：**3**

設問と選択肢の訳
筆者によると、一般的に受け入れられているUBIの定義は ------- というものだ。
1 ある国の国民が、生活必需品の支払いをするための年間12,000ドルを受け取る
2 政府からお金を受け取る人々は仕事をすることも期待されている
3 基本的な必需品をまかなうのに十分なお金を政府が国民に与える
4 必需品への支払いをまかなうための支援が必要な国民だけがUBIを受け取る

解説 第1段落第4文（Still, most agree ...）に、最も多くの経済学者が合意しているUBI
の定義として「全国民が貧困ラインを超える、つまり食料や住居などの必需品を支払うの
に十分なお金を給付する」とある。この内容を簡潔に要約した**3**が正解だ。本文のto be
above the poverty line, the point at which ...の内容を、**3**ではto cover their basic
needs（必需品をまかなう）のように簡潔に述べている。なお、**1**の「年間12,000ドル」
はアメリカの例であって、一般的な定義ではないので不適である。**2**は同段最終文に「仕
事を持っていようといまいとすべての人に配分される」とあるのに反する。

(2) 正解：**1**

設問と選択肢の訳

多くの人々がUBIを提唱してきたにもかかわらず、18世紀、19世紀、20世紀における国民の意見は、UBIは ------ というものだった。

1 当時の経済的な限界と、その実施に対する国民からの支持不足により、達成できないだろう

2 この考えがもっと国民の関心を集めたとすれば、すべてではないが一部の社会には適用できるかもしれない

3 知識人がいじくり回す絵空事でしかなく、だれにも真剣に受け取られない

4 実施されるべきだったかもしれないが、それを支払うのを拒む富裕層によって定期的に阻止される

> 解説 　第2段落第2文（In the late ...）から第5文（Other notable proponents ...）で、18世紀、19世紀、20世紀にUBIの導入が検討されてきた歴史が紹介されている。ところが同段最終文では、「この考え（= UBI）はとてつもなく高くついて非現実的だと常に（= 18〜20世紀を通して）みなされたため、国民の間で機運が高まることはなかった」とある。この内容を <u>not achievable due to economic limitation of the time</u> や <u>a lack of popular support</u> のように言い換えた **1** が正解だ。18〜20世紀の時点でUBIが社会に適用される可能性を示唆する記述は本文にはないので、**2** は不適。**3** は「だれにも真剣に受け取られない」が本文にはない内容で不適。

(3) 正解：**2**

設問と選択肢の訳

UBIを批判する人々は、こうした政策を実施するうえでの最大の障害は何だと思っているか？

1 UBIにより、高騰する人件費が原因で国が経済の変化に適応するのが遅くなる。

2 UBIは、その極めて高いコストと、その後の雇用率の著しい減少により、全体として国を貧しくするだろう。

3 UBIは、あまりにも理解が進んでいないためにどの国でも適切には適用されることができず、まずは相当な調査が必要だ。

4 UBIは、人々が自分に適した仕事を見つけるのをさらに困難にするため、経済に害を与えるだろう。

> 解説 　UBIを批判する者の主張は第3段落第9文（Critics of the ...）が挙がっており、それは「大半の政府が提供するには費用がかかりすぎる」と「人々が働く動機を奪い、ついには経済を破壊する」というものである。前者を its extremely high cost（その〔= UBIの〕極めて高額な出費）、後者を make a nation poorer overall due to ... a subsequent drop in employment rates（その後の雇用率の下落により全体として国を貧しくする）のように言い換えている **2** が正解だ。**1** は「高騰する人件費」、**3** は「まずは相当な調査が

必要」、**4** は「自分に適した仕事を見つけるのをさらに困難にする」が本文にはない内容である。

(4) 正解：**1**

設問と選択肢の訳

ルーズベルト研究所が同意する可能性が最も高いものは以下のどれか？

1 政府がUBIを活用しはじめれば、市場において製品の需要が高まることにつながり、需要の高まりが経済を支えるだろう。

2 UBIを実施する政治的な意味を私たちが本当に理解したければ、さらなる実験が実施される必要がある。

3 UBIは、最初は労働力を最小限にしか減らさず、最終的には国民のよりよい職業紹介につながるだろう。

4 成功する社会は、UBIのような制度を通じてその社会の構成員全員を支えることにより、経済的に難しい時期を切り抜けることができる。

解説 ルーズベルト研究所が明らかにしたこととして、第4段落第3文（They discovered that ...）に「UBIは消費の増大を通して経済を実際に刺激する」とある。つまり当研究所は「政府がUBIを実施 → 消費の増大 → 経済を刺激」と考えていることが分かる。この内容に一致する **1** が正解だ。本文のstimulate the economyを **1** ではsupport industry（産業を支える）と言い換え、through increased spendingを **1** ではgreater demand for products in the marketplace（市場における製品のさらなる需要）のように漠然と述べている。なお、**2** の「さらなる実験が必要」は第6文（The truth is, ...）での筆者の考えなので不適である。**4** は「その社会の構成員全員を支えることにより」を「消費を増大させることにより」のようにすれば適切である。

> **カリスマ講師の目**
>
> 設問(4)のような "most likely" 型の問題でも、必ず本文の記述に沿って選択肢の正誤判断を行います。ここではルーズベルト研究所について問われていますので、この研究所の見解を述べている箇所を特定します。段落最終文の「さらなる調査を要する」は筆者の考えであることに注意しましょう。

Vocab.

本文

- [ ] essential「必需品」
- [ ] distribute「〜を分配する」
- [ ] the founding fathers of the US「アメリカ合衆国の父」★アメリカ独立に大きく寄与した政治的指導者たち
- [ ] enact「〜を制定する」
- [ ] senator「上院議員」
- [ ] guarantee「〜を保証する」
- [ ] notable「有名な」
- [ ] proponent「支持者」

- [ ] recession「不況」
- [ ] remedy「改善案」
- [ ] welfare「福祉、生活保護」
- [ ] incentive「やる気」
- [ ] contrary「正反対の」
- [ ] stimulate「〜を刺激する」
- [ ] warrant「〜を正当化する」

選択肢

- [ ] implementation「実施」
- [ ] implications「影響」

模試

TEST 1の解答・解説

教育・心理　　　　　　　　　　　　MP3 → 001　　　別冊・問題 → P.070

PTSDの代替治療

　恐ろしい出来事やストレスの多い出来事を経験した人は心的外傷後ストレス障害（PTSD）になるリスクがある。PTSDはすぐに発症する場合もあれば、その出来事からしばらく経ったあとで発症する場合もあり、症状は繰り返される悪夢や怒りの感情、罪悪感などさまざまだ。その症状は医薬品で治療できるが、最近ではいくつもの代替治療法がある。それどころか、それらの中には従来の薬物療法よりも好ましいものさえあるかもしれない。

　瞑想とヨガはPTSDの治療として何年も推奨されてきた。「トラウマ・センシティブ・ヨガ」は標準的なヨガよりも穏やかで、インストラクターは受講生の体の位置を調整しない。その代わり、その目標は気持ちを整えることにあるのだ。しかし、一部の現代的な代替治療法はこれよりもさらにもっと変わっている。仮想現実を使った試みが行われ、PTSD患者は、何度も恐ろしい出来事を再生するヘッドセットを着用する。心理学者が常にそばにいて、患者とその出来事について話をする。初めのうちは、この治療が残酷に思えるかもしれないが、その目的は患者がストーリーに飽きて、それに対して何も感じないようにすることだ。

　もう一つの風変わりだが有望なPTSDの治療法は、違法薬物の使用だ。患者は、ストレスのかかる出来事についてセラピストと話をする前に、MDMAを与えられる。MDMAが見つかるのはナイトクラブでの方が普通だ。MDMAは不安感を減らすことが知られており、研究では、治療と併用されると、その化学物質そのものが切れたあとも鎮静作用が続くことが示されている。こうした状況下では、どんな法にも違反していない。科学者が代替治療法をこれからも研究し続ければ、何百万人もの患者に希望があるかもしれない。

要約

第1段落：恐ろしい体験やストレスの多い出来事のあとに発症する可能性のあるPTSDだが、最近では投薬以外の治療法が利用できる。

第2段落：以前から推奨されている瞑想やヨガ以外に、最近では恐怖体験を仮想現実で何度も視聴して慣れさせるという治療法もある。

第3段落：通常なら違法とされるMDMAの処方など、PTSD患者を治療するさまざまな方法が模索されている。

(1) 正解：**1**

選択肢の訳

1 それどころか   **2** これにもかかわらず

3 結局   **4** 言い換えれば

解説 第1段落第3文（While the condition ...）の後半では「（投薬に代わる）数多くの代替治療が利用できる」と述べており、次の空所(1)で始まる第4文では「それらの中には従来の薬物療法よりも好ましいものさえあるかもしれない」と述べている。つまり、代替治療の存在について述べている第3文に対し、第4文では「（単に存在するだけではなく）従来よりも好ましいものさえある」のように、代替治療を紹介する内容を表現を強めて繰り返している。したがって、前言と同じ趣旨の内容を、表現を強めて反復する **1**「In fact（それどころか）」が正解だ。

(2) 正解：**2**

選択肢の訳

1 医師は静かにしているべきだ

2 この治療が残酷に思えるかもしれない

3 1種類の医薬品だけが用いられる

4 面白いビデオゲームのような感じがする

解説 第2段落第4文（Experiments have been ...）からは、PTSDの患者に仮想現実で恐怖体験を何度も視聴させるという治療法を紹介している。第6文（At first ...）では「初めのうちは(2)だが、その目的は患者がストーリーに飽きて、それに対して何も感じないようにすることだ」と述べていることから、空所(2)では恐怖体験に慣れる前の様子に関連する選択肢が入ると考えられる。恐怖体験に慣れる前のPTSD患者の様子を考慮すれば、**2**「この治療が残酷に思えるかもしれない」が最も適切だ。

(3) 正解：**4** ★

選択肢の訳

1 患者に社交を促す

2 ゆっくりと深く呼吸をすることに関わる

3 もっと若い人々のために設計されている

4 違法薬物の使用だ

解説 第3段落第2文（Sufferers are given ...）からは、MDMAという薬物を用いた治療を紹介している。したがって、選択肢の中で唯一薬物に言及している **4**「違法薬物の使用だ」が正解だ。第4文（Under these conditions, ...）に「こうした状況下では、どんな法にも違反していない」とあることから、この薬物の治療目的以外での使用は違法であることも伺える。**1**、**2**、**3** は第2文以降の内容を反映していないので不適である。

in fact には、覚えておきたい次の3つの用法があります。①「実際に」という意味で前言の具体例を紹介する用法。②主に逆接表現を伴い「（ところが）実際は」という意味で、前言を否定する事実を紹介する用法。③本文で使われた「それどころか、もっと言うと」という意味で、前言を強く、極端に言い換える用法。どれも重要なので、しっかり押さえておきましょう。

Vocab.

本文

- [ ] alternative「代わりの、別の」
- [ ] treatment「治療法」
- [ ] PTSD「心的外傷後ストレス障害」★忍耐の限界を超えたストレスを体験したあとに生じる心身の障害
- [ ] frightening「恐ろしい」
- [ ] immediately「すぐに」
- [ ] symptom「症状」
- [ ] range from A to B「AからBに及ぶ」
- [ ] guilt「罪の意識」
- [ ] available「利用できる」
- [ ] preferable to「〜より好ましい」
- [ ] conventional medicine「従来の医療」
- [ ] meditation「瞑想」
- [ ] carry out「〜を実行する」
- [ ] sufferer「患者」
- [ ] psychologist「心理学者」
- [ ] promising「有望な」
- [ ] MDMA「メチレンジオキシメタンフェタミン」
  ★化学薬品から合成された麻薬。「エクスタシー」と呼ばれる
- [ ] indicate「〜を示す」
- [ ] wear off「薄れる、次第に消える」★wear-wore-worn と活用
- [ ] investigate「〜を研究する」

選択肢

- [ ] encourage A to *do*「Aに〜するように促す」
- [ ] socialize「（社交的に）交際する、付き合う」

自然・環境

MP3 → 002　　別冊・問題 → P.072

プランクトンがいなくなればどうなるか?

　プランクトンは、海に生息するとても小さな動植物だ。非常に小さいので、いなくなっても構わないと思うかもしれないが、プランクトンの健康状態は、地球上のあらゆる生命の健康状態に影響する。プランクトンは地球の食物連鎖の最下位に位置するが、科学者たちは、プランクトンの数は気候変動によって1950年以来40%減少したと推定している。プランクトンは今日の、温度が高く汚れた海水の中で苦しんでいるようだ。そして、もしこの傾向が続けば、動物たちと同様に人類もその影響を実感するだろう。

　プランクトンは、カタクチイワシのような小魚によって捕食される。おそらく食料の質が悪化したために、地中海でカタクチイワシの生物量が減少しつつあることを、科学者たちは発見している。つまり、今日、プランクトンが提供するカロリーが減っているために、この海におけるすべてのカタクチイワシの総重量が減少しつつあるということだ。その影響は、食物連鎖の上位にいる大型動物にまで波及し、私たち自身の食卓にさえも影響を及ぼす。なにしろ30億人もの人々が、主なタンパク源として魚介類に頼っているのである。

　アデレード大学で生物学を専門とするイヴァン・ネガケルケン教授は、何千年もの間、それぞれの種は新しい環境にうまく適応してきたことを認めている。しかし、「昨今の変化は非常に速く、(適応に必要な) 時間が足りないかもしれない」と彼は述べる。気候変動を一晩で食い止めることはできないが、私たちが誰にでも即座にとれる行動が一つある。日焼け止めに含まれる化学物質が、プランクトンを殺す大きな原因になっていると考えられている。海で泳ぐ際、それは海水に流れ出し、有毒な生息環境を生み出す。だから、次にビーチを訪れる計画を立てる際には、環境にやさしいという認証を得たローションを選ぼう。

要約

第1段落：小さいながらも地球上の全生物の生命に影響力を持つプランクトンが、気候変動により危機に瀕している。

第2段落：プランクトンの個体数が減少すると、それをエサにする魚だけでなく、食物連鎖の上位にいる大型動物や人類にまで影響が出る。

第3段落：プランクトンを守るために、環境にやさしいローションを選ぶなど、身近な行動から変えていくとよい。

(4) 正解：**4** ★

選択肢の訳

1 河川にはまもなく、どんな動物も生息しなくなるだろう

2 水産業はゆっくりと回復し始めるだろう

3 菜食がもっと一般的になるかもしれない

4 動物たちと同様に人類もその影響を実感するだろう

解説 第1段落では、プランクトンがいかに重要かを説明している。第2文（They're so tiny, ...）の後半では、「プランクトンの健康状態は、地球上のあらゆる生命の健康状態に影響する」と主張している。したがって第4文後半（and if the trend ...）の「もしこの傾向（＝前文の「プランクトンが海中で苦しんでいる」傾向を指す）が続けば」に続く内容としては、「地球上のあらゆる生命の健康状態に影響を及ぼす」という内容が考えられる。正解は **4**「動物たちと同様に人類もその影響を実感するだろう」だ。**1** は「河川には」としている点が、「海」のプランクトンをテーマとする第1段落の論旨に合わない。

(5) 正解：**1** ★

選択肢の訳

1 つまり

2 これと同様に

3 反対に

4 それにもかかわらず

解説 第2段落第2文（Researchers have found ...）と同じ内容を、空所(5)で始まる第3文でさらに具体的な表現を用いて繰り返している。

・第2文　the biomass of anchovies is declining in the Mediterranean, probably due to poorer quality food

・第3文　the total weight of all the anchovies in the sea is going to down because plankton today provide fewer calories

したがって空所(5)には、前文と同じ内容を言い換えて反復する際に用いる **1**「In other words（つまり）」が適切だ。**2**「As well as this（これと同様に）」は、前文の事例と類似点がある別の事例を挙げる際に用いる表現なので不適である。

(6) 正解：**2**

選択肢の訳

1 ごみをどのように処分するかについて前もって計画を立てよう

2 環境にやさしい認証を得たローションを選ぼう

3 スキューバダイビングをしに行く前にサンゴ礁をチェックしよう

4 肌が海水の中で確実に守られるようにしよう

解説 第3段落第3文（Although climate change ...）の後半では「私たちが誰にでも即座にとれる行動が一つある」と述べて、続く第4文（It is thought ...）では、日焼け止め

に含まれる化学物質が海中に溶け出して、プランクトンに害を及ぼすと述べている。したがって第6文（Therefore, the next time ...）の「次回、ビーチを訪れる計画を立てる際」に続く内容としては、「日焼け止めによるプランクトンへの害を避ける」というものが考えられるので、正解は **2**「環境にやさしい認証を得たローションを選ぼう」だ。**4** は例えば「ローションを使わなくても」のような記述を追加すれば正解になり得る。

カリスマ講師の目

空所(5)の選択肢2のAs well as thisは、A as well as B（Bと同様にAも）を2文に分けてB. As well as this, A.（Bである。これと同様にAもである）としたものです。AとBの内容には類似点はありますが、互いに同一ではありません。(5)の前後には同一内容の2文が並んでいるので、この選択肢は不適です。

Vocab.

本文
□ tiny「とても小さい」
□ affect「〜に影響を与える」
□ foundation「基盤、礎」
□ food chain「食物連鎖」
□ estimate「〜を見積る」
□ appear to be「〜であるように見える」
□ struggle「もがく、苦労する」
□ anchovy「カタクチイワシ」★anchoviesの単数形
□ biomass「生物量」
□ decline「減少する」
□ the Mediterranean「地中海」
□ acknowledge「〜を認識する」
□ due to「〜のせいで」
□ adapt「順応する」
□ circumstances「環境」★通例複数形
□ halt「〜を止める」
□ immediate「緊急の」
□ toxic「有毒の」
□ habitat「生息環境」

選択肢
□ conversely「反対に、逆に」
□ in advance「前もって」
□ dispose of「〜を捨てる」
□ certify「〜を認証する」
□ coral reef「サンゴ礁」

社会・政治・ビジネス

MP3 → 003　　別冊・問題 → P.074

宇宙飛行の増加に伴う諸問題

　1957年、ソビエト連邦は世界初の人工衛星を宇宙に打ち上げた。それ以来、私たちは約5,560機のロケットを宇宙に打ち上げてきた。そして、この数は日々増加している——2018年と2019年の間に、宇宙業界では打ち上げの割合が25％増した。ブルー・オリジンやスペースＸといった民間企業の参入が増え、中国やインドなどの国々も参入してきており、宇宙へこれまで以上に行きやすくなった。私たちの科学的知見を広げたり、気象を予測したり、世界を通信衛星でつないだりと、宇宙進出は、さまざまな側面で人類に恩恵をもたらしてきた。しかし、この黄金時代が突然終わるかもしれないと長年の間、科学者たちは警告してきた。

　現在、推定3,000機の使われなくなった人工衛星が私たちの大気圏に散乱している。さらに、地球を周回するという過去の宇宙探査ミッションで出た、10センチ以上の金属片は34,000個以上ある。このことはあまり重要ではないように思えるかもしれないが、弾丸よりも速く移動している10センチの金属片のかたまりは宇宙飛行の未来にとって壊滅的な問題を引き起こしかねない。1978年、ドナルド・ケスラーは、一つの衝突が一連の衝突を引き起こし、その際に一つの衝撃が衝撃をさらに増幅させると警告した。そのまま放置されれば、この雪だるま式に増える衝突は、もしかすると宇宙飛行が不可能になるほど規模が大きくなる可能性もある。

　欧州宇宙機関（ESA）はこの警告に耳を傾けた。この問題に対して2つの取り組みを提唱しており、一つは受動的、もう一つは能動的なものである。受動的な取り組みでは、新しい人工衛星がすべて、その役目を終えるとき、地球に衝突するようにプログラムされることを求めている。能動的な解決策では、宇宙ごみ除去衛星を開発することによって、プログラムすることができない昔の宇宙ごみに対処している。このプログラムのリーダーのルイサ・イノセンティは「私たちはそこにある宇宙ごみを除去する技術を開発する必要がある」と述べている。ESAの人工衛星は、ロボットアームを使って宇宙ごみを捕獲して集めることでまさにこれを行うことになる。このロボットアームはその後、集めたごみを大気圏に送り込んで燃え尽きさせることで処理するのだ。

要約

第1段落：1957年以来、宇宙開発は多くの企業や国の参入を得て発展し、多くの利益をもたらしたが、科学者たちはこの発展の終わりを警告してきた。

第2段落：役目を終えた人工衛星の金属片が宇宙を高速で周回し、幾重にも衝突して衝撃を増幅させて、宇宙旅行を不可能にする可能性が指摘されている。

第3段落：欧州宇宙機関は、新規の人工衛星に地球へ衝突するようプログラムする策と、宇宙ごみを採取して大気圏で燃やす衛星を開発する策を提唱している。

(7) 正解：**3**

設問と選択肢の訳

筆者によると、かつてよりも今のほうが、宇宙飛行が可能になっている一つの理由は

1 私たちは今過去に宇宙へ送ってきた人工衛星のおかげで科学的理解を深めているからだ。

2 この世代の人々は、宇宙を探索することにこれまでのどの世代よりも興味を持っているからだ。

3 ロケットを宇宙に送り込む企業や国がますます増えて、私たち全員に恩恵をもたらしているからだ。

4 とても多くの企業と国が、宇宙に送り込むのに最適なロケットを協力して開発しているからだ。

解説 設問の we are able to travel to space more now than in the past に該当する箇所は、第1段落第3文（With more private ...）末尾の space has become more accessible than ever（宇宙は今まで以上に行きやすくなった）である。この第3文では「多くの民間企業や国々が参入」していると述べている。さらに次の第4文（The push into ...）では、こうした動きが人々に多くの恩恵をもたらしているとある。こうした内容を一文で要約している **3** が正解だ。**1** の「科学的理解を深めている」という内容は本文中にあるが、これは「今のほうが宇宙飛行が可能になっている一つの理由」とは言えないので不適。**4** のように企業や国が working together（共同で取り組んでいる）とは本文には書かれていない。

(8) 正解：**4**

設問と選択肢の訳

ドナルド・ケスラーは何を宇宙ごみの潜在的な問題として見ているか？

1 宇宙ごみの極めて速い速度により、宇宙でそれを処理するのがとても困難になっている。

2 宇宙ごみを除去する費用は、私たちが長く放置するほどますます高くなっていく。

3 宇宙に残っている使われなくなった人工衛星の数は、やがて宇宙飛行を不可能にするだろう。

4 宇宙ごみの衝突は連鎖反応につながる可能性があり、その結果、人類は宇宙を移動できなくなるかもしれない。

解説 ドナルド・ケスラーの指摘の内容は第2段落第3文（In 1978, ...）と第4文（If left unchecked, ...）に書かれており、そこでは「一つの衝突が一連の衝突を引き起こし、その際に一つの衝撃が衝撃をさらに増幅させて、宇宙旅行を不可能にするほどの規模になる可

能性がある」と述べている。この宇宙ゴミの衝突に言及している選択肢は **4** だけであり、これが正解だ。本文の could cause a series of collisions を、**4** では may lead to a chain reaction と言い換えている。

(9) 正解：1 ★

設問と選択肢の訳

欧州宇宙機関は古い宇宙ごみを除去するためにどんな解決策を進めているか？

1 宇宙ごみは人工衛星で集められ、大気圏に向けられる。

2 使われなくなった人工衛星は、役目を終えるときに地球に向かって進むようにプログラムされている。

3 一般にはまだ公開されていない新しい技術が開発される。

4 人工衛星に有人ミッションを送って解体する。

解説 ▶ 欧州宇宙機関（ESA）が提唱する解決策は、第3段落に2つ挙がっている。このうち、第4文（The active solution ...）から段落末尾にかけて紹介している2つ目の解決策は「宇宙ごみをロボットアームで採取して大気圏で燃やす衛星を開発する」というものであり、この内容に一致する **1** が正解だ。なお、1つ目の解決策は「新規の」衛星にプログラムを入力するものなので、「既存の」衛星にプログラムを入力するとしている **2** は不適である。**3** は、「一般にはまだ公開されていない」の部分が本文には書かれていないので不適である。

カリスマ講師の目

設問(9)に正解するには、第3段落で提示されている2つの策の内容を正確にを理解する必要があります。そのためには、第3文（The passive approach ...）から第6文（The ESA satellite ...）までの内容を正確に把握しなければなりません。このように、準1級では段落内の広い範囲の理解を問う問題が出題されます。要約の訓練を重ねて、広い範囲の内容把握に努めましょう。

Vocab.

本文

- □ satellite「衛星」
- □ enterprise「企業」
- □ accessible「到達できる」
- □ multitude「多数」
- □ communications satellite「通信衛星」
- □ abrupt「突然の」
- □ litter「〜を（乱雑に）散らかす」
- □ atmosphere「大気、空気」
- □ orbit「〜の周りを回る」
- □ insignificant「重要でない」

- □ a chunk of「たくさんの」
- □ debris /dəbríː/「破片、ごみ」
- □ devastating「壊滅的な」
- □ collision「衝突」
- □ multiply「〜を増加させる」
- □ additional「追加の」
- □ snowball「（雪だるま式に）増える」
- □ render「〜の状態にする」
- □ heed「〜を聞き入れる」
- □ advocate「〜を主張する」
- □ dispose of「〜を廃棄する」

医療・健康

MP3 → 004　　　別冊・問題 → P.076

遠隔患者モニタリング

　私たちが知っている長距離通信技術は1920年代に誕生し、たとえば、ラジオ、トーキー映画、（映像の）粗い初期のテレビがある。『サイエンス・アンド・インヴェンション』誌の創刊者ヒューゴー・ガーンズバックは、モニターを通じて医師が患者を診察できるのみならず、ロボットアームの助けによって診察することもできる道具の発明を予測する記事を1925年に発表した。無線接続を利用することで、患者の部屋にあるこのようなロボットアームは、医師が遠く離れたオフィスにいても、医師自身の動きに応じて作動するという。このロボットアームはまた、接触や熱や音に反応すると、ガーンズバックは書いた。ガーンズバックはこの未来的な構想を「テレダクティル」と名づけた。この道具自体は一般的な臨床器具にはならなかったが、ガーンズバックは遠隔医療（テレメディスン）、つまり遠隔で患者のケアをする現代のやり方を予見していたことで評価を得ている。

　遠隔医療はもともと、医療の施設や専門家が不足していて、訪れにくい場所にいる患者の治療をするために設計されたが、テクノロジーの助けを得た医療はますます広がりつつあり、多くの都市部でも利用されている。ブロードバンドのインターネット接続にアクセスできる人々の数が増えるにつれて、時間の無駄を減らし、緊急を要する状況下ですぐに治療を受けたいというニーズも高まっている。遠隔医療という考え方は比較的新しいため、その正確な定義に関して少々混乱がある。大方の情報源は、それをテレヘルスやeヘルス、つまり、同業界内で用いられるあらゆる遠隔通信技術を包括する意味の広い用語の下位に属するものとして分類している。テレヘルスやeヘルスは、予防ケアや医療教育、さらには運営管理のテレビ会議をも含むが、テレメディスンは主に診察や観察などの遠隔の医療サービスを指す。

　遠隔医療の最大の利点は効率である。メールが日常生活の一部になる以前は、血液検査の結果やレントゲン写真や処方箋を郵送する必要があり、これは安全でも迅速でもなかった。今日、初期診療の提供者は、安全なオンラインプラットフォームを使って即座に患者の診療記録を専門家に送ることができる。装着可能な、また携帯可能な医療機器やアプリが患者の血圧や血糖値、心拍数、その他のデータを四六時中観察し、それを医師に自動的に送信する。そのようにして、患者は病院の待合室で多くの時間を過ごすが必要なく、その代わりに、何か異常が生じれば通知があることを知りつつ、自分の暮らしを続けることができる。映像を使ったリアルタイムの診察もますます頻繁に行われるようになりつつある。それは、遠隔医療の会社が患者に、（医療）提供者を見つけてすぐに治療を受けやすくする方法を提供しているためだ。

第1段落：長距離通信技術を利用して、医師が遠隔地の患者を診察したり治療したりするという1920年代の構想は、現在の遠隔医療を予測していた。

第2段落：長距離通信技術を利用した医療提供を意味する遠隔医療は、インターネットの普及に伴って利用者が増えており、都市部にも広がっている。

第3段落：遠隔医療の最大の利点は効率であり、データの迅速な送信、患者が通院する頻度の削減、企業を通した迅速な医療提供などを可能にしている。

(10) 正解：**1**

設問と選択肢の訳

第1段落でヒューゴー・ガーンズバックについて分かることは何か？

1 彼は、医師が患者と同じ場所にいる必要のない未来を描いた。

2 彼は、現代の遠隔医療会社によって模倣され改善された医療機器を発明した。

3 彼は無線技術の専門家で、科学と発明を専門とする複数の雑誌に寄稿した。

4 彼は、患者の体温やその他の身体的な特徴を自動的に感知できるロボットアームを設計した。

<u>解説</u> 第1段落第2文（In 1925, ...）から第5文（Gernsback named this ...）にかけて、ガーンズバックの「予測」が書かれている。そこでは「モニターを通じて患者と面会する」、「医師の動きに応じて作動するロボットアームで治療する」の2点を説明している。このモニターやロボットアームは、第1文のlong-distance communications technology（長距離通信技術）の具体例と考えられるので、ガーンズバックは医師が通信技術を使って遠隔地から患者を治療する未来を予測していたことが分かる。正解は**1**だ。なお、彼は未来を「予測」しただけであり、「発明」や「設計」はしていないので、**2**や**4**は不適である。

(11) 正解：**3**

設問と選択肢の訳

テレヘルスが遠隔医療と異なっている点は -------- だ。

1 遠隔医療は患者と医師をつなげるが、その一方で、テレヘルスは医療業界の規則を指す

2 後者の主な下位区分として、一般的な患者が利用できる医療のより限定的なリストを含む

3 テレヘルスはより広い意味の用語であり、医療の専門家と助けを求める人々との間の非臨床的な交流を含む

4 遠隔医療は処方せんのオンラインでの注文を意味し、その一方で、テレヘルスは診察や観察といった遠隔の臨床的サービスを提供する

解説 テレヘルス（telehealth）と遠隔医療（telemedicine）の違いについては、第2段落第3文（Since the idea ...）以降で説明している。そこでは、telehealthは遠隔通信技術を用いた医療業界に関わる行為全般を指すcomprehensive terms（広範囲な語）であるのに対し、その下位区分の位置づけであるtelemedicineは患者への医療提供のみを指す「狭い」語であることが分かる。本問ではtelehealthについて問われているので、**3**が正解だ。**2**はtelehealthを「狭い」語として位置づけているので不適である。

(12) 正解：**2** ★

設問と選択肢の訳

本文の筆者によると、遠隔医療が効率的である一例は何か？

1 診療記録や処方せんをもはや最初の医療提供者が参照する必要がなく、その代わりに、専門家に直接送られる。

2 ある種の機器が患者の健康状態に関する重要な数値を継続的に計測し、医療の専門家に送信しているので、患者はそれほど頻繁に医師のもとを訪れる必要がない。

3 装着可能な機器は、患者の健康状態の変化が緊急の治療を必要とする場合に最良の薬をすすめるように設計されている。

4 そのスピードのおかげで、インターネットを通じたリアルタイムの診察は医院を訪れるよりも費用が手ごろである傾向がある

解説 第3段落第2文（Before e-mails were ...）以降で、遠隔医療の効率のよさの具体例を挙げている。その中で、第4文（Wearable and mobile ...）から第5文（That way, patients ...）にかけて「患者の健康状態を自動送信する機器やアプリのおかげで、患者が病院の待合室で過ごす必要がない」と述べており、この内容を1文に要約した**2**が正解だ。本文ではインターネット経由の診察と医院での診察との「費用面」での比較は行っていないので、**4**は不適である。

カリスマ講師の目

設問(11)のポイントは「対立項」の処理です。telehealthとtelemedicineをどういう基準で比べて、どういう点で異なるのかを把握しましょう。これらの語はどちらも遠隔通信技術を利用した医療に関する行為を指しますが、telehealthは広義、telemedicineは狭義であるという関係の把握がポイントです。

Vocab.

本文

□ **sound movie**「トーキー映画」
　★映像と音声が同期した映画

□ **radio connection**「無線接続」
□ **be sensitive to**「～に反応する、敏感である」
□ **instrument**「機器」

- □ credit「～を認める」
- □ foresee「～を予測する」
- □ telemedicine「遠隔治療」
- □ facility「施設」
- □ widespread「広がった」
- □ immediate「迅速な」
- □ subset「小集団、（データなどの）一部」
- □ comprehensive「広範囲の」
- □ preventive care「予防治療」
- □ diagnosis「診察」

- □ prescription「処方箋」
- □ glucose level「血糖値」
- □ transmit「～を伝達する」
- □ consultation「診療」

設問・選択肢

- □ envision「～を想像する」
- □ contribute「寄稿する」
- □ caregiver「世話をする人、介護人」
- □ vital「重要な、必須の」

歴史・文化

南アフリカの中流階級

　強力な中流階級は、経済成長や社会的安定のために重要である。そこに属する人々は自らの幸福を守りたいので、通常、法律を遵守し、また、国家を改善して全体的な生活の質を向上させる改革を支持する。中流階級は、多くの収入を得るよく訓練を積んだプロフェッショナルを生み出す優れた教育制度の発展を推進する。起業家の大多数は中流階級出身である。なぜなら、中流階級に属する人々は、自分の地位を向上させるためのリスクをとれるほどに十分安定した立場にあるからだ。さらに、中流階級の人々は、地元の企業にとって、何かが売りに出されればすぐにそれの買い手となってくれ、また才能の基盤を提供してくれる。そうした人々の質の高い商品やサービスに対する需要は、国内の経済の繁栄を維持する。

　ノルウェー、カナダ、オーストラリア、日本、英国などの先進国では中流階級が縮小しつつあると見られるが、その比率は未だに50％以上を占める。発展途上国では逆の傾向が見られ、ブラジル、メキシコ、中国などの国々では中流階級が拡大している。南アフリカは、一見、これと同じコースをたどっているように見えるが、2018年とそれ以前に発表された複数の研究では、南アフリカの中流階級は同国の人口の30〜40％を占めるにすぎないことが示されている。さらに悪いことに、ケープタウン大学で経済学を専門とするマレイ・リーブランド教授によると、実際の数値は最も低い推定値よりもさらに低い可能性があるかもしれない。

　「全国所得動態調査（NIDS）」では、南アフリカの社会的階級を5つに区分している。つまり、エリート、安定した中流階級、脆弱な中流階級、一時的な貧困階級、慢性的な貧困階級である。リーブランドによると、最初の二つのカテゴリーに属するのはわずか約25％の南アフリカ人で、その他の人々は経済的に脆弱か貧困だという。「脆弱な中流階級」は、人口の14％を構成し、かろうじて経済的に平均として分類される収入しか得ていない人々も含まれており、このような人々は経済的な平均層とされている。こうした人々は、貯蓄や、危機の際に頼れるその他の資産が不足しているため、貧困に陥る大きなリスクを抱えている。残りの60％を上回る南アフリカの人々は最下位の階級に属している。問題を複雑にしているのは、これらの人々は主に黒人であり、その一方で、上流階級は白人、アジア人、カラード（ミックス）である傾向が強いということだ。こうした人種間の経済的不平等は、それだけで社会を不安定なものにする。

　南アフリカの中流階級は少なくとも30％増加すべきだと言う専門家たちにリーブランドは同意している。そうでなければ、経済成長を維持することはできず、安定した階級と

脆弱な市民との間の格差は拡大するだろう。実際のところ現在、高い税金や深刻な負債水準、高騰する食料価格が、南アフリカの下位の社会的集団に莫大な負担を負わせている。それ故この研究者は、すべての南アフリカ人が教育を受けられる機会を拡大することや、雇用を創出し、自分自身の事業を開始したい人々を支援するよう政府に協力を求めることを提唱している。これによって教育が機会均等を拡大すると同時に、給料のよい安定した仕事が、より上位の社会的階級に上れる可能性を人々に与えるであろう。

要約

第1段落：経済が成長し、社会が安定するためには、消費者や質の高い労働者を輩出でき、法律を遵守する、中流階級の存在が必要である。

第2段落：先進工業国における中流階級の割合は50%以上で、発展途上国ではより多いとされるが、南アフリカでは30〜40%にすぎず、もっと少ないとも言われる。

第3段落：南アフリカには25%の安定した層と60%を上回る貧困層が存在し、中流階級の中にも貧困層に転落するリスクを常に抱えた層がいる。

第4段落：経済成長と格差是正のためには中流階級を30%は増やすべきで、そのためには教育と雇用の改革が必要である。

(13) 正解：**2** ★

設問と選択肢の訳

第1段落で中流階級について分かることは何か？

1 その構成員たちは経済的に安定していないが、国の経済成長に最大の貢献をしている。

2 通常、国内市場でさまざまな商品を購入しているので、国の経済的発展の下支えに一役買っている。

3 中流階級の市民は、最も教養のある人々の大半を占めるので、国の法律を疑問視する傾向がある。

4 自分の収入を守りたいので、中流階級の人々は不必要な経済的リスクをとるのを避ける。

解説 第1段落第5文（In addition, ...）に「中流階級の人々は、何かが売りに出されればすぐにそれの買い手となってくれ、また才能の基盤を提供してくれる」とあることから、中流階級の消費行動が国の経済に寄与していることが分かるので、**2** が正解だ。本文の provide both a ready market（商品がすぐにさばける市場を提供する）を、**2** では usually purchase ... products from the domestic market（通常、国内市場で…商品を購入する）のように具体的に言い換えている。**1** は「経済的に安定していない」、**3** は「法律を疑問視」、**4** は「リスクを避ける」が本文の記述に反する。

(14) 正解：**3**

設問と選択肢の訳

本文の筆者によると、南アフリカは

1 中流階級の成長率が下がっているという点で発展途上国と類似している。

2 移民が他の大陸から国内に入ってきた結果、労働人口が拡大してきた。

3 何年にもわたる多くの研究が見積もっていたよりも、中流階級の人口がはるかに少ない可能性がある。

4 中流階級の割合を 40 ％以上に高めることで、世界の先進国に追いついてきた。

解説 ▶ 第 2 段落第 3 文（Although South Africa ...）では、南アフリカにおける中流階級の割合は少ないとする研究結果を引用し、次の第 4 文（Worse, Murray Leibbrandt ...）では、実際の割合は既存の研究結果よりもはるかに少ない可能性があると述べている。こうした内容を端的に述べた **3** が正解だ。第 2 文（In developing countries ...）に、途上国では中流階級の割合が増加しているとあるので、途上国でも減少しているとしている **1** は誤りである。

(15) 正解：**1**

設問と選択肢の訳

リーブランドによる南アフリカの社会階級の研究から分かることは何か？

1 中流階級の中には日常的な費用を賄うのがやっとで、何か不測の事態が発生すればより下位の階級に転落する可能性のある人々がいる。

2 エリート層が国内の資産のほとんどを所有しているので、彼が特定している中流階級の両方のグループはますます貧困に向かっている。

3 脆弱な中流階級は、貧困に陥るリスクを減らすために貯蓄を著しく増やしている。

4 人種に関係なく、南アフリカの人口の 4 分の 3 以上が資産不足のために恒久的な貧困状況で暮らしている。

解説 ▶ 第 3 段落第 4 文（They are at ...）に「こうした人々（＝脆弱な中流階級）は、貯蓄や、危機の際に頼れるその他の資産が不足しているため、貧困に陥る大きなリスクを抱えている」とある。この内容を具体的に言い換えている **1** が正解だ。本文の they lack savings or other assets を **1** では barely cover their regular expenses（日常的な費用を賄うのがやっとである）、本文の are at great risk of becoming poor を **1** では may fall into the lower class（下位の階級に転落する可能性がある）のように、より具体的に言い換えている。**2** の前半のエリート層に関する内容は本文にはないので不適。**4** は「人種に関係なく」が第 5 文（That leaves over ...）と第 6 文（This economic inequality ...）の内容に反する。

(16) 正解：**3**

設問と選択肢の訳

リーブランドによると、中流階級が拡大しなければ

1 南アフリカ政府はエリート階級が求める高級な商品やサービスを支払うために税金を

上げなければならなくなるだろう。

2 人々を貧困から抜け出させるために必要な南アフリカの教育機関のための融資は、難しいだろう。

3 南アフリカ社会の富裕層と経済的に不安定な層の距離がさらに広がるだろう。

4 貧困層が負債を返済する助けになるであろう雇用を創出することを、南アフリカ政府が受け入れることはないだろう。

解説 中産階級が拡大しない場合についてのリーブランドの考えは、第4段落第2文 (Otherwise, economic growth ...) に「そうでなければ（＝中流階級が拡大するのでなければ）経済成長を維持することはできず、安定した階級と脆弱な市民との間の格差は拡大するだろう」とある。この「安定した階級と脆弱な市民との間の格差の拡大」を the space between the wealthy and the financially unstable layers ... will become even greater （富裕層と経済的に不安定な層の距離がさらに広がるだろう）と言い換えている **3** が正解だ。**1** は増税を「エリート階級」の求めに応じるものとしている点が本文に一致せず、**4** は「雇用の創出を政府が受け入れない」が本文にはない内容である。

カリスマ講師の目

本文は経済的な観点から社会問題について論じた、本格的な社会経済論です。特に中高生の方にはなじみにくい内容かもしれません。準1級では、やや専門的な内容に一歩踏み込んだ文章に慣れておく必要があります。問題演習の際には、さまざまな分野の文章を、興味を持ちながら読む訓練をしましょう。

Vocab.

本文
- [ ] **stability**「安定」
- [ ] **a ready market**「商品がすぐさばける市場」
- [ ] **thrive**「栄える」
- [ ] **shrink**「縮む」
- [ ] **reverse**「逆」
- [ ] **represent**「〜を表す」
- [ ] **vulnerable**「弱い」
- [ ] **transitory**「一時的な」
- [ ] **chronic**「慢性の」
- [ ] **comprise**「〜を占める」
- [ ] **classify**「〜を分類する」
- [ ] **to complicate matters**「厄介なことに」
- [ ] **primarily**「主に」
- [ ] **Colored**「カラード」
  - ★南アフリカで、オランダの白人移民とアフリカ人などとのミックスの子孫を指す

- [ ] **inequality**「不平等」
- [ ] **instability**「不安定」
- [ ] **sustained**「(成長などが) 持続的な」
- [ ] **advocate**「〜を支持する」
- [ ] **enlist**「〜に協力を求める」

設問・選択肢
- [ ] **sustain**「〜を維持する」
- [ ] **refrain from**「〜を控える」
- [ ] **diminish**「減少する」
- [ ] **immigrant**「移民」
- [ ] **catch up with**「〜においつく」
- [ ] **barely**「かろうじて」
- [ ] **irrespective of**「〜に関係なく」
- [ ] **permanent**「永続的な」
- [ ] **persuade ... to do**「…を説得して〜させる」

模試

TEST 2 の解答・解説

社会・政治・ビジネス

MP3 → 006　　別冊・問題 → P.082

モスクワのホームレス

　ホームレス状態は今や多くの場所で問題となっているが、ロシアの首都モスクワでは特に深刻だ。この都市の凍て付く冬の気温は、けがや死にさえつながる場合がある。1月には温度計が0℃を大幅に下回る状態が続き、気温は−5℃から−10℃になる。それ故、マニラやムンバイのような都市の方がホームレス状態の人々は多いが、寒さで死ぬ可能性がある人は少ない。これはモスクワ当局にとって季節的な難題であり、ホームレスの人々に対する考え方で何とかなることではない。

　ロシアではかつて、路上で生活することが犯罪行為となる場合があった。ホームレスの人々はまったく罪を犯していなくても、一般の人々の頭の中では今でも「犯罪者」だ。ホームレス保護施設の設置が住宅地で提案されると、一般の人々は反対することが多い。2019年、モスクワのベゴヴォイ地区で提案された保護施設に対して、一人の住民が「よい行いがしたければすればいい——だが、まわりの人たちを不快にはするな」と言った。こうした理由から、保護施設は市の郊外にあり、住宅やオフィス、レストランから離れている傾向がある。

　多くの場合、こうしたことが起こってきた。ソーシャルワーカーがモスクワの中心部を日々巡回し、ホームレス状態の人を見つけ、遠く離れた保護施設まで車で送ろうと提案する。しかし、その多くはなじみのある市の中心地にとどまることを望み、政府はただ人々を見えないところに移動させているだけだと主張する。公式の数値は、今この首都にホームレス状態の人々が14,000人いると示している。だが、慈善団体は、それは目に見えている数値であって、実際の数字は6万人近くだと述べている。

要約

第1段落：冬の寒さが非常に厳しいロシアの首都モスクワでは、ホームレスの問題が一層深刻である。

第2段落：ホームレスに対する人々の否定的な感情が原因で、保護施設が住宅地や商業地区から離れた場所に設置される傾向がある。

第3段落：ホームレスを隔離しようとする動きは現実に起きているが、この問題の全体像は把握しきれていない。

(1) 正解：**1** ★

選択肢の訳

1 モスクワ当局にとっての季節的な難題

2 アジアの多くの低所得国での事例

3 ロシア特有というわけではない深刻な問題

4 都市部の貧困が増えている主な理由

解説 第1段落ではホームレスの問題について、まず第1文で「モスクワ」が特に深刻であると述べ、続く第2文（The city's freezing ...）以降で、その原因が「モスクワの厳しい冬の寒さ」であると述べている。こうした内容を第5文（This is (1), ...）で「これは(1)である」と受けているので、空所には冬のモスクワの厳しい寒さに言及している選択肢がふさわしい。よって正解は**1**「モスクワ当局にとって季節的な問題」だ。**2**は第4文（Therefore, although cities ...）に、モスクワ以外のアジアの諸都市では「寒さで死ぬ可能性がある人は少ない」とあるのに反する。**3**はロシア以外の地域でも同様の深刻な事態が起きているとしている点が、第1文に「モスクワでは特に深刻」とあるのに反する。**4**は冬の寒さを貧困の理由としている点が本文にはない内容で不適。

(2) 正解：**3**

選択肢の訳

1 たとえば   **2** かたや

3 こうした理由から   **4** 平均して

解説 第2段落第2文（In the public ...）から第4文（In 2019, ...）では、ホームレスに対する人々の否定的な感情について述べている。次に空所(2)で始まる第5文では、ホームレスの保護施設が居住区や商業地区から離れた場所に設置される傾向があると述べている。したがって、第2文から第4文までで述べている否定的な感情が「原因」で、保護施設が隔離される傾向があるという「結果」に至っている、という因果関係が読み取れるので、**3**「For this reason（こうした理由から）」が正解だ。

(3) 正解：**3**

選択肢の訳

1 専門家の助言に従っている

2 高齢者を助けようとしている

3 人々を見えないところに移動させている

4 過去の年のデータを使っている

解説 空所(3)には、第3段落第2文（Social workers patrol ...）と第3文（However, many of them ...）のやりとりを踏まえたホームレスの主張が入る。ソーシャルワーカーがホームレスの人々を遠く離れた保護施設に車で送ると申し出ているのに対し、ホームレ

スの人々はなじみのある市街地にとどまりたがっている。つまりホームレスの人々は、遠く離れた保護施設に移送されることに抵抗していると考えられるので、ここでのホームレスの主張としては、政府は **3**「人々を見えないところに移動させている」という内容が適切だ。

カリスマ講師の目

空所(1)では選択肢2や3も正解として「もっともらしく」見えるかもしれません。ところが、解説でも触れた通り、第1段落で焦点が当たっているのはモスクワだけなので、2や3は正解になりません。本文の文脈を丁寧に踏まえて、こうした「もっともらしいけれども本文の内容に無関係な選択肢」を排除していきましょう。

Vocab.

本文
- □ temperature「気温」
- □ thermometer「温度計」
- □ below zero「氷点下」
- □ used to *do*「以前は〜していた」
- □ criminal offense「犯罪行為」
- □ commit「（犯罪など）を犯す」
- □ residential「居住の」
- □ frequently「頻繁に」
- □ object「反対する」
- □ deed「行為」
- □ uncomfortable「不快な」
- □ outskirts「郊外」★通例複数形
- □ distant「遠い」

選択肢
- □ challenge「課題、難問」
- □ authorities「当局」★通例複数形
- □ urban「都市の」
- □ out of sight「見えない所に」
- □ previous「前の」

124

医療・健康

MP3 → 007　　　　別冊・問題 → P.084

私たちはなぜマスクをするのか?

　2020年のコロナウイルスの大流行の最中、世界は長年続くアジアの伝統に目覚めた。公共の場所において自分自身と他人を守るために、多くの西洋人たちが初めてマスクをつけたのである。しかし、東洋の人々は、1世紀以上も前からフェイスマスクの利点を理解してきた。1918年にスペイン風邪が流行したとき、日本人は日常的に外科手術用マスクをつけはじめた。マスクは着用している者を病気から守るのにあまり効果的ではないが、鼻や口から出る細菌によって病気を拡散するリスクを軽減する。

　20世紀において、日本人には、フェイスマスクを着用し続けるもっともな理由がたくさんあった。1923年の関東大震災のあと、大気の質が劣悪だったり、1934年に別のインフルエンザの流行がこの国を襲ったり、1950年代の急速な工業化が都市部の汚染を拡大した。21世紀には、2002年のSARSの大流行や2006年のいわゆる「鳥インフルエンザ」が原因で、アジアの他の国々は引き続き出掛けるときに同じ予防策をとることになった。今日、バンコクから北京に至るまで、通りや電車で顔をむき出しにしている人々は少数派である。

　文化の専門家らの一部は、アジアの人々が他の地域の人々よりもマスクを着用するのが早かったのは、空気と人間の健康に対する伝統的な考え方のためだとしている。たとえば中国の医学では、前向きな「気」(体内のエネルギー)の維持は、容易に呼吸できることが前提となる。同様に、「風」(清浄ではない風)を吸い込むことは、よくある死因だと見なされている。これらの考え方を考慮に入れると、マスクの着用は完全に理にかなっている。しかし、マスクには見過ごすことのできない現代的な利点もある。ヘッドフォンと組み合わせると、混み合った都市で見つけるのが難しいほどのプライバシーをもたらすのである。

要約

第1段落：2020年のコロナ禍で西洋人の多くは初めてマスクを公共の場で着用したが、それは東洋では1世紀前からしてきたことである。

第2段落：日本では20世紀から21世紀にかけてマスクを着用するきっかけとなる出来事が重なり、それ以外のアジアの国々でも病気の流行が原因で多くの人がマスクを着用している。

第3段落：アジア人のマスク着用には伝統的な考え方が反映されていると指摘する者がいる一方で、プライバシーの確保という現代的な理由もある。

(4) 正解：**3** ★

選択肢の訳

1 人々に室内にいるように求める法律が作られた

2 ヨーロッパの人々は世界の他の国々に対する模範を示した

3 世界は長年続くアジアの伝統に目覚めた

4 すべての大陸はフェイスマスクの不足を経験した

解説 第1段落第2文（To protect themselves ...）では、2020年のコロナ禍で西洋人の多くが公共の場で初めてマスクを着用したと述べているが、次の第3文（However, people from ...）では、それは東洋では1世紀前からしてきたことだと述べている。つまり、東洋では従来からしてきたことを、コロナ禍をきっかけ西洋人もするようになったということである。こうした内容に最も合う **3**「世界は長年続くアジアの伝統に目覚めた」が正解だ。**1** と **4** は第2文以降の内容とつながらないので不適。また第3文（However, people from ...）にあるように、ヨーロッパ人だけがマスクを着用したわけではないので **2** も不適である。

(5) 正解：**3** ★

選択肢の訳

1 国内や海外への旅行に対して厳しい規制を課す

2 アメリカの科学者たちによる証拠をついに受け入れる

3 出掛けるときに同じ予防策をとる

4 自国の医療制度に対して遅ればせながらの改善を行った

解説 第2段落第1文で、20世紀において「日本人は、フェイスマスクを着用し続けるもっともな理由がたくさんあった」と述べて、続く第2文（After the Kanto ...）では20世紀の事例を述べている。次の第3文（In the twenty-first ...）で挙がっているSARSやbird fluは、21世紀の「フェイスマスクを着用し続けるもっともな理由」となる事例と考えられるので、空所(5)には「（20世紀に引き続き）フェイスマスクを着用する」という内容が入ると考えられる。よって正解は **3**「出掛けるときに同じ予防策をとる（＝マスクを着用する）」であり、**3** は次の文（Today, from Bangkok ...）の「今日、…顔をむき出しにしている人々は少数派」という内容にも自然につながる。他の選択肢はマスクの着用に触れていないので不適。

(6) 正解：**2**

選択肢の訳

1 それにもかかわらず

2 たとえば

3 したがって

4 対照的に

解説 第3段落第1文で「アジアの人々が他地域の人々よりもマスクの着用が早かったのは、空気や人間の健康に対する伝統的な考え方のためだ」という専門家の考えを紹介して

いる。このような「アジアの人々の伝統的な考え方」の具体的な例として、空所(6)を含む第2文（In Chinese medicine, ...）では中国の医学の考えを、続く第3文（Similarly, inhaling ...）では中国の「風」（清浄でない風）に対する考えを挙げていると考えられる。したがって、具体例を提示する際に用いる **2**「for instance（たとえば）」が正解だ。

カリスマ講師の目

SARS、bird flu、*qi*、*feng* などの見慣れない用語に振り回されず、落ち着いて解答できたでしょうか。このような用語が「何を説明するための具体例か」さえ把握できれば、きちんと正解を選ぶことができます。

Vocab.

本文

- [ ] coronavirus「コロナウイルス」
- [ ] outbreak「大流行」
- [ ] put on「〜を身に着ける」
- [ ] Spanish flu「スペイン風邪」★1918年に発生したインフルエンザ
- [ ] emerge「発生する」
- [ ] surgical「外科の」
- [ ] via「〜を経由して」
- [ ] germ「細菌」
- [ ] epidemic「伝染病、まん延」
- [ ] rapid「急速な」
- [ ] SARS「重症急性呼吸器症候群」★severe acute respiratory syndrome の略
- [ ] so-called「いわゆる」
- [ ] bare「裸の」
- [ ] inhale「〜を吸い込む」
- [ ] take ... into account「…を考慮に入れる」
- [ ] make sense「意味をなす」
- [ ] advantage「利点」
- [ ] combine「〜を組み合わせる」
- [ ] a degree of「ある程度の」

選択肢

- [ ] precaution「予防策」
- [ ] overdue「期日を過ぎた」

歴史・文化

MP3 → 008　　別冊・問題 → P.086

完全菜食主義

　「菜食主義者」という言葉は1830年代から使われており、健康上の理由やその他の理由から肉を含まない食事を好む人を指す。19世紀にベジタリアン運動がヨーロッパやアメリカ合衆国の全域に広まると、まもなく運動は厳格な一派と穏健な一派に分かれた。ベジタリアン協会は、1847年に英国で設立されたものだが、後者の派閥に属していると宣言した。つまり、協会の会員は乳製品や卵や魚を摂取し、肉食だけは避けるという意味である。

　それにもかかわらず、協会には設立当初でさえも厳格な菜食を支持する者もいたと思われる。というのも、協会はバターやミルクや卵を使用しない料理に関する多数の出版物や、皮革の代わりとなるものを宣伝する出版物を刊行していたからである。それでも、厳格で乳製品も摂取しない菜食主義は、多くの人にとっては現実的ではなかった。肉を食べないという選択肢がほとんどなかった当時にあって、非動物性食品を摂るだけでは社交行事に参加させてもらえないのではないかと、人々は恐れていた。両派閥による議論は次第に熱を帯び、1944年、急進的な側の集団がついにベジタリアン協会から独立した。この動きを指揮したのはドナルド・ワトソンであり、「ビーガン（完全菜食主義者）」という言葉を作った人物でもある。同年、ビーガン協会が発足した。

　ビーガン協会は生活上のあらゆる場面で、動物由来の栄養の摂取だけでなく、動物性食品の製品の使用も拒否した。同協会は1951年に、完全菜食主義とは、いかなる方法でも動物を利用することなく生きなければならないという信条であると定義した。完全菜食主義は従来とは異なる生き方として始まったのだが、2010年代までには世界的な主流になった。完全菜食主義者の中には、道徳的な根拠に基づいて完全菜食主義者になっている者もおり、動物にも人間と同様の感情があるのだから、動物を傷つけるのは道徳的に誤っていると述べている。また、工業型の農業は環境に悪いと考えて動物性食品を買わない者もいる。工場、店、そしてレストランは、おそらくはすっかり定着しているトレンドの需要を満たすため、今では肉に代わる植物由来の代替品や、乳成分を含まないミルクといったような、完全菜食主義者が選べるものをますます提供するようになっている。

要約

第1段落：菜食主義運動は19世紀の時点で厳格な一派と穏健な一派に分かれており、英国のベジタリアン協会は後者に属すると宣言した。

第2段落：同協会には設立当初から両派が混在していたが、1944年に急進的な集団が独

立し、同年に完全菜食主義であるビーガン協会が設立された。

第3段落：動物由来のあらゆる製品を拒否する完全菜食主義は、道徳的な理由や環境に対する配慮などから、2010年代までに世界中に信奉者を増やしている。

(7) 正解：**2**

設問と選択肢の訳

本文の筆者によると、19世紀の菜食主義運動は

1 英国で最も痛感された乳製品の欠乏が原因で始まった。

2 動物由来の製品の使用に関する見解の相違から、2つに分かれた運動が特徴であった。

3 菜食主義のあらゆる分派の人員を結集する組織が発足するほど広まった。

4 アメリカ合衆国で最も流行したのは、そこでは非伝統的な食品に対して寛容だったからである。

解説 第1段落第2文（As the vegetarian ...）に、運動が「厳格な」立場と「穏健な」立場に分かれたとある。さらに第3文（The Vegetarian Society, ...）では、後者の立場をとるベジタリアン協会が「乳製品や卵や魚を摂取し、肉食だけは避ける」と宣言したと述べていることから、この2つの立場は「何を食べるか」に対する姿勢という点で異なることが分かる。この点を、differing views on using animal products（動物由来の製品の使用に関する見解の相違）のように漠然と言い換えている **2** が正解だ。なお、19世紀の時点で2つの立場に分かれているので、**3** の「あらゆる分派の人員を結集する」は不適である。

(8) 正解：**1**

設問と選択肢の訳

ドナルド・ワトソンについて分かることは何か？

1 彼は、乳製品を含む動物性食品の製品を摂ることに反対する人を含んだ社会運動に名前をつけた。

2 彼は、ある種の健康上の問題を抱える人にとっては有効ではないという理由で、菜食主義に反対した。

3 彼は、動物由来のあらゆる種類の製品を、植物由来の代替品に取り替えることを促す複数の記事を発表した。

4 彼は、厳格な完全菜食主義の生活は現実的ではなく、社交行事の場では緩和させなければならないと主張した。

解説 第2段落第1文には、ベジタリアン協会には卵や乳製品や革製品も認めない「厳格な（stricter）」派閥があったと書いてある。この「厳格な」派閥を、第2段落第4文（The debates between ...）には「より急進的な（more radical）」派閥と言い換えて、これが分離したとある。次の第5文（This movement was ...）で、この分離した急進派を先導したのがドナルド・ワトソンであることと、彼がVegan（完全菜食主義）という語を作ったこ

とが分かる。以上から、ドナルド・ワトソンの派閥は乳製品の摂取に反対しており、かつ、彼が「ビーガン協会」の名付け親であることも分かる。以上の２点に触れた **1** が正解だ。第２段落第１文に、協会の出版物についての記述があるが、ドナルド・ワトソンによるものとは断定できないので **3** は不適である

(9) 正解：**4**

設問と選択肢の訳

本文の筆者によると、現代人が完全菜食主義を選ぶ理由の一つは何か？

1 完全菜食主義の食事や製品の値段が下がっているので、多くの貧しい人がそうした食事や製品を入手しやすくなっていると感じている。

2 農家が家畜を十分に配慮して世話をしていないことに、国内当局の多くが気づいた。

3 食事に乳製品や卵を含むよりも、あらゆる動物性食品を避ける方が健康にとって有益であることが証明されている。

4 ますます多くの人が、大規模な動物の搾取が地球上の生態系に対して及ぼす影響を心配している。

解説 完全菜食主義者の立場として、第３段落第４文（Some vegans base ...）では「動物を傷つけることを道徳的に否定する立場」を、第５文（Others think that ...）では「工業型農業は環境に悪い」という立場を紹介している。この後者の立場を言い換えている **4** が正解だ。本文のindustrial farmingを、**4** ではlarge-scale animal exploitation（大規模な動物の搾取）のように漠然と述べていることに注意。**2**「家畜の世話」や **3**「健康」に配慮する立場は本文にはないので不適。

カリスマ講師の目

本問のポイントは「対立項」の整理です。「何を食べるか」を巡る２つの派閥のうち、「急進的な」派閥が分離独立、の流れを把握します。どちらの項がどう動くか、整理しながら通読しましょう。

Vocab.

本文

- □ veganism「完全菜食主義」
- □ diet「（栄養面に着目した日常の）食事」
- □ branch「（枝分かれした）分派」
- □ dairy product /dé(ə)ri/「乳製品」
- □ refrain from *doing*「～するのを避ける」
- □ alternative「代替品」
- □ leather「革製品」
- □ be launched「（組織が）立ち上げられる」
- □ animal product「動物由来の製品、動物性食品」

- □ nutrition「栄養」
- □ base A on B「A（意見）の基礎をB（根拠）に置く」
- □ ground「根拠」
- □ substitute「代用品」
- □ be here to stay「（すっかり）定着している」

選択肢

- □ on account of「（ある理由）のために」
- □ affordable「（値段が手ごろで）購入しやすい」
- □ national authority「国内当局」
- □ ecosystem「生態系」

自然・環境

シベリアと地球温暖化

　地球温暖化は、この時代で最も喫緊の課題の一つであり続けている。工場や車などの発生源から排出される二酸化炭素の量が増え、その主な影響の一つとして地球の気温が上昇している。アメリカ航空宇宙局（NASA）は、人間の経済活動の影響で、地球の気温は10年間で約0.2℃上昇していると推定している。これは北極と南極の氷冠の一部をゆっくりと溶かし、極度の暑さで作物や野生動物がダメージを受け、世界の一部の地域では人間の生活が困難になるという影響をもたらしている。

　だが、この温暖化により、アジアロシア（ロシア北東部にある一般的にシベリアと呼ばれる地域）など、新たに開発できるようになる地域がある。シベリアの現在の気候は亜北極帯で、年間平均気温が−5℃、冬の気温は−25℃まで急激に低下することも多い。この地域は、樹木や作物の成長を妨げる永久凍土（年間を通じて凍ったままの地面）で覆われている。しかし、世界の気温が上昇すれば、これがすべて変わる可能性がある。

　ロシア科学アカデミーの研究者エレナ・パルフェノワは、2080年代までにシベリアの冬の気温が9.1℃にまで上昇し、広範囲の永久凍土が溶けるという予測モデルを発表した。これにより、人間の居住はさらに持続可能なものとなり、農家はマメ類や米、一部の種類のブドウさえも栽培できるようになる。すでにこの地域では、天然ガス、ダイヤモンド、石炭資源を採掘できるが、気温が上昇すればこれが大きく拡大し、こうした資源の採取がより容易になる。概して、地球温暖化によって、シベリア（カナダ北部などその他の亜北極帯地域も）がエネルギーと農耕の盛んな拠点かつ新たな人口集中区域となる可能性がある。このことは、人口の多い熱帯地域の一部での人々の暮らしが非現実的なものとなったときに、実際、きわめて重要な意味を持つ。

　しかし、科学者らは、気候モデルがシベリアにとってのある程度のリスクも予測していると警告している。永久凍土が溶けると、大量のメタンガスが放出される。このガスが地球温暖化を加速する可能性がある。さらに、永久凍土の急速な溶解と予見される降水量の増加は、シベリアのほとんどを沼沢地に変える可能性がある。こうした状況においては、シベリアの資源の入手はさらに難しくなり、人間の定住もまたひょっとすると不可能となるかもしれない。

要約

第1段落：地球温暖化の影響で極地の氷が溶けたり、農業や人間の生活に支障をきたした

りすることが予測されている。

第2段落：一方でシベリアでは、温暖化の影響で永久凍土が溶けて、樹木や作物が育つよ
うになる可能性がある。

第3段落：シベリアでの人間の居住が進んだり、作物の栽培や資源の採掘が進んだりする
可能性がある。

第4段落：しかし、メタンガスが発生して温暖化を加速したり、資源の利用や人間の居住
を不可能にする湿地が広がるなどのリスクも予測されている。

(10) 正解：**1**

設問と選択肢の訳

地球温暖化がもたらす課題の一つは何か？

1 世界中で平均気温が大幅に上昇することによる農業へのダメージ。

2 地球の最北部で開発されている都市中心部への害。

3 天然ガスなどのエネルギー資源を産出する主要経済大国にとっての損失。

4 採掘された製品を最も必要とする世界中の地域へ配送するのが遅くなること。

解説 温暖化がもたらす課題は、第1段落に挙がっている。このうち、第4文（This has
the ...）の「極度の暑さで作物が…ダメージを受け」ているという内容に一致する **1** が正
解だ。本文のcrops（作物）を、**1** ではagriculture（農業）のように漠然と言い換えてい
る。第1段落最終文では「世界の一部の地域」への害に言及しているが、「都市中心部」に
ついては言及がないので **2** は不適である。

(11) 正解：**4**

設問と選択肢の訳

本文の筆者によると、シベリアに人間が定住するにあたって起こる可能性のあることとは
何か？

1 アジアロシアの一部地域に連れてこられる外国人の工場労働者に、より依存することに
なるかもしれない。

2 大事な沼沢地にダメージを与え得る、時代遅れの施設を閉鎖しはじめるだろう。

3 熟練労働者を必要とするいくつかの熱帯の国の一部地域に移転させられるかもしれな
い。

4 将来予想される特定の気候条件の下で拡大するかもしれない。

解説 シベリアでの人の居住に関する予測を述べているのは、第3段落である。その中で、
第2文（this would make ...）と第4文（Overall, global warming ...）で、それぞれ「人
間の居住はさらに持続可能になる」、「地球温暖化によって、シベリアが…新たな人口集中
区域となる可能性がある」と述べていることから、シベリアの居住者が増えることを予測
していることが分かるので、**4** が正解。温暖化がもたらす気候条件の変化を、**4** ではunder

certain climatic conditionsのように漠然と言い換えている。**1**は「連れてこられる外国人の工場労働者」が本文にはない内容で不適である。

(12) 正解：**1**

設問と選択肢の訳

本文の筆者によると、シベリアが地球の気候に影響を与える理由の一つとは何か？

1 この地域から放出される化学物質の蒸気が世界中の気温をさらに変化させる可能性がある。

2 人間の定住の突然の増加がエネルギー消費の増加をさらに加速させるだろう。

3 集中的な農耕は樹木の損失と二酸化炭素排出量の増加につながる可能性がある。

4 氷の層の減少により、河川の温度が上昇する可能性がある。

解説 シベリアが地球の気候に及ぼす影響については、第4段落で述べている。その中で、第2文（As the permafrost ...）と第3文（This gas could ...）ではメタンガスが地球温暖化の傾向を加速させると述べている。この内容に一致する**1**が正解だ。本文中のmethane gas（メタンガス）を**1**ではchemical vapor（化学物質の蒸気）のように漠然と言い換えていることに注意。

カリスマ講師の目

400 wordsの問題では、3段落構成の文章が大半ですが、本問のように4段落構成の文章も出題されています。段落数と設問数は一致していませんが、段落ごとに要約する習慣が身についていれば、設問を解く際に参照すべき段落を速やかに決定することができるはずです。要約力を鍛えましょう。

Vocab.

本文

☐ **urgent**「緊迫の、切迫した」

☐ **issue**「問題」

☐ **carbon emissions**「炭素排出量」

☐ **primary**「主要な」

☐ **C**「セ氏度」

　　★Celsiusの略で、温度および温度差の国際単位

☐ **polar**「北極または南極の」

☐ **ice cap**「氷冠、氷帽」

　　★陸地を覆う5万km²未満の氷河の塊のこと

☐ **excessive**「過度な」

☐ **subarctic**「亜北極の」

☐ **plunge**「急落する」

☐ **permafrost**「永久凍土層」

☐ **remain**「～のままである」

☐ **predict**「～を予測する」

☐ **habitation**「居住地」

☐ **sustainable**「持続可能な」

☐ **exploitation**「開拓」

☐ **extraction**「採取」

☐ **population center**「人口集中地域」

☐ **agricultural**「農業に関する」

☐ **crucial**「重要な、命運を左右する」

☐ **tropical area**「熱帯地域」

☐ **caution**「～だと警告する」

☐ **methane gas**「メタンガス」

□ accelerate「〜を加速させる」
□ rapid「急速な」
□ probable「起こりそうな」
□ precipitation「降水量」
□ swamp「沼地、湿地」
□ settlement「移住、植民」
設問・選択肢
□ urban「都会の」
□ northernmost「最北端の」
□ shipment「発送、出荷」

□ mine「（鉱物）を採掘する、掘り出す」
□ industrial worker「工場労働者」
□ bring into「〜に連れてくる」
□ outdated「時代遅れの、廃れた」
□ facility「施設」
□ relocate「〜を移転させる」
□ anticipate「〜を予想する」
□ promote「〜を促進する」
□ consumption「消費」
□ reduction「減少」

社会・政治・ビジネス

MP3 → 010　　　別冊・問題 → P.090

女性と結婚

　その証拠を示す数え切れないくらいの研究のおかげで、結婚には否定し難い精神的利点があると幅広く認識されている。独身や離婚者、あるいは同棲している人々に比べて、結婚しているカップルは感情的・精神的幸福度が高いことを研究が示している。これは、精神的苦痛に苦しむことが少なく、ストレスホルモンの分泌が少ないことを意味する。また、うつになる傾向も少ない。さらに、既婚者は寿命が長く、心臓発作が少なく、がんや大きな手術から生還する可能性が高い。ほぼあらゆるフィールド調査において、独身者よりも多くの既婚者が自分は幸せだと回答している。

　興味深いことに、21世紀への変わり目まで、結婚とメンタルヘルスの相関関係に関する研究のほとんどは、女性よりも男性のほうが、精神的な健康についてより多くの恩恵を結婚から得ていることを立証していた。女性は家庭の主な稼ぎ手としての夫に大きく頼り、家庭内の仕事に縛られていたので、このいわゆる「ジェンダーロール仮説」は一般的に正しいと認識されていた。しかし、ここ数十年、現代の家庭においては夫婦ともに雇用されている場合が多く、男性と女性の役割がはるかに平等になっていると指摘する研究者らによって、この仮説は次第に疑問視されるようになってきた。それでは一体なぜ、離婚の3分の2が、女性から言い出したものなのだろうか？

　忘れてはならないのは、結婚のもともとの目的とは、女性を男性に縛りつけて、子どもが男性の生物学的、法律的な跡取りだと保障することだったということである。女性にとって、結婚は家やお金、身の上の保護、または世間体を意味していた。既婚者は独身者に比べて経済的困難が比較的少ないことは未だに事実であるが、今日の女性は、わずか40年前に比べればずっとよい条件で自立することが可能となった。女性は大学に行き、会社や政府や科学の世界での上級職を含め、過去数世紀の女性たちが想像もできなかったような仕事に就いている。彼女たちは、経済的に依存することがはるかに少ないので、不幸であれば結婚を打ち切る傾向が強い。

　しかし、これはより多くの女性が離婚を申し立てるようになったのはなぜかを説明するのみで、約2倍の数の離婚手続きが女性によって開始されるという事実の説明にはなっていない。その答えは、期待の不一致にあると、多くの専門家は述べる。特に先進経済国における男性はしばしば、長期的な一夫一妻の関係を築くことにためらいがあるように見え、結婚が彼らの個人的な自由の妨げになり得ることを恐れている。彼らが実際に結婚すると、感情的な支えや妻が家事や子育ての負担を背負う快適な家庭を期待する。さらに、夫による「浮気」を看過する古い習慣――妻の場合は話が違う――に従って、自分の側の不倫を

真剣に捉えない男性もいるかもしれない。総じて、男性の結婚に対する今日の期待は、おおよそ、従来通りである。他方、女性は今では、かなり異なった目標をもって結婚し、望ましい伝統的な（結婚の）特徴すべてを享受することを期待するが、子育てや家事を一手に引き受けることは望まない。さらに、彼女らが求めるのは、成功した稼ぎ手であるのみならず、浮気せず信頼でき、思いやりと知性があり、子どもに対しても素晴らしい夫である。要するに、彼女たちの期待は、従来の結婚のモデルを超越することが多い。彼女らが失望したときには、夫婦の絆を絶つしか選択肢がないと感じるのだ。

要約

第1段落：結婚には心理面でも健康面でも利点があるということが、研究で明らかになっている。

第2段落：最近まで、女性よりも男性の方が結婚の心理的な利点を享受しているとされていたが、女性の雇用機会の増加に伴い、この見方は疑問視されている。

第3段落：近年、女性の社会進出が進み、夫に対する経済面での依存度が低下していることから、不満を感じる結婚生活を女性が解消する可能性が高まっている。

第4段落：従来の結婚観を持ち続ける男性に対し、従来の結婚観を上回る期待を抱く女性は、その期待が叶わないと感じる場合に離婚を選ぶ傾向がある。

(13) 正解：**3**

設問と選択肢の訳

本文の筆者によると、複数の研究が ------- ということを示している。

1 精神的な状態を問われた際、結婚している人々は、幸せではないときでさえも幸せだと答える傾向が比較的強い

2 人々の全体的なメンタルヘルスの状態は、長期的なパートナーと離婚し、悩みの少ない独身生活に戻ったあとで改善する

3 結婚関係を築いていない人々は、既婚者が享受しているのと同じような心理的利点を享受しない

4 ストレスホルモンの分泌は、独身の人々において増加しており、このことはこの集団におけるうつの主な原因である

〔解説〕 第1段落第2文（Research has shown ...）で「独身や離婚者、あるいは同棲している人々に比べて、結婚しているカップルは感情的・精神的幸福度が高い」という研究結果を引用している。この結果を「結婚関係を築いていない人々は、既婚者が享受しているのと同じような心理的利点を享受しない」のように、結婚していない人々の立場から言い換えている **3** が正解だ。**3** では married couples を spouses と言い換えている。**1** の「幸

せでないときでさえも幸せだと答える」、**4** の「ストレスホルモンの分泌は、独身の人々において増加」は本文にはない内容で不適。

(14) 正解：**2** ★

設問と選択肢の訳

ジェンダーロール仮説に関して何が分かるか？

1 この概念は、女性が家族の中での不平等に抵抗しはじめたあと、21世紀に生まれた。

2 今では男性と女性の従来的な役割が劇的に変化し、多くの科学者はこれを不正確なものだとみなしている。

3 その人気はとても幅広く、それは女性が主導する離婚の件数の増加の直接的な原因だと見られることが多い。

4 現代の家庭では夫婦ともに同じく雇用されているにもかかわらず、なぜ男性が未だに主な稼ぎ手とみなされているかを説明している。

解説 第2段落第3文（However, in recent ...）では、夫婦ともに雇用されて男女の役割が平等になったことを受けて、ジェンダーロール仮説を疑問視する研究者が増えたと述べている。この内容に一致する **2** が正解だ。**2** では男女の役割が平等になったことを the traditional roles of men and women have changed dramatically（男女の従来的な役割が劇的に変化している）のように漠然と述べている。本文では「ジェンダーロール仮説の人気」と「離婚件数」との相関関係には言及していないので **3** は不適。**4** はジェンダーロール仮説が「なぜ男性が未だに主な稼ぎ手だとみなされているかを説明している」とする点が本文にはない内容で不適。

(15) 正解：**4**

設問と選択肢の訳

本文の筆者によると、ここ数十年で既婚女性の立場は ------- という点が変化した。

1 彼女たちの大多数は、夫から経済的に自由になるために専門的なキャリアを追求する

2 家計の支払いに貢献することを期待されるので、彼女たちの結婚後の立場は、かつてほどの経済的安定を保証しない

3 彼女たちは、雇用を見つけ、単独で使える収入を得ることを夫から勧められる

4 自分一人でも経済的に安定しているので、幸せでなければ婚姻関係を続けない可能性がある

解説 第3段落第5文（They are much ...）に「（女性たちは）経済的に依存することがはるかに少ないので、不幸であれば結婚を打ち切る傾向が強い」とあり、この内容を言い換えている **4** が正解だ。本文の much less economically dependent という否定的表現を、**4** では economically secure even on their own（自分一人でも経済的に安定している）のように肯定的表現で言い換えている。**1** は女性がキャリアを追究する目的を「夫から経済的に自由になるため」としている点が本文に一致しない。

(16) 正解：1

設問と選択肢の訳

離婚を主導するのが男性よりも女性のほうが多いことについて、一部の専門家たちはどう言っているか？

1 **結婚について男性が従来の見解を見解を持っているのに対し、女性は今では、夫として選んだ人により多くのことを期待するようになっている。**

2 結婚する前に未来の夫と自分が期待していることを共有し損ねるので、女性には不幸せな結婚に対する責任がある。

3 男性は生まれつき、基本的に一夫一妻だという事実があるため、結婚したときに女性よりもはるかに満足する。

4 女性たちは結婚生活がもたらす感情的な困難への準備ができていないため、結婚すると、あらゆる問題を夫のせいにする。

> **解説** 第4段落第2文（Many experts say ...）で、女性が離婚を主導する理由は「期待の不一致にある」とする専門家の見解を紹介し、続く第3文（Men — particularly ...）以降でその「不一致」を具体的に説明している。そこでは男性が「従来の結婚観を抱いている」のに対し、女性が「従来の結婚観を上回る期待を抱いている」と述べている。この従来の結婚観を巡る男女の相違に触れている選択肢は **1** だけであり、これが正解だ。**2** は結婚「前」の期待、**4** は結婚「前」の心の準備に言及している点が不適である。

カリスマ講師の目

本問の内容について、色々な意見を抱くかもしれません。自分の意見を持つことは大事なことですが、問題に解答する際には、余計な主観を挟んではいけません。必ず本文に書かれていることだけを根拠に、選択肢の正誤判断を行います。本問のような、比較的身近な話題を扱う文章では、特に注意です。

Vocab.

本文

- □ countless「数え切れないほどの」
- □ divorced「離婚した」
- □ cohabit「（結婚せずに）同棲する」
- □ distress「極度の不安」
- □ inclined to *do*「～する傾向がある」
- □ derive「～を得る」
- □ breadwinner「大黒柱」
- □ confine「～を閉じ込める」
- □ hypothesis「仮説」

- □ spouse「配偶者」
- □ initiate「～を始める」
- □ guarantee「～を確実にする」
- □ heir /er/「跡継ぎ」
- □ respectability「世間体」
- □ hesitant to *do*「～することをためらう」
- □ monogamous「一夫一妻制の」
- □ hindrance「障害物」
- □ child-rearing「子育て」

模試

TEST 3 の解答・解説

自然・環境

MP3 → 011　　　　別冊・問題 → P.094

アフリカゾウの驚異的聴覚

　アフリカゾウは生きていくために1日に90キロ以上の食料をとる必要がある。アフリカの乾季には、これは簡単にできることではない。幸い、ゾウには思いのままにできる強力な手段がある。優れた聴覚だ。集団で動くことで、ゾウの一家は食べ物を探して数キロ以上先まで散らばり、一家が食料源を発見すると、親類に伝える。当然、一家が分散できる距離が遠ければ遠いほど（食べ物を見つける）可能性がさらに高まり、類まれな聴覚のおかげで、ゾウはお互いに最大5キロ離れて連絡を取り合うことができる。

　しかし、雨季にはゾウはエサを食べる習性を変える。雨が降ると、ゾウは雨に向かって数百キロ移動する。ゾウがこうするのは、そうした場所には食べ物がはるかに豊富にあるからだ。2014年にマイケル・ガースタングと彼の同僚たちは、この移動について特異なことに気づいた。ゾウは互いに遠く離れていて、互いの姿が見えていないにもかかわらず、一斉に行動を変え、雨に向かって直進していたのだった。

　ガースタングは、ゾウが行動を変えるべきタイミングをどうやって分かるのかを知りたいと思った。彼はアフリカのナミビアで何頭ものゾウにGPS追跡装置を装着して実験をした。雨が降ったとき、科学者たちは、嵐が100キロ以上離れていたというのに、ほぼすべてのゾウが同時に嵐に向かって歩き始め、互いから等距離にいるのを目にした。ガースタングによると、ゾウの強力な聴覚はゾウたちの行動の変化を説明している。もし彼の理論が正しければ、ゾウの最も優れた強みは、大きさではなく聴覚かもしれない。

要約

第1段落：ゾウは強力な聴覚を用いて、互いに連絡を取りながら遠くまで分散して食べ物を探すことができる。

第2段落：雨季には雨が降ると、互いに離れた場所にいるゾウが一斉に雨の方向に歩き出すことが確認されている。

第3段落：強力な聴覚を用いて遠く離れた個体同士が連絡を取り合えることは、ゾウの大きな強みと言えそうだ。

(1) 正解：**3**

選択肢の訳

1 つながりはさらに強くなる

2 理解がさらに深まる

3 可能性がさらに高まる

4 情報伝達がさらに明確になる

解説 ▶ 第1段落第4文（By working as ...）に、「ゾウの一家は食べ物を探して数キロ以上先まで広がる」とある。次の第5文はNaturally（当然）で始まっているので、この「ゾウの一家は食べ物を探して数キロ以上先まで広がっていく」という状況の中で当然言えることが記されていると考えられる。したがって、「一家が分散できる距離が遠ければ遠いほど」に続く内容としては、**3**「（食べ物を見つける）可能性がさらに高まる」が適切だ。

(2) 正解：**2**

選択肢の訳

1 〜なしで

2 〜にもかかわらず

3 〜の中で

4 〜を除いて

解説 ▶ 空所(2)で始まる第2段落第5文の前半には「ゾウは互いに遠く離れていて、互いの姿が見えていない」とあり、後半には「同時に行動を一斉に変え、雨に向かって直進していたのだった」とある。つまり、互いに姿が見えていないのに、一斉に行動を変えたのである。したがって、前半と後半をつなぐ語としては、「逆接」を表す**2**「Despite（〜にもかかわらず）」が最も適切だ。

(3) 正解：**4**

選択肢の訳

1 彼が当初考えていたよりも限定されていた

2 そのエリアにいる他のすべての動物たちよりも優れていた

3 ゾウたちが複雑な言語を持てるようにする

4 ゾウたちの行動の変化を説明している

解説 ▶ 第3段落第1文から第3文（When rains fell, ...）にはガースタングが行った実験の内容が記されており、そこには「雨が降ると、ほぼすべてのゾウが同時に嵐に向かって歩きはじめた」とある。次の空所(3)を含む第3段落第4文（According to Garstang, ...）には、その実験に基づくガースタングの主張が記されている。実験の内容はゾウの行動に関するものなので、それに基づく主張としては、**4**「ゾウたちの行動の変化を説明している」が適切だ。ガースタングの実験ではゾウと他の動物との比較は行われていないので、**2**は不適である。

空所(1)の解答に迷った人は、隣接する文同士のつながりが見えていなかった可能性があります。通読の際は段落全体の（抽象→具体などの）流れを意識する一方で、一文一文のつながりをきちんと追うことも忘れないでください。

Vocab.

本文

☐ fortunately「幸いにも」
☐ at *someone*'s disposal「〈人〉の思いのままになる」
☐ excellent「優れた」
☐ hearing「聴覚」
☐ in search of「～を探し求めて」
☐ exceptional「並外れた」
☐ a maximum of「最大～」
☐ plentiful「豊富な」
☐ observe「～ということに気がつく、を観察する」
☐ peculiar「妙な、特有な」
☐ migration「移動」
☐ GPS tracker「GPS追跡装置」

選択肢

☐ outperform「～より能力が優れている」

教育・心理

MP3 → 012　　　別冊・問題 → P.096

モンテッソーリ・メソッド

　今日の多くの学校では、「子ども中心の教育」が実践されている。こうした教育では、学習の原動力は生徒のニーズと関心である。これは現代的な考え方だと思われていて、それは——少なくとも、子どもたちがただ黒板をノートに写して、教師の言うことを繰り返すだけだった1950年代の教室に比べれば——現代的である。しかし、子ども中心の教育はモンテッソーリ・メソッドという形で1世紀ほど前から存在する。これは、マリア・モンテッソーリという名のイタリアの医師によって開発された。モンテッソーリは、幼い子どもたちの観察に何年も費やし、自由を多く与えられるほど子どもたちはよく学ぶと考えた。さらに、教育を通して子どもたちの読み書きや計算の能力や、情報を覚える能力だけでなく、子どもの人格全体を発達させることが重要であると考えた。

　現在、世界に約2万校あるモンテッソーリ教育の学校では、生徒たちは自分が取り組む課題を選び、成績を付けられることはない。この自由はよい結果をもたらす。子どもたちは、自分自身の学校の時間割りを組むと、常に積極的に取り組むようになる。成績表でAをとらねばというプレッシャーがなく、子どもたちは一連の間違いを通じて理解を深められるのだ。

　予想できる通り、従来のシステムで訓練された教師たちはこのやり方を批判してきた。彼らは、モンテッソーリ教育の教室ではきちんと構成された授業が行われていない、試験が足りないので子どもたちの学習の進捗が親にはまったく分からない、「一日中ゲームをすること」では子どもたちは学校を出たあとの実世界への準備ができない、と主張する。しかし、実際にモンテッソーリ・メソッドを使ってきた教師たちは、そうした主張に異議を唱える。教室が活発で騒がしくなることは認めるが、それは生徒たちが学習にわくわくしていることを示していると彼らは言う。こうした教師たちは、そのような若年齢で試験は必要なく、ゲームは人間が新しい物事を学ぶ最も効果的な方法の一つであると主張する。

要約

第1段落：子どものニーズと関心を重視する教育法の一つに、1世紀前から存在するモンテッソーリ・メソッドがある。

第2段落：その教育法を実践する学校では、子どもたちが自ら時間割りを組み、成績評価を気にすることなく間違いを通して学んでいく。

第3段落：この教授法には批判もあるが、これを実践する教師は、生徒が授業に高い関心を持っており、試験は必要なく、ゲームが学習に最適であると主張する。

(4)　正解：**3**

選択肢の訳

1 たとえば　　　　　　　　　　　**2** 対照的に

3 さらに　　　　　　　　　　　　**4** しかし

解説 第1段落第4文（It was developed ...）の後半と、空所(4)で始まる第5文では、マリア・モンテッソーリの考えを紹介している。第4文後半では「自由を多く与えられるほど子どもたちはよく学ぶ」という考えを紹介し、第5文では「教育を通して子どもたちの読み書きや計算の能力や、情報を覚える能力だけでなく、子どもの人格全体を発達させることが重要」という、第4文とは異なる考えを紹介している。したがって、追加を表す**3**「Additionally（さらに）」でつなぐのが適切だ。

(5)　正解：**1**

選択肢の訳

1 自分が取り組む課題を選び、成績を付けられることはない

2 教師からいつでもそれぞれの個人に合わせた注意を向けられる

3 芸術と科学の両方に同じだけの時間を費やすことが予想される

4 クラスメートたちの幸福に責任を持つ

解説 選択肢1のchoose their own workが、第2段落第3文（When children design ...）のchildren design their own school days（子どもたちが学校の時間割りを自分で組み立てる）に合致する。さらに選択肢1のdo not receive gradesが、第4文（With no pressure ...）のWith no pressure to receive an A on their report card（成績表でAをとらねばというプレッシャーがなく）に合致する。このように、後続の具体説明の内容によく合う**1**が正解だ。

(6)　正解：**4**

選択肢の訳

1 時間が長くなるということは、生徒たちがいつも疲れていることを意味する

2 従来の教育はもっと年齢が上の子どもたちにより適している

3 子どもたちは学校だけでなく家でも読書すべきだ

4 そのような若年齢で試験は必要ない

解説 第3段落第2文（They claim that ...）では、モンテッソーリ・メソッドに対する「授業の構成」、「試験」、「ゲーム」という3つの観点からの批判を列挙している。それに対して第3文（However, teachers who ...）以降では、このメソッドを実施している教師からの反論を紹介している。空所(6)を含む文の前文では「授業の構成」について、空所の後ろのand that以降では「ゲーム」について反論していることが分かれば、空所では「試験」についての批判に反論していると考えられる。したがって、**4**が正解だ。

カリスマ講師の目

additionally / moreover / besidesなどの「追加」を表す語は、「同じテーマの、既出のものとは異なる情報」を提示する際に用いられます。本問の空所(4)では「モンテッソーリの考え」について、空所(4)の前文で紹介された考えとは異なる考えを提示するために使われています。

Vocab.

本文

□ Montessori method「モンテッソーリ教育」
　★イタリア初の女性医師マリア・モンテッソーリが考案した教育法
□ pupil「生徒」
□ assume「～を当然と思い込む」
□ observe「～を観察する」
□ outcome「成果、結果」
□ engaged「積極的に関心を抱いている」
□ A「優、甲」★通例、最も高いレベルの評価
□ a series of「一連の」
□ predictably「予想通りに」
□ dispute「～に異議を唱える」
□ acknowledge「～だと認める」

選択肢

□ personalized「個別の」
□ wellbeing「幸福」

社会・政治・ビジネス

MP3 → 013　　別冊・問題 → P.098

オリンピックを主催するための計画

　オリンピックの主催には、非常に費用がかかる可能性がある。たとえば、ギリシャでの2004年の夏のオリンピックは同国に145億ドルの負債を負わせ、また、シドニーでの2000年のオリンピックは当初の予算の3倍を要した。それでも、オリンピックの支持者らは、巨額な経済的コストはたいてい、観光産業や投資や購買行動の拡大によって取り戻せると主張する。これは事実かもしれないが、時にオリンピックの好影響よりも、開催後に都市のインフラに残される傷跡が上回ることがある。

　オリンピックを主催するためには、開催国は何千人もの観光客に対応するためのインフラ開発に数十億ドルを費やす必要がある。観光客のみならずアスリートを宿泊させるために宿泊施設を建設する必要があり、また、イベントを披露するための巨大なスタジアムの建設も必要だ。しかし、オリンピックが続くのは数週間だけで終了後、開催国には、ある問題が残される。つまりこのスポーツのインフラをどうするかという問題である。これは、ギリシャが2004年のオリンピック後に直面した問題であった。ギリシャのオリンピック委員会の会長スピロス・カプラロスは、「我が国は無計画だったため、2004年のオリンピックの成功は、閉会式が終了してライトが消えたときに失われた」と述べている。その結果、今日ではギリシャの建築物の多くが朽ちゆくままに放置されている。

　オリンピックの主催を計画する際、韓国やアテネ、ブラジルの二の舞にならないようにすることが肝心である。「オリンピックの遺産は、より幅広い都市政策や開発と調和すると、最も効果的で際立ったものとなる」と、ブライアン・チョークリーは主張する。要するに、主催国はオリンピック終了後に施設をどのようにその都市に組み込むかを考慮しなければならない。インスピレーションを得るために参考にすべき国はたくさんある。ロンドンオリンピックの（建物の）多くは、公営住宅やオフィス、公園として別の用途に使われた。シドニーはオリンピックのスタジアムや宿泊施設をホテルや娯楽の場やショッピングセンターにつくり変えた。成功するオリンピックを主催するとなると、計画がすべてのようだ。

要約

第1段落：主催国に多額の出費を強いるオリンピックは、それによって得られる経済的な利点よりも、閉会後に残るインフラの問題の方が深刻である。

第2段落：オリンピックのために巨額を投じて整備したインフラも、閉会後の利用計画が無ければ無駄になる。

第3段落：オリンピックのために整備したインフラを、閉会後にどのように利用するかを計画することが何よりも重要である。

(7) 正解：4 ★

設問と選択肢の訳

筆者によると、オリンピックを主催する際の大きな問題の一つは ------- である。

1 新しい建築物の開発は、たいていその都市の美学に合わず、場違いな感じがすること

2 都市の改変は経済を全く促進せず、その後、市民の助けにはほとんどならないこと

3 観光客の増加は、長期的に見るとその都市にとって持続不可能であること

4 それがもたらす利点が、都市設計を変更することで生じる問題によってかき消される可能性があるということ

解説 ▶ 第1段落第4文（Although this is ...）の後半に「オリンピックの好影響よりも、閉会後に都市のインフラに残される傷跡が上回ることがある」とある。この内容を言い換えている **4** が正解だ。本文の the city's infrastructure を、選択肢では the city's design のように言い換えている。なお、第3文（Still, supporters of ...）に「巨額の経済コストはたいてい、…によって取り戻せる」とあり、次の第4文の冒頭で「これは事実かもしれない」とあることから、筆者はオリンピックの経済効果を部分的には認めているので、経済効果を全否定している **2** は不適である。

(8) 正解：3

設問と選択肢の訳

スピロス・カプラロスは、ギリシャでの2004年のオリンピックの主な問題は何だと見ているか？

1 その国が、オリンピックのインフラにあまりに巨額の資金を投資した。

2 その地域を訪れる観光客の数が、オリンピック終了後に著しく減少した。

3 その国は、主たるイベントの計画をしたのみで、通常の生活への移行措置を考慮していなかった。

4 インフラが、その都市を訪れる数多くの訪問者に対応できるように設計されていなかった。

解説 ▶ 第2段落第5文（The Hellenic Olympic ...）で引用されているカプラアロスの発言には、「我が国には計画がまったくなかったため、2004年のオリンピックの成功は、閉会式が終了してライトが消灯したときに失われた」とあることから、彼は閉会後の計画が無かったことを問題視していることが伺える。したがって **3** が正解だ。本文の when the lights went out at the end of the closing ceremony を、選択肢では the transition back to normal life（通常の生活への移行措置）のように漠然と言い換えていることに注意。

(9) 正解：**1**

設問と選択肢の訳

イギリスやオーストラリアなどの国々は、ギリシャが直面した問題を避けるために何をしたか？

1 オリンピックのために開発したインフラを終了後にどう活用するかを計画の際に考慮した。

2 オリンピックの収入を自国の経済に再投資した。

3 オリンピックのインフラを、将来のスポーツイベントで再び活用できるように設計した。

4 オリンピックの建築物を、終了後に簡単に解体できるように設計した。

解説 第3段落第3文（In short, the ...）では「主催国はオリンピック終了後に施設をどのようにその都市に組み込むかを考慮しなければならない」と提言しており、この点について参考になる例として、第5文（Much of the ...）と第6文（And Sydney converted ...）でロンドンとシドニーの具体例を挙げている。したがって、これらの地域では閉会後のオリンピック関連施設の利用法がきちんと考慮されていたことが伺えるので、**1** が正解だ。

カリスマ講師の目

設問(7)で選択肢2が不正解かどうかで迷いませんでしたか？ 段落全体で、オリンピックを主催することに対して否定的な立場をとっていますが、その否定的な印象だけで解答してはいけません。必ず本文の該当箇所を参照して、正誤判断を確実に行ってください。

Vocab.

本文
- □ initial「当初の」
- □ budget「予算」
- □ massive「大量の」
- □ be outweighed by A「〜をAが上回る」
- □ infrastructure「インフラ」
- □ accommodation「宿泊施設」
- □ Hellenic「古代ギリシャの」
- □ decay「老朽化する」
- □ integrate「〜を統合する」

- □ repurpose「〜を別の目的で使う」
- □ convert「〜を改造する、変更する」
- □ venue「会場」

設問・選択肢
- □ aesthetic「美意識」
- □ out of place「場違いで」
- □ transition「移行、転換」
- □ cope with「〜に対処する」
- □ reinvest「〜を再投資する」
- □ dismantle「〜を取り壊す」

自然・環境

飛行機の未来

　航空業界は、世界の二酸化炭素排出の2〜3％の原因を担っている。それは、飛行機の燃料が主に、燃焼すると大気を汚染する化石エネルギーである、炭化水素でできているためだ。より具体的に言うと、飛行機によって毎年およそ10億トンの温室効果ガスが排出され、一部の推計によると、この数値は2050年までに3倍に増える可能性があるという。現在、ロンドンとニューヨーク間の往復飛行は、1軒の家を1年間温めるのと同じ量の温室効果ガスの排出をもたらす。飛行には多量のカーボンフットプリント（二酸化炭素排出量）が伴うため、環境団体は一般市民に対し、移動にその他の方法を選ぶよう促してきた。これに歩調を合わせ、他の輸送業界も、電力駆動のバスや電車を運用することで対応し、電気自動車の需要も高まりつつある。ではなぜ、電気で動く飛行機にはこんなに時間がかかっているのか？

　電気飛行機は、1970年代から存在するが、まだ商業的に運用することができない。なぜなら、電気エンジンはディーゼルエンジンよりも軽いが、電力を蓄えておくバッテリーがまだ非常に重たいからだ。現状では、旅客機の全重量の約半分を燃料が占めている。しかし、電気飛行機の課題はさらに大きく、飛行機が旅客を乗せて離陸するためには、飛行機が積載できるよりも大きなバッテリーが必要となる。これは長距離飛行の場合に特に言えることで、1万キロを飛行するには、現在の燃料容量に比べて30倍の重量のバッテリーが必要となる。さらに困ったことに、従来型の燃料の飛行機は燃料を使用すれば移動中に軽くなるが、電気飛行機はその飛行中ずっと、最初の全重量を運ばなければならないことになる。つまり、リチウムイオンバッテリーが開発されても、バッテリーに蓄積されたエネルギーを使用するよりも燃料を燃やすほうが依然として効率がよいのだ。

　しかしながら、世界の科学者や技術者らは熱心に研究し、バッテリー電源で飛べるモデルの飛行機を生み出そうとしており、研究・開発に数百万ドルが投資されてきた。少なくともある程度の量の電気を使用するようになり、そして最終的に旅客機の電力として十分に強力なバッテリーが発明され、商用飛行機から燃料を完全に排除できるようになるだろうということで、専門家たちは意見が一致している。そのときが訪れた際には、人類はSF映画で見るものに似た、航空学の新しい段階に突入するだろう。それが正確にいつになるかは誰も予測することはできないが、静かで無公害の飛行機が空を埋め尽くし、旅客を近くや遠くの目的地まで運ぶ時が来るだろう。

第1段落：飛行機による温室効果ガス排出の問題を解決するための電力駆動の飛行機が、なかなか普及しないのはなぜか。

第2段落：電力を蓄えるバッテリーが重すぎるのと、従来の燃料のように飛行中に機体が軽くならずに効率が悪いからである。

第3段落：電力駆動の静かで環境に優しい飛行機の開発は今も熱心に進められている。

(10) 正解：**2**

設問と選択肢の訳

飛行機での移動に関して正しいものはどれか？

1 環境団体からの度重なる警告は、飛行機での長距離旅行の減少につながった。

2 他の輸送サービスとは異なり、飛行機は化石燃料の動力をより環境にやさしい動力源に置き換えることができていない。

3 飛行機が排出する温室効果ガスは、個人的なものか商用かにかかわらず、その他の経済活動によるものに比べて不釣り合いなほどに多い。

4 航空技術の新たな発展のおかげで、二酸化炭素排出量が著しく低下した。

解説 ▶ 第1段落第6文（In line with ...）と第7文（Why, then ...）に、他の輸送手段で普及している電力駆動が、飛行機では普及していないと述べている。この内容を言い換えている **2** が正解だ。電力のことを **2** では more environmentally friendly sources のように漠然と言い換えていることに注意。なお、温室効果ガスを排出する「量」について、飛行機と他の経済活動との比較はしていないので、**3** は不適である。

(11) 正解：**4** ★

設問と選択肢の訳

今日、電気飛行機が旅客を乗せられない主な理由は ------- ということだ。

1 人々は通常、長距離の飛行を望むが、今日利用可能なバッテリーは短距離しか輸送できない

2 従来型のバッテリーは、長時間にわたって飛行し続けるための継続的な電力を飛行機に提供できない

3 大型旅客機に動力を供給するリチウムイオンバッテリーが高価すぎて、景気のよい航空会社でもそれを手に入れる余裕がない

4 飛行中に飛行機に電力を供給するのに十分なほど効率的かつ軽量なエネルギー貯蔵システムがまだ存在しない

解説 電気飛行機を商業的に運用できない理由について、第2段落第2文（This is because ...）では「バッテリーが重すぎる」、第6文（To make things ...）以降では「飛行中に機体が軽くならずに効率が悪い」という2点を挙げている。この2点について、both efficient and lightweight enough to power airplanesのようにきちんと言及している **4** が正解だ。**1** は後半部分は第2段落前半部の内容から推測可能だが、前半部分の「人々は通常、長距離の飛行を好む」が本文にはない内容で不適。**2** は第2段落前半部から推測可能な内容だが、第2段落で理由として挙がっているのは「重量」と「効率性」であって、バッテリーの「電力の大きさ」ではないので、**2** は設問の答えとしてはズレている。

(12) 正解：**3**

設問と選択肢の訳

本文の筆者によると、飛行機に起こる可能性が最も高いことは何か？

1 今後数十年で、飛行機旅行に対する需要が高まるにつれて、より多くの資金が比較的小型で安価な飛行機に投資される。

2 飛行機は静かに作動し、有害なガスを排出しなくなるので、都市内部で離着陸できるようになる。

3 今存在する技術的問題に対して科学が実行可能な解決策を与えれば、<u>電気が燃料燃焼に取って代わる</u>。

4 最先端工学によってさらに速い陸上輸送手段が可能となるにつれて、飛行機旅行は次第に減っていく。

解説 第3段落第4文（No one can ...）の後半で、「静かで無公害の飛行機が空を埋め尽くし、旅客を近くや遠くの目的地まで運ぶ時が来るだろう」という予測を述べている。この「静かで無公害の飛行機（quiet and pollution-free aircraft）」とは文脈上、「化石燃料を使わない電力駆動の飛行機（electric airplane）」のことであると考えられる。したがって、ここでは「飛行機の燃料が化石燃料から電力に替わる」という未来を予測していることが分かるので、**3** が正解だ。

カリスマ講師の目

設問(11)では、選択肢の詳細な検討が求められているために、正答率が低くなりました。選択肢1は前半部分を読み流してしまうと正解に見えますし、選択肢2は検討が甘いと何も問題がないように見えてしまいます。1つ1つの選択肢を丁寧に検討する姿勢が大切です。

Vocab.

本文

- □ aviation industry「航空業界」
- □ carbon dioxide emissions「二酸化炭素の排出量」
- □ hydrocarbon「炭化水素」
- □ pollute「〜を汚染する」
- □ specifically「具体的に」
- □ emit「〜を放つ」
- □ round-trip flight「往復便」
- □ generate「〜を生む」
- □ urge〈人〉to *do*「〈人〉に〜するように強く求める」
- □ in line with「〜に一致して、したがって」
- □ capable of *doing*「〜することができる」
- □ commercially「商業的に」
- □ as it is「現状では」
- □ capacity「容量」
- □ initial「初めの」
- □ as opposed to「〜とは対照的に」
- □ conventionally「従来の」
- □ efficient「効率的な」
- □ eliminate「〜を排除する」

設問・選択肢

- □ disproportionately「不釣り合いに」
- □ significantly「著しく」
- □ continuous「連続した」
- □ long stretches of time「長い間」
- □ storage「貯蔵」
- □ viable「実行可能な」
- □ phased out「段階的に廃止する」

医療・健康

ベンゾジアゼピン

イギリスのメンタルヘルス財団によると、2013年に国内で不安障害の症例が約800万件あったという。不安とは、未来の出来事を心配するものといえば最もよくその特徴を表すことができる、精神的な不調のことだ。ほとんどすべての人が時折このような感情を一時的にもつことはあるが、不安障害の人には、常につきまとい次第に強まることもある不快な不安感がある。ある特定の状況によってたびたび引き起こされる予期せぬパニック症状の発作が頻繁にあり、たいていの場合、痛みや息切れ、発汗、動悸、手の冷えや手の汗などを伴う。この障害はあまりに重症化すると、仕事の成果や学校生活、人間関係などの、患者の日常生活に悪影響を与えることもある。

欧米のどこでもそうであるように、イギリスでも、ヨガや鍼療法、瞑想などの代替療法の人気が高まっているが、不安障害に最も広く用いられている治療法はいまだに精神病薬の処方である。鎮静剤または精神安定剤として一般的に知られている、こうした中枢神経（CNS）抑制剤は、脳を落ち着かせる作用があるため、たいへん効果的である。ベンゾジアゼピン、通称ベンゾスは、CNS抑制剤として一般的に処方され、ザナックスはイギリスだけでなく世界中で最も人気のあるブランド名である。ベンゾジアゼピンは、脳の活動を減じる原因となるガンマアミノ酪酸（GABA）という化学物質の効果を高めることで身体機能のスピードを落とす。薬を飲んだあと、患者は次第にリラックスして、ぼんやりしてくるか、眠くなってくる。患者の不安は、通常通り動けるレベルにまで低下する。

GABA を刺激する影響の一つは、ドーパミンと呼ばれる神経伝達物質の放出の増加である。ドーパミンは脳内で自然に生成され、落ち着きや満足感を引き起こす。ベンゾスを一定期間服用すると、脳が生成するドーパミンの量を減らすため、患者は普段どおりの感覚を得るためだけにこの薬を使い続けなければならなくなる。さらに悪いことに、気持ちを落ち着かせる同等の効果を得るために必要となる薬の量はどんどん増えていく。ベンゾスがもたらしたドーパミンの奔出によるリラックス感を得たいという切望が、ベンゾスを非常に中毒性のあるものにし、服用している患者の大多数が数カ月のうちに依存症になる。しかも、ベンゾスを飲まなければ、患者は深刻な禁断症状を経験しはじめる。

社会正義センターは2013年に、イギリスを「ヨーロッパの依存症の中心地」と呼んだ。この表現は、アルコールや薬物に関連するものを含め、あらゆる形態の依存症を指しているが、保健当局が最も心配したのは処方医薬品への依存症である。たとえばベンゾスは、指示を厳守して服用されたとしても依存症になるくらい効果が強い。症例の約40％で、患者は医師の処方で最初に出された量がなくなる前にすでに依存症になっている。その後、患

者は自分の薬を合法的に手に入れることができないため、主にインターネットを介した、違法な方法に頼る。違法なインターネット上の市場――たいてい完全に無秩序な「ダークウェブ」上にある――では、毎年未承認の何万ものベンゾスが取引されており、1回の取引は一度に何千錠ということもある。

要約

第1段落：イギリスには不安障害の患者が多く、これにかかると、日常生活に支障をきたすほどの、長く続く不安感と頻繁に起こるパニック症状に悩まされる。

第2段落：ベンゾジアゼピンはイギリスで人気の処方薬で、脳の活動を落ち着かせて患者をリラックスさせる効果がある。

第3段落：投薬してしばらくすると、落ち着きを感じさせる物質が生成されなくなるので、数カ月でベンゾジアゼピン中毒になってしまう。

第4段落：依存性が高いベンゾジアゼピンの違法な取引が問題になっている。

(13) 正解：**3**

設問と選択肢の訳

第1段落から分かることは何か？

1 ありふれた出来事についての絶え間ない不安感は、それが日常生活に影響しない限り、正常な人間の行動とみなされている。

2 不安障害の治療を受けている患者は、将来のことを非常に心配する人々に囲まれていると、さらに頻繁にパニック症状の発作を経験するかもしれない。

3 重度の不安障害は、基本的な生活を営むのが難しくなる程度にまで強まる傾向がある。

4 一部の人にとっては、一時的な不安でさえも、突然のパニック症状の発作を防ぐための薬を必要とする深刻な状態に思えるかもしれない。

| 解説 | 第1段落第5文（The disorder can ...）に「この障害はあまりに重症化して…患者の日常生活に悪影響を与えることもある」とある。この内容を言い換えている **3** が正解だ。本文の become so overwhelming を、**3** では in its more severe form（重度の高い状態の）のように易しく言い換えている。なお、**1** は絶え間ない（persistent）不安感を正常な人間の行動としているが、第3文（While almost everyone ...）で、誰もが精神的な不調に陥ることが「時折（occasionally）ある」と述べているのに一致しないので不適。

(14) 正解：**1**

設問と選択肢の訳

ベンゾジアゼピンはどのように機能するか？

1 身体機能の強さを弱める効果がある化学物質の生成を刺激するため、落ち着かせる効果がある。

2 脳のGABAのレベルを下げることで中枢神経系の機能に影響を与え、そのため、患者の気持ちをリラックスさせる。

3 患者の状況認識力を上げるために脳の機能を高める化学物質の余分な放出を引き起こす。

4 患者が現実の生活にもっと集中できるよう手助けすることによって、不安障害の治療を目的とした代替療法の効き目を高める。

解説 第2段落第4文（Benzodiazepines slow down ...）に、「ベンゾジアゼピンは、脳の活動が減じる原因となるGABAという化学物質の効果を高めることで身体機能のスピードを落とす」とある。この「化学物質（GABA）の効果が上昇」、「身体機能を落ち着かせる」という2点を正しく述べている **1** が正解だ。**2** は「GABAのレベルを下げる」、**3** は「脳の機能を高める」としている点が、どちらも本文の記述と真逆である。

(15) 正解：**2** ★

設問と選択肢の訳

ベンゾジアゼピンの中毒性が高い理由の一つは ------- からである。

1 ベンゾジアゼピンの効果が薄れてきて、患者を落ち着かない感覚にするとき、あまりにも多くのドーパミンが放出される

2 ベンゾジアゼピンをしばらく使ったあと、気分をよくする脳の化学物質が人を満足させるのに十分な量は、生成されなくなる

3 やる気を失っている患者に、警戒心と活動的な感覚を高めることによって、再び正常な感覚を取り戻させる

4 患者は服用して数日以内にこの薬に依存するようになり、これを服用しなければ重度のパニック症状の発作に苦しむ

解説 第3段落第2文（Dopamine is naturally ...）に、ドーパミンという化学物質が「落ち着きや満足感を引き起こす」とあり、続く第3文（When benzos are ...）に「しばらくの間、ベンゾスを服用すると、脳は生成するドーパミンの量を減らすため、患者は…この薬を使い続けなければならなくなる」とある。つまり、気持ちを落ち着かせるドーパミンの分泌の減少が、ベンゾスの再摂取の一因であると分かるので、**2** が正解だ。**2** ではドーパミンをa brain chemical responsible for feeling good（気分をよくする脳の化学物質）のように漠然と表していることに注意。**1** は「多くのドーパミンが放出される」が本文の記述と真逆であり、**4** の「服用して数日以内に」は「数か月以内に」の誤りである。

(16) 正解：**3**

設問と選択肢の訳

本文の筆者によるとベンゾジアゼピンのオンラインでの売上がそれほど高いのはなぜか？

1 ベンゾジアゼピンはアルコールやその他の薬物の影響を強めるほど強力なため、人口の大部分がインターネット上のサイトからベンゾジアゼピンを購入している。

2 有効な処方せんがあってもこの薬を買うには高いお金がかかる一方、未承認の薬をインターネットで買うほうがずっと安い。

3 この薬への依存症はとても早く生じるため、人は医師からもう処方せんを得られなくなってからも、この薬を飲み続けたくなる。

4 この薬は一般市場で不足しているため、処方された患者は規制のない場所からインターネットでそれを買わざるを得ない。

> **解説** 第4段落第3文（Benzos, for instance, ...）から第5文（Since they cannot ...）までの内容をまとめると、「ベンゾスは効果が強く、依存症になりやすい」→「医者の処方薬が無くなると、合法では入手しにくい」→「（依存性の強いベンゾスを）ネット上の違法な方法で入手」というものである。こうした内容を一文で要約している **3** が正解だ。**1** は前半部分、**4** は「処方された患者」のベンゾスが不足しているという点が本文内容に一致しない。

カリスマ講師の目

設問 (13) は段落全体を参照しながら解く問題、(14) は細部をピンポイントで問う問題、(15) と (16) は複数のセンテンスを総合して解く問題です。段落全体の要旨の把握と、細部の内容把握の、両方の大切さを実感できる問題です。

Vocab.

本文
- benzodiazepine「ベンゾジアゼピン」
  ★脳の興奮などを抑えることで不安、緊張、不眠などを改善する薬
- statistics「統計」
- anxiety disorder「不安障害」
- characterize「〜の特性を示す」
- temporarily「一時的に」
- uncomfortable「不快な」
- apprehension「不安」
- trigger「〜を誘発する」
- be accompanied by「〜が伴う」
- palpitation「動悸」
- clammy「(手などが) じとっとして冷たい」
- interfere「妨げる」
- alternative「代わりの」
- acupuncture「鍼」
- prevalent「普及している」

- prescribe「(薬) を処方する」
- psychiatric「精神科の」
- sedative「鎮静剤」
- tranquilizer「精神安定剤」
- depressant「抑制薬」
- drowsy「眠そうな、きだるい」
- stimulate「〜を刺激する」
- neurotransmitter「神経伝達物質」
- contentment「満足感」
- addictive「中毒性の」
- withdrawal symptoms「禁断症状」
- prescription「処方せん」
- potent「効能のある」

設問・選択肢
- wear off「徐々に消える」
- restless「落ち着かない」
- valid「有効な」
- obtain「入手する」

監修者・著者紹介

竹岡 広信

駿台予備学校講師、学研プライムゼミ特任講師、竹岡塾主宰。英語教育に並々ならぬ情熱を注ぐカリスマ講師。洛南高等学校卒業。京都大学工学部卒業後、英語を学び直すため文学部に編入学し、1990年卒業。英検®指導歴は30年以上。『東大の英語27ヵ年』(教学社)、『ドラゴン・イングリッシュ基本英文100』(講談社)、『決定版 竹岡広信の英作文が面白いほど書ける本』(KADOKAWA／中経出版)、『必携英単語LEAP』(数研出版)など、多数のベストセラーをもつ。

吉村 聡宏

大手予備校講師。1980年、富山県生まれ。洛南高等学校卒業。京都大学文学部人文学科(英語学英文学専修)卒業。中学生から社会人までを対象にTOEIC®、GTEC®などの資格試験対策の指導経験があり、予備校では高校1年生から高卒生までの幅広い生徒の指導に携わる。著書に『竹岡の英検®準1級マスター』(教学社)などがある。

**最短合格! 英検®準1級
リーディング問題 完全制覇**

2020年12月5日　初版発行
2023年2月20日　第3刷発行

監修者　竹岡 広信
　　　　©Hironobu Takeoka, 2020
著者　　吉村 聡宏
　　　　©Toshihiro Yoshimura, 2020
発行者　伊藤秀樹
発行所　株式会社 ジャパンタイムズ出版
　　　　〒102-0082 東京都千代田区一番町2-2 一番町第二TGビル2F
　　　　電話 050-3646-9500 [出版営業部]
　　　　ウェブサイト　https://jtpublishing.co.jp/
印刷所　株式会社 光邦

本書のご感想をお寄せください。
https://jtpublishing.co.jp/contact/comment/

本書の内容に関するお問い合わせは、上記ウェブサイトまたは郵便でお受けします。
定価はカバーに表示してあります。
万一、乱丁落丁のある場合は、送料当社負担でお取替えいたします。
(株) ジャパンタイムズ出版・出版営業部あてにお送りください。

演習問題

大問2

解答・解説は002〜046ページに掲載されています。

自然・環境

本冊・解説 → P.002

Are Wind Farms Working?

It is clear that we cannot continue to rely on coal, oil and gas for our electricity. Their negative effects on the environment are now well understood, and in any case supplies are running out. One replacement for these fossil fuels is wind power. Since 1980, when the first wind farm opened in the United States, scientists have collected data to find out whether wind could fuel the homes and offices of the future. The many environmental advantages to using wind farms are now common knowledge. Surveys suggest the majority of Americans support their development. (　*1*　), it remains uncertain whether wind could replace fossil fuels altogether.

One of the main issues with this power source is that wind is never guaranteed, so it is common to see wind farms relatively inactive. If the turbines—the huge, spinning machines which generate the power—sit idle for too long, the electricity supply becomes vulnerable. Estimates suggest most of them (　*2*　). So local people risk frequent power cuts, and as well as this, the noise of the turbines also disturbs their peace. Moreover, the machines' blades have been shown to be a danger to birds.

However, there are benefits to wind power that cannot be denied. Wind farms create no pollution, and they can often be erected on existing agricultural land. Additionally, once the turbines have been installed they cost almost nothing to operate, and many consumers of wind energy are given credit on their bills for excess power generated. It seems that wind farms may offer an alternative to fossil fuels which (　*3*　).

(1)   **1** Furthermore   **2** As a result of this
        3 Alternatively   **4** In spite of this

(2)   **1** generally operate at 30% of their capacity
        2 produce enough power for the local area
        3 require fewer than 20 staff to operate them
        4 appear from a distance to be stationary

(3)   **1** creates ongoing employment for local people
        2 has been fully accepted by the American public
        3 is not only green but makes financial sense
        4 can be paid for with existing government taxes

Pangolin Trafficking

Anyone who believes the illegal wildlife trade is a thing of the past should think again. Animals such as elephants, tigers and sharks are still captured and sold, but today one animal is even more vulnerable: the pangolin. This medium-sized mammal, which is covered in hard scales and native to Asia and Africa, now accounts for a shocking 20% of illegal global animal sales. Experts say this figure is on the rise, and they suspect that many cases of pangolin 'trafficking'—the unlawful movement of animals between countries—are going unreported. In other words, (　*1*　).

Why are so many pangolins being trafficked? The main reason is for their scales, which are used in traditional medicine and thought to cure a range of health problems from back pain to nose bleeds. A kilogram bag of pangolin scales is worth as much as $3,000 on the black market. Moreover, the animals are eaten in countries like China, Vietnam and Nigeria. One report by the *New York Times* found that in several Vietnamese restaurants, nobody tried to hide the fact that illegal pangolin meat was being served. (　*2*　), since it "is frequently the most expensive item on the menu … ordering it is an obvious way to show off to friends and colleagues."

Fortunately, (　*3*　). In 2014, campaigners established World Pangolin Day to raise awareness of the risks to these creatures. In 2019, China changed the law so its national health insurance program would no longer cover medicines containing pangolin scales. This has gone some way to reducing demand in the country. In spite of this, more needs to be done to ensure the long-term survival of the pangolin.

(1)　**1**　criminals are able to operate internationally
　　　2　the pangolin's future is not looking bright
　　　3　pangolins' popularity seems to be in decline
　　　4　the data were shown to be inaccurate

(2)　**1**　To deny this　　　　　**2**　On the contrary
　　　3　In addition　　　　　**4**　Despite this

(3)　**1**　young people care more about nature
　　　2　no other countries eat this meat
　　　3　some positive steps are being taken
　　　4　these pangolins can survive in the wild

自然・環境

本冊・解説 → P.008

The Worth of Water

You probably turn on your faucet without a thought, taking long daily showers and washing dishes with the water running. However, for many people around the world, this is not an option. Recent reports suggest one-third of the global population has limited access to water at least one month per year, and the situation is getting worse. Therefore although the United Nations set a goal for everyone to have a reliable water supply by 2030, the data cast doubt on whether this can be achieved. Experts actually predict that by 2050, (　　**1**　　).

As with so many environmental problems, humans are the main cause. There is plenty of water on our planet which is safe to drink, but we have put our rivers and lakes under too much stress. Earth's population has doubled in the last 50 years and agriculture has increased accordingly. Farming uses 70% of our available water, often carelessly wasting or polluting it, and human activities such as transportation and manufacture have caused the planet to get hotter. Higher temperatures lead to natural disasters, which in turn can lead to a reduced supply of water; (　　**2**　　), we only have ourselves to blame.

We are not the only ones to (　　**3**　　), however. Fifty percent of wetlands—areas of ground covered with shallow water—have been lost since 1900, which means birds, snakes, turtles and otters have fewer places to live. Lakes are drying up, fish are dying, and mammals have nowhere to drink. If we are to meet the United Nations' target, and to allow wildlife populations to recover, water must become an immediate political priority across every continent.

(1)   **1** half of the world will struggle to access clean water
          2 governments will start to take the issue seriously
          3 climate change will affect the global water supply
          4 the United Nations will achieve its water targets

(2)   **1** in contrast   **2** nonetheless
          3 finally   **4** in short

(3)   **1** enjoy a constant supply of clean water
          2 understand the marine ecosystem
          3 feel the impact of our actions
          4 underestimate the value of water

Can We Avoid Dementia?

It is often assumed that dementia—the slowing-down of brain function as we age—is unavoidable. While this may be true in certain cases, the World Health Organization (WHO) suggests that for most people, the risk of developing dementia can be managed. There are 50 million dementia sufferers worldwide, and the problem is becoming more common as we live longer. (　*1*　), the WHO recommends that all adults, and not just elderly people, follow their guidelines.

The organization makes 11 recommendations for avoiding dementia. Some of these, such as quitting smoking and reducing alcohol consumption, should come as no surprise. Others are less obvious, for example maintaining strong friendships and eating a Mediterranean-style diet. People from Mediterranean countries like Greece (　*2*　) because they eat plenty of vegetables, fish, nuts and olive oil. Additional recommendations include taking 150 minutes of physical exercise a week, as well as regular mental exercise such as completing crosswords. People should also try to control their weight, their blood pressure, and the level of cholesterol in their blood.

There is no cure for dementia. Unfortunately, if you have a family history of dementia, there may be little you can do to prevent it. However, the WHO estimates that a third of cases could be prevented with (　*3*　). Moreover, the recommendations—eating nutritious food, staying active and social—bring multiple other benefits. To maintain the best possible health in old age, it is wise to follow their guidelines before you reach it.

(1)   **1** In other words   **2** On the other hand
       3 For these reasons   **4** In spite of this

(2)   **1** tend to have long lives   **2** live with their parents
       3 usually travel by bicycle   **4** have fewer job opportunities

(3)   **1** medication from your doctor   **2** physical and mental illness
       3 some simple lifestyle changes **4** the support of family members

医療・健康

本冊・解説 → P.014

The Right to Die

In 1942, Switzerland introduced a brave new law. Until that time, it had been illegal to help someone commit suicide. But the Swiss government decided that adults had the right to end their own lives, for example if they were suffering from a painful illness with little chance of recovery. (　　*1*　　), the law was changed so that it was no longer a crime to help a loved one die peacefully.

Very few countries have followed Switzerland's lead, the exceptions being the Netherlands, Belgium, Luxembourg, Canada and Colombia. Certain American and Australian states have also legalized assisted suicide. But in most countries, citizens do not have the option to end their lives when and how they please. In some cases, this is for religious reasons; if people believe that God gives people life, they also tend to think that only God should take it away. In others, it is due to concerns that such a law could be abused by a person who might benefit from another's death. But no matter the reason, there seems to be (　　*2*　　).

Campaigners for assisted suicide say it ought to be a human right. Millions of people live in distress because there is no way for them to die with safety and dignity. Campaigners also point out that (　　*3*　　). Suicide is legal in the majority of countries today. However, it remains a criminal offense to help someone carry out this legal act; one may as well criminalize helping someone to open a window. Unfortunately, while these arguments are broadly convincing, they are yet to convince lawmakers.

(1) **1** In particular   **2** To that end

　　　3 By chance   **4** Despite this

(2) **1** an increase in the number of assisted suicide clinics

　　　2 a worldwide reluctance to give such power to individuals

　　　3 a strong argument in favor of stricter penalties

　　　4 a problem with communicating the law to the public

(3) **1** there is little logic to current laws

　　　2 doctors end patients' lives legally

　　　3 the population is getting older

　　　4 life must be protected at any cost

The Growth of "Breakbone Fever"

Malaria is the illness usually associated with mosquitoes, but dengue fever—also known as "breakbone fever" because patients feel like their bones are breaking—is in fact more common. Around 100 million people become sick with dengue each year, of whom 22,000 will die. Data also suggest (　　*1*　　), and there are three reasons for this. The first is urbanization; in cities, there are simply more places for dengue mosquitoes to live and reproduce. The second is climate change, because mosquitoes prefer higher temperatures, and the third is international travel, which has helped the insects to spread to new areas around the world. It is estimated that 40 percent of the global population now lives in an area where dengue is a risk, and 100 counties are affected.

However, given that 300 million people contract dengue annually with no symptoms at all, is it really so bad that the disease is on the rise? Unfortunately, the answer is yes. There is no cure for dengue, which means outbreaks are hard to control. Spraying streets and buildings with cleaning chemicals seems to have little effect. (　　*2*　　), while the majority of people will suffer only mild, flu-like symptoms, the disease poses a more serious threat to children and younger teens.

Until scientists develop an effective medicine for dengue fever, (　　*3*　　). Stay away from pools of still water, where mosquitoes tend to live, and cover your arms and legs in the evenings, especially outdoors. Window screens and mosquito nets, which can be hung over a bed, can also help to prevent dengue infections in tropical countries.

(1) **1** mosquito populations are growing in rural areas
    2 foreign tourists have a greater risk of infection
    3 the annual number of dengue cases is rising
    4 treatment does not help the most vulnerable groups

(2) **1** Moreover   **2** Thankfully
    3 Nonetheless   **4** Similarly

(3) **1** the only way to prevent dengue is to stay inside
    2 nothing can be done to reduce the dengue risk
    3 parents can try the following natural treatments
    4 the best thing to do is try to avoid being bitten

教育・心理

本冊・解説 → P.020

Making History Lessons Fun

Few students claim history as their favorite subject. It can be hard for young people to connect historical events to their own lives, and the need to memorize dates and names can be discouraging. However, history lessons do not have to be limited to reading from a textbook. Today's history teachers are trying new techniques to bring their subject to life.

One way to make a lesson come alive is to use historical objects. Of course, most teachers cannot bring authentic swords or helmets to class—but they might have books, photographs and other small items to spark students' interest. (　1　), drama is often used in history lessons. Playing the roles of historical characters, considering their personalities and motivations, can help students to understand how and why certain events happened. Allowing young people to encounter historical figures as real people is now considered an important part of history teaching. In England, every schoolchild remembers King Henry VIII, but not for the political changes he introduced. They remember him because he had six wives, two of whom he killed by cutting off their heads. It is (　2　) that makes Henry VIII so memorable.

Another way teachers attempt to stimulate students' interest is to (　3　). Some teachers give students opportunities to express their thoughts in class by letting them give a speech or hold a debate. Other teachers ask students to write blog posts, or even create 'historical' documents and objects. They understand that while history is not necessarily an easy subject, it need not be a boring one.

(1) **1** In spite of this   **2** Similarly

       3 On the contrary   **4** In other words

(2) **1** his strong presence in British history

       2 his significant political achievement

       3 this peculiar social practice in medieval times

       4 this terrible but fascinating personal information

(3) **1** invite other adults to participate in lessons

       2 give them more independence in class

       3 let them evaluate the teacher's lesson

       4 show them how to create their own textbooks

教育・心理

本冊・解説 → P.023

Overcoming Shyness

Why do some people long to be the center of attention, while others want to hide in the corner of the room? One known reason is genetics: shy parents are more likely to have shy children. But certain life experiences, such as being teased as a child, can also make people shy later in life. This is significant because it shows that, (　*1*　), shyness is learned. If we can learn to be shy, say behavioral experts, we can also learn to be confident.

Those who describe themselves as shy report feeling uncomfortable in the company of strangers. They tend to stay silent in groups, and perhaps experience physical symptoms such as shaking, sweating or blushing. These sensations can be unpleasant, but psychologists say that they can be overcome by using a technique called "fake it till you make it." What this means is that the shy person should (　*2*　). Even if they feel nervous inside, when they meet someone new they should smile and ask a question that encourages a conversation. This is not easy, of course, but it is considerably easier the tenth time than the first! Also, nobody ever overcame their shyness by avoiding social interaction altogether.

Another thing that can help is (　*3*　). Confident people hold their heads high, make eye contact, and keep their shoulders relaxed. It can be useful to watch celebrities being interviewed on talk shows, because they do these things very well. Shy people may benefit from copying their posture and gestures at home and in private, with nobody but themselves to watch or judge, so when they step out into the real world they already feel great.

(1)   **1** to some extent   **2** even so
        3 for instance   **4** in few cases

(2)   **1** accept that shyness is common
        2 try to develop a wide circle of friends
        3 act like someone who is confident
        4 focus on their positive characteristics

(3)   **1** copying the way that famous actors speak
        2 taking a deep breath before answering a question
        3 practicing confident body language in the mirror
        4 looking straight ahead when walking in the street

教育・心理

本冊・解説 → P.026

When Girls Are not Educated

Around the world today, 130 million girls of elementary and high school age are not in education. This is usually, and correctly, considered a social justice issue, but (**1**). A 2017 report by the World Bank estimated that developing countries lose trillions of dollars by failing to educate their female children. It also suggested that reversing this trend, and making sure girls go to school, is one of the fastest ways to reduce poverty. However, how can this be achieved? Campaigners say that there are two key actions: reducing child marriage, and making school a safer place for girls.

Child marriage tends to be an issue in poorer parts of the world. Each year, it is thought that 15 million girls get married before they are 18, bringing their education to an early end. If they fall pregnant, they are less likely to enter the workforce. And even if they do work, statistics show that child brides earn nine percent less than other female workers. It is true that some countries in Africa, such as Ethiopia, have significantly reduced their cases of child marriage in recent years. (**2**), this is not the case in most parts in the continent. For example, in Niger, central Africa, three-quarters of girls marry under the age of 18. The result is a female high school enrollment rate of just five percent.

How can school be made safer? Where it is unusual for girls to be in school, they are often treated differently or bullied. It is common for them to suffer attacks from male students—and even, in some cases, from teachers. Once again, the solution is education, but this time for men and boys who must learn how society benefits from equal education. Once they understand this, and (**3**), there are likely to be economic improvements for everyone in their community.

(1)   **1** it requires a large budget   **2** it is not easy to evaluate
         3 it is also an economic one   **4** is has not mattered so far

(2)   **1** As a result   **2** However
         3 For these reasons   **4** In the same way

(3)   **1** female students can study without fear
         2 single-sex education becomes more popular
         3 girls and boys are getting similar grades
         4 school attendance figures are published

歴史・文化

本冊・解説 → P.029

What Is a Photograph?

Henri Cartier-Bresson is perhaps the greatest photographer the world has ever known. He is remembered for setting up the Magnum photo agency, for developing the art of street photography, and for (　*1*　). The third of these is obvious in all of Cartier-Bresson's work. He believed that, for every image, there was only one perfect time to press the camera shutter. For a fraction of a second, everything would be correct: the light, the positions of the subjects, the expressions on people's faces. He would wait on street corners with his camera for hours until he recognized this ideal combination of elements.

Today, of course, there is no need for photographers to do this. Even a phone camera can capture ten images per second, and professional cameras can handle many more. After shooting, photographers examine hundreds of similar shots and simply choose the best one. (　*2*　), thanks to powerful editing software, the images we wish to create no longer have to exist in the real world. Elements can be added, removed and altered so that "photographs" show scenes that never took place. Why wait in the rain for that critical moment when a computer can so easily fake it?

Some have argued that these contemporary images should not be called photographs. Even in the twenty-first century, there are photographers who (　*3*　). Like Cartier-Bresson, they rely on their patience and judgement to take the best photos. They use film in their cameras and make edits only manually in a darkroom. Opinion varies about whether these photographers are protecting the traditions of the art form, or failing to move with the times. But however photographs are produced, we seem to be more in love with their magic than ever.

(1)　**1** designing a camera that took instant photos
　　2 his philosophy of "the decisive moment"
　　3 making critics take the art form seriously
　　4 his portraits of famous painters and writers

(2)　**1** In general　　　　　　**2** In particular
　　3 Moreover　　　　　　　**4** Regardless

(3)　**1** refuse to work with digital equipment
　　2 take all of their photos in their studios
　　3 have no training or qualifications
　　4 only produce black and white images

歴史・文化

本冊・解説 → P.032

Is It Time to Retire the Eurovision Song Contest?

Every year in May, people all over Europe gather around their televisions. They hold parties with friends to watch the world's longest-running music competition: the Eurovision Song Contest, which was established after World War II to promote harmony across the continent. Twenty-six nations compete in Eurovision, and it consistently attracts audiences of 200 million. (　*1*　), many people now ask whether it's time to retire the contest.

Critics claim that the quality of the music at Eurovision has been in decline for decades. Between the 1950s and 1970s, the contest produced international hits such as 'Waterloo' by ABBA, but today the songs are forgotten as soon as the show ends. Even in 1981, Italy refused to take part in the show because it was too old-fashioned. But more seriously than this, many countries feel pressure to compete though they can scarcely afford it. During the recent financial crisis, both Portugal and Poland sent apologies rather than performers. Since the winning nation hosts the following year's competition, (　*2*　).

Nevertheless, for many Europeans the contest is an institution that should be protected. Fans argue that the event encourages more political unity than division, since it crosses boundaries of nationality, age and income. They point out, too, that the acts are not (　*3*　). In this view they are supported by former British Eurovision host Terry Wogan, who once said, "It's supposed to be bad. And the worse it is, the more fun it is." Only time will tell whether, in the face of twenty-first century uncertainties, Europe can continue to justify the expense of this "bad" but popular annual party.

(1) **1** Furthermore   **2** As a result

      3 After all   **4** However

(2) **1** the government ought to support the event

      2 the economic burden can be unbearable

      3 the organizers must be chosen carefully

      4 the number of tourists is bound to increase

(3) **1** judged on their appearance

      2 specially composed for the concert

      3 obliged to sing in English

      4 meant to be taken seriously

歴史・文化

本冊・解説 → P.035

The Truth about Chernobyl

The 2019 television show *Chernobyl* (　　**1**　　). It was applauded for its sensitive handling of a real-life disaster and won tens of awards including the Golden Globe for Best Series. On the other hand, for some reviewers it was almost too much. Will Gompertz at the BBC said, "This is TV that doesn't just get you thinking. It stops you sleeping." Furthermore, for some of those who were actually present on 26 April 1986, when the nuclear power plant exploded in the former Soviet Union, the show bears little resemblance to reality.

Oleksiy Breus, who was an engineer at Chernobyl, claims that the main characters in the series were given extreme personalities for the sake of entertainment. In particular, he has defended deputy chief engineer Anatoly Dyatlov, who was shown on screen as a bully with an uncontrollable temper. Breus has pointed out additional factual mistakes in certain episodes. In the series, three power plant workers die after being sent on a dangerous mission to fix an underground pipe. (　　**2**　　), all three employees survived and two remain alive and well today. Breus also denies that the people of Pripyat, the nearby workers' town, left their houses on the night of the explosion to watch the power plant burn as the show suggests.

Nonetheless, the former engineer is happy to acknowledge where *Chernobyl* succeeded. The director captured people's emotions well, says Breus, and the radiation injuries were realistic. He adds that the sequence of events matches his memories precisely. In short, if someone wants to (　　**3**　　), they should watch the show. But if they want to truly educate themselves about the disaster, they need to get more accurate information from books.

(1) **1** offers a warning for the future
    2 was universally well-received
    3 is based on survivors' accounts
    4 drew both praise and criticism

(2) **1** In truth   **2** In particular
    3 In the end   **4** In addition

(3) **1** put together a detailed timeline
    2 understand the big picture
    3 see how the public reacted
    4 separate fact from fiction

社会・政治・ビジネス

本冊・解説 → P.038

Leaving the City

In the 1950s, the American Dream was to (　**1**　). It would have a kitchen with the latest appliances and a garden with a white fence. Everyone would know their neighbors but have enough space for privacy. The crime rate would be low; the quality of life would be high. This was the dream. However, by the end of the century, life in "the burbs" was more like a nightmare for many people—and for the environment.

Homes in the suburbs were far away from each other and from cities, which were seen at the time as chaotic and unpleasant. Initially, this distance was not considered a problem, since more and more families owned a car. But as time went on, men—who still drove to the city to work—realized they were wasting hours each day in traffic, while women—who stayed home to raise children—felt bored and isolated. Gas was now a significant expense. The clean, green suburbs existed only in people's imagination, because roads had to be built through natural areas. (　**2**　), the necessity for driving meant that living in suburbia led to dissatisfaction. Crime also increased in suburban areas as frustrated teens, trapped in an area with few amenities, made trouble to pass the time.

It is hardly surprising that in the twenty-first century, (　**3**　). Journeys in the city are shorter and tend to be made on foot or by bicycle, saving both money and the planet. Houses and apartments are closer together, which makes them more energy-efficient, and there is always something to do or see in lively urban centers. It seems that the contemporary American Dream is not to move away from the cities, but to run towards them.

(1) **1** have a modern apartment in the city
2 design and build one's own home
3 work without going to the office
4 buy a detached house in the suburbs

(2) **1** Finally   **2** In short
3 For example   **4** However

(3) **1** more people are using public transportation
2 the United States is becoming less safe
3 young people are rejecting the suburbs
4 urban living is enjoying renewed popularity

大問2 語句空所補充　250 words　14　解答時間 7 分

社会・政治・ビジネス

本冊・解説 → P.041

Voluntary Human Extinction Movement

For most people, having children is a life goal and a pleasure. However, one campaign group hopes to convince us, for the sake of the planet, (1   ). The Voluntary Human Extinction Movement (VHEMT) believes that humans have done too much damage here on Earth, causing millions of species of animals and plants to go extinct—so now *we* should be the ones to go extinct. By choosing not to create more humans, they say, we will allow nature to recover.

As one might expect, this position is not a popular one. Opponents argue that humans are a part of nature; that people will never be convinced to deny their biology; and that not all of us act in ways that harm the planet. They suggest VHEMT's philosophy is a cruel one, and its members must be happy when human lives are lost to natural disasters and illness. However, representatives of the Movement (2   ). Their motto is "Live Long and Die Out"—which is to say, they do not wish for existing humans to suffer and die, but for no more to come into the world.

VHEMT even encourages existing parents to join their cause. If a couple decides to have no further children, the Movement considers this a success. (3   ), one study showed that not having a baby is 25 times better for the environment than not having a car! But widespread acceptance of VHEMT's position seems unlikely any time soon. The writer Stephen Lunn probably spoke for many when he said: 'I see humans as problem solvers, so the more people there are, the more problems will be solved and the better society will be.'

(1) **1** to talk more about politics   **2** not to reproduce at all

     3 to adopt healthier lifestyles   **4** not to spend time outdoors

(2) **1** have never denied this fact   **2** refuse to discuss this

     3 insist this is not the case   **4** say we should accept this

(3) **1** Besides   **2** After all

     3 Likewise   **4** Instead

Changing Faces

For many women, applying lipstick before leaving the house is as much a part of their daily routine as brushing their teeth. But according to recent surveys, American women spend two weeks and $480 per year on cosmetics. This is a huge investment, which may account for (　　**1**　　). A qualified technician can now inject pigment—colored material that will not dissolve in water—into eyebrows, eyelids, cheeks and lips. This gives the illusion of wearing cosmetics 24 hours a day, which is extremely convenient for a number of different groups.

Women with busy schedules are the most obvious beneficiaries, but those who regularly play sports may also appreciate a faster turnaround in the locker room. Some women opt for the procedure because of poor eyesight, or because of health problems, such as arthritis, which make their hands unsteady. (　　**2**　　), this kind of makeup is a blessing for anyone who has undergone reconstructive surgery. A facial "tattoo" can cover scars, and give someone renewed confidence in their appearance after an accident.

However, medical authorities point out that the risks associated with tattoos apply equally whether carried out on the back, arms or face. In the United States, certain pigments that have not been approved by the Food and Drug Administration are in wide use and may cause allergic reactions. Disappointment with the results of the procedure—which can only be reversed with difficulty—is relatively common. In short, the decision (　　**3**　　).

(1) **1** a rise in budget makeup brands all over the globe
2 the development of multi-purpose products
3 some women's reluctance to wear makeup today
4 the increasing popularity of permanent makeup

(2) **1** Moreover   **2** As a result
3 Even then   **4** Otherwise

(3) **1** is supported by medical findings
2 should not be taken lightly
3 requires a long-term investment
4 is one younger women regret

演習問題

大問 3

解答・解説は048〜102ページに掲載されています。

Overfishing

Fish are an important food source because they contain high levels of protein, and fishing has always been a major economic sector in countries by lakes, seas or oceans. Up to the 1950s, the amount of fish caught was balanced by the number of fish that reproduced. After that period, however, governments enlarged their fishing industries to make this protein-rich food more available. Industrial-capacity fishing boats used aggressive methods to retrieve tons of fish during each trip they made. Targeting high profits, these large corporate boats competed intensively, resulting in overfishing. Specifically, they caught too many fish at one time, so the local fish population did not have a chance to recover by breeding at the usual rate. As a result, their numbers dropped dramatically.

Although there were certain areas that experienced overfishing at times, the issue became a global problem by the 1990s. In 2003, a scientific report estimated that fish populations in the world's oceans had decreased by 90%. Some commercially popular species like orange roughy, Chilean sea bass or bluefin tuna have almost completely disappeared due to overfishing. Worse, when fishing ships pull in their catch, many other types of sea life (called "bycatch") are also hauled in, and then simply thrown away.

A 2006 article in *Science* magazine predicted that if these current trends continue, all of the world's fisheries will collapse by 2050. This is considered a valid threat and marine experts and economists are working on strategies to prevent it. Some say that governments should regulate how many fish can be caught and introduce "closed seasons" and "no-go zones." Others advocate privatizing fisheries to improve efficiency and use gentler fishing methods to minimize damage to sea life. Establishing more fish farms is also viewed as a possible solution because their impact on the marine environment is minimal.

(1) According to the author of the passage, overfishing is

    1 the result of national governments trying to reduce hunger in coastal countries.

    2 the least common in regions where protein-rich foods other than fish are available.

    3 caused by companies aiming to make a profit from selling large quantities of fish.

    4 only problematic if more than half of a breeding fish population is caught at one time.

(2) Three species of fish are mentioned to give an example of animals that

    1 are nearly wiped out due to a damaging commercial process that is carried out on a global scale.

    2 were saved from extinction over the last few decades by the coordinated efforts of international scientific bodies.

    3 are often caught accidentally as bycatch when the fishing ships lift their catches out of the ocean.

    4 were severely overfished some time ago, but have managed to come back in greater numbers today.

(3) According to the passage, what is one thing that can stop overfishing?

    1 Private fisheries that cause less damage to marine animals should replace large corporations operating at sea.

    2 The areas next to seas and oceans should be declared "no-go zones" by government authorities.

    3 Scientific magazines should give more information to the public about the harmful effects of overfishing.

    4 Only fish that are raised in captivity on fish farms should be allowed to be caught and sold.

自然・環境

本冊・解説 → P.051

Water Hyacinth

With its beautiful violet or purple flowers, the water hyacinth is a common feature of garden ponds and aquariums. The attractive floating plant, however, is actually one of the most harmful invasive species in the world. It mainly appears in waters affected by human activity, such as around dams and irrigation canals. Once it starts spreading, it clogs waterways, limiting fishing, swimming, and boat traffic. Since it creates a thick layer of vegetation on the surface of ponds and slow-flowing rivers, it prevents sunlight and oxygen from entering the water and, therefore, dramatically changes the ecosystem.

The water hyacinth originates from the Amazon basin of South America, and started spreading to other parts of the world in the 1880s. It invades large areas quickly because it reproduces in just one week and can tolerate a wide range of weather conditions. Wherever it starts to grow, people try to utilize it because they understand that killing it off completely is almost impossible. The water hyacinth is fed directly to animals or used as fertilizer and compost in organic farming. Studies have shown that, when dried out, it has double the heat output of methane, so it can be used to warm homes. In addition, the roots of the plant absorb pollutants such as lead and mercury, so wastewater is often treated with it.

Despite its varied uses, the water hyacinth is still considered a weed and governments around the world try to eliminate it. Since mechanical removal of the plant is expensive and chemical control may pollute the water, the gentlest and most cost-effective way is applying biological controls, which means that authorities introduce natural enemies of the water hyacinth into infested areas. These include insects—such as weevils—that eat the stem tissue of water hyacinth and carry microorganisms that cause fatal infections in the plants, and also mammals like the manatee that can eat up to 45 kgs (108 lbs.) of water plants a day.

(1) According to the author of the passage, the water hyacinth

    1 is popular due to its ability to keep the water of small ponds cleaner than any other plant species.

    2 can be found in the smallest numbers around dams and canals because human activity is limited in those areas.

    3 has a tendency to upset the delicate balance of its environment wherever it appears.

    4 causes irreversible damage to human settlements by sucking oxygen and other important elements from the ecosystem.

(2) One way the water hyacinth is useful is that

    1 it can be organically grown in most places with minimum use of expensive fertilizers.

    2 it grows quickly in optimal weather conditions and can be cheaply harvested several times per year.

    3 it is ideal material for carrying wastewater out of homes or other types of residences.

    4 it produces a high amount of energy that may help people live more comfortably.

(3) According to the author of the passage, why are certain creatures introduced into areas infested by the water hyacinth?

    1 Some insects not only consume water hyacinth parts but also expose the plants to deadly diseases.

    2 An increasing number of water hyacinth patches are becoming immune to other types of defensive procedures.

    3 Certain water mammals have been found somewhat useful in the mechanical removal of the water hyacinth.

    4 A few species of insects are known to produce a chemical that causes complete destruction of the water hyacinth.

社会・政治・ビジネス

本冊・解説 → P.054

Western Countries Recruitment of Doctors and Nurses from Poor Countries

Many of the world's wealthy nations are facing a shortage of healthcare workers. In response to this issue, these countries are actively recruiting foreign experts to fill the gap. At face value, this may appear to be a win-win situation. For many foreign healthcare workers, this provides an opportunity to improve their quality of life, thanks to higher wages, while offering opportunities for career development from the more developed medical industry in the host country. However, many argue that by strengthening their healthcare systems through foreign recruitment, wealthy nations are causing problems in the countries from which they are recruiting.

A recent report by the Tropical Health and Education Trust (THET) identified that the British National Health Service commonly recruited from low-income countries. The THET report points to countries such as Indonesia, which makes up the second-highest group of internationally recruited healthcare workers. According to the report, Indonesia has "serious difficulties in providing health coverage in remote regions of the country." In essence, these countries cannot afford to lose their healthcare workers. However, opponents to this position argue that the economic revenue generated from expatriation of medical workers strengthens low-income economies. They posit that the revenue stream generated by overseas worker's sending earnings home boosts the country's ability to procure better technology and medicines.

Some solutions have been proposed to address this problem, but two stand out as the most likely to succeed. Many developed nations have now developed a Code of Practice for International Recruitment. With such policies, countries are prohibited from taking healthcare workers from low-income countries. The second approach, called "Earn, Learn, Return Schemes," promotes recruiting nurses from abroad with the intent of providing them with medical training before sending them back to their home country. This second solution, in particular, may kill two birds with one stone, by providing developed nations with healthcare workers they need, while also implementing a medical education system for poorer countries.

(1) According to the passage, one reason healthcare workers may choose to work abroad is that they

1 want to support countries that need more workers as their skills are not needed at home.

2 see an opportunity to develop professionally in a more advanced industry.

3 are looking for a path to relocate their family to a more prosperous country.

4 do not feel that their skills will be fully utilized in their home country.

(2) What argument do some critics raise in defense of recruiting foreign healthcare workers?

1 Poorer countries, in which developed countries recruit workers, do not need the workers themselves.

2 Technology is the best solution to support healthcare workers in rural settings which lack adequate medical support.

3 Low-income nations can only afford to employ more trained healthcare workers by sending healthcare professionals abroad.

4 The benefits to low-income country's healthcare systems generated by expatriation outweigh the loss in healthcare workers.

(3) What solution has been offered that may benefit both wealthy countries and low-income countries?

1 Increasing the rate of pay for healthcare workers in low-income countries to encourage them to remain.

2 Developing more robust healthcare systems in low-income countries, so they have more experts to send aboard.

3 Recruiting healthcare workers from low-income countries, training them in wealthy countries and sending them home after their contract.

4 Formulating a Code of Practice for International Recruitment within low-income countries in order to protect their healthcare system.

社会・政治・ビジネス

本冊・解説 → P.057

A New Way to Measure the Success of a Country

Since the mid-1930s, countries around the world have measured their success through a measurement system called Gross Domestic Product, or GDP for short. GDP is calculated by determining the value of all goods and services produced within a country over a year. By running this calculation, economists and politicians can gauge the wealth of any country and therefore select policies that will maximize that wealth. By using these measures we can ascertain which countries are 'developing' and which are 'developed.'

GDP is not without its shortcomings, however. Most notably, many argue that nations that measure their success monetarily, subsequently select policies and institutions that will most directly affect their economy. These policies often come at the cost of other measures such as happiness, trust, and culture. Indeed, Simon Kuznets, who helped develop the principles of GDP, stated in 1934 that "Distinctions must be kept in mind between quantity and quality of growth." Over 85 years later, his warnings seem more pressing than ever. By focusing on GDP many argue that we have ignored issues such as climate change and increased mental health issues such as depression. Indeed, many would argue that prioritizing GDP has not made us happier.

In the 1970s, the king of Bhutan, Jigme Singye Wangchuck, observed this problem clearly. In response, he promoted a different measure of a country's success, which he coined 'Gross National Happiness' (GNH). GNH measures a country's progress by considering variables such as health, education, ecology, psychology, cultural diversity, and other metrics. Wangchuck argued that GNH "is more important than GDP" because it focuses the government's attention on policies that develop the well-being of a population and not just their wealth. Many cities and international organizations have taken note. Victoria, Canada; Sao Paulo, Brazil; Bristol, UK; and even the UN General Assembly have all adopted variations of GNH in order to focus their attention on quality of life.

(1) According to some economists, one benefit of measuring a country through GDP is that it

   1 allows policymakers to assess the prosperity of a country and identify ways to increase that wealth.

   2 is generally supported as a measure of the economy by all citizens of a country, no matter how much money they earn.

   3 highlights which countries are developing and allows developed countries to select policies to help them.

   4 considers all of the products and services within a country and helps set a proper price.

(2) What did Simon Kuznets see as a potential issue with measuring a country through GDP?

   1 Focusing too heavily on economic growth will lead to a greater divide between the wealthy and poor.

   2 Simply growing an economy does not necessarily mean that the population will have a better standard of life.

   3 We must prioritize mental health issues such as depression before we focus on economic growth.

   4 GDP can vary widely from country to country and is calculated in different ways, making it unreliable.

(3) What benefit does Jigme Singye Wangchuck's alternative to GDP offer the citizens of Bhutan?

   1 It is a fairer measure to use when comparing different countries around the world.

   2 It considers the reasons behind economic growth and well-being, whereas GDP does not.

   3 It eliminates the need for a government to create policies which focus on economic growth.

   4 It encourages the government not to focus too heavily on economic productivity and instead focus welfare.

歴史・文化

本冊・解説 → P.060

Where East Meets West

The city of Istanbul, in Turkey, has many claims to fame. It is the best-known city to be defined as transcontinental, which is to say located on two continents (Europe and Asia). This melting pot of cultures attracts 12 million foreign tourists each year, making it the fifth most-visited city in the world. People flock to Istanbul to see its stunning skyline, to taste its delicious cuisine, and chiefly to soak up the incredible history that lies in every building and street.

Under its previous name, Constantinople, the city served as the capital of a series of empires for almost 1,600 years. It belonged first to the Roman-Byzantine Empire, then the Latin, then the Byzantine, and finally the Ottoman. The building in which the development of Istanbul can be seen most clearly is Hagia Sophia, which was erected as a Greek Orthodox church, later transformed into a Catholic church, and finally remodelled as a mosque. As well as its religious history, Istanbul's architecture evidences its commercial past and present. The city's strategic location between East and West means it has long been a powerful center of trade, and the Grand Bazaar has stood in the district of Fatih since the fifteenth century.

It was not until 1923, after the Turkish War of Independence, that the city was given its modern name. It was also stripped of its position as capital, though many people still assume today that Istanbul, rather than Ankara, is Turkey's capital. It is certainly the cosmopolitan hub, if not the political one, with less than a third of its residents born there. This has led many artists to fall in love with it; as the French poet Alphonse de Lamartine said, "If one had but a single glance to give the world, one should gaze on Istanbul."

(1) According to the author of the passage, visitors are mostly drawn to Istanbul because

    1 its cultural attractions and restaurants offer good value for money.

    2 it has an interesting past that can be felt just by walking through it.

    3 its old architecture provides abundant accommodation for tourists since the distant past.

    4 it has a long tradition of welcoming tourists from foreign countries.

(2) What do we learn from the passage about the history of Istanbul?

    1 The city has been dominated by different empires and faiths at different times in its past.

    2 The history of the city can be understood by looking at the materials used to build the Grand Bazaar.

    3 The position of the city when it was known as Constantinople was not the same as it is today.

    4 The location of the city has encouraged the sharing of religious ideas since the distant past.

(3) According to the author of the passage, why are creative people so attracted to Istanbul?

    1 Since the Turkish War of Independence, the government has offered incentives for artists to move there.

    2 It is a diverse city that is home to people from a wide variety of backgrounds.

    3 It has a more exciting cultural life than the capital, Ankara, because it is not the political center.

    4 Compared to most European cities, it is easy for writers to establish their careers there.

自然・環境

本冊・解説 → P.063

The California Condor Recovery Project

In the 1980s, an ambitious and very costly project was started in the United States. Named the California Condor Recovery Project, its aim was to bring the largest North American bird back from the brink of extinction. Before the last ice age, the magnificent scavenger had roamed the whole continent, but due to the disappearance of large mammals, its habitat became restricted to the Midwest and the West Coast. As European settlers were pushing west, they often caught, poisoned, or shot condors and reduced their food supply by hunting animals that the birds were relying on for survival. As time went by, the number of California condors kept decreasing despite the fact that it has been illegal to kill the birds since the mid-1910s.

When only twenty-two California condors were left in the wild, the United States approved extending an already-existing captive breeding program to the endangered birds. Led by the San Diego Wild Animal Park, all remaining specimens were captured by the spring of 1987 and distributed between the SDWAP and a few zoos. The recovery project took off rather slowly because female condors lay only one egg every other year. To speed up breeding, the experts took away the first egg of every breeding pair, knowing that the condors have a special ability to "double clutch," that is, to lay another egg if the one they laid is lost. The condors responded well to breeding in captivity, and when their number exceeded fifty, their reintroduction into the wild began. In 2003 the first wild condor nestling was born, and July, 2019 saw the hatching of the one thousandth condor.

Researchers are now working on removing all obstacles from the complete recovery of the California condor. They are doing it not just because the bird is the last surviving *Gymnogyps*, but also because scavengers play a critical role in nature. They prevent the spread of diseases by eating bacteria along with the dead animals they find. The biggest issue facing conservationists is that the majority of the carcasses condors feed on are hunted animals that sometimes contain lead fragments from bullets. Unlike other scavengers, vultures, a group to which the California condor also belongs, have very strong digestive juices in their stomachs. For this reason, when they consume lead, it quickly gets into their blood and kills them. The Ridley-Tree Condor Preservation Act targets this specific problem by requiring that hunters use non-lead ammunition in the condor's range.

(1) What do we learn about the California condors?

  1 They were eaten by large mammals in such quantities that their numbers decreased to a dangerously low level by the 20th century.

  2 As the United States became more populated by newcomers, the animals the condors consumed grew scarcer.

  3 By the time killing them became illegal in California, irreparable damage had been done to their natural habitat.

  4 A program to reintroduce large mammals into the western region of the U.S. in order to save condors was begun in the 1980s.

(2) Why did the California Condor Recovery Project have little success at the beginning?

  1 Female condors had a difficult time adjusting to living among humans and were reluctant to mate.

  2 A majority of the eggs that were taken away from condor families did not hatch under laboratory conditions.

  3 Since the authorities waited too long to start, the collected specimens were too weak to be bred.

  4 Whether they live in the wild or in captivity, the condors only produce a single offspring once every two years.

(3) According to the author of the passage, what is one reason that California condors are still killed in large numbers?

  1 They contract fatal diseases caused by new types of bacteria that have appeared on their hunting grounds in recent decades.

  2 Regulations that ban the use of lead ammunition are not enforced with enough power in territories where condors live.

  3 The birds are unable to allow metal parts to pass through them without their chemical components getting absorbed into their bloodstream.

  4 Their nesting areas are very close to human settlements where they are often forced to feed upon poisoned animals.

演習問題 大問3 400 words

医療・健康

本冊・解説 → P.067

Minimally Invasive Surgeries

Minimally invasive surgery is considered by many health professionals to be the greatest advancement in the field since its advent in the 1980s. While all surgeries are, by nature, invasive, this method has a much smaller impact on patients' bodies than traditional operations. Under this technique, only a few cuts called "keyholes" are made, and most of the time an adhesive bandage is enough to ensure that cuts heal properly. A laparoscope, a long, thin tube with a light and tiny camera attached, is inserted through the first incision, enabling the surgeon to see the area to be operated on. The other cut or cuts are for the instruments that are used for the actual surgery.

There are a wide range of conditions that can be treated with exceptional results by applying this approach and the risks involved are fewer than in open surgery. Statistics show that there is less pain, chance of infection or blood loss and recovery time is shorter. A study conducted by researchers at Johns Hopkins Medicine in Baltimore, Maryland, was aimed at finding out why, despite its undeniable benefits, many hospitals do not utilize minimally invasive surgery as often as they could. The research relied on seven million patient stays across more than one thousand hospitals in the United States. Dr. Marty Makary, professor of surgery at Johns Hopkins and leader of the research, says that his team could see no clear relationship between the financial situation of a hospital and its utilization rate of minimally invasive surgery.

What they found, instead, was that whether an operation was performed in the traditional or minimally invasive way was simply a matter of the given surgeon's preference. For instance, in an appendectomy, or removal of the appendix, the minimally invasive approach would have been justified in 71 percent of operations. Yet, only one quarter of hospitals opted for it, because surgeons were not interested or skilled in the procedure. Dr. Makary notes that a lot depends on what surgeon residents learn in their teaching hospitals. If they are taught traditional techniques, they may feel uncomfortable performing surgical procedures through tubes inserted into patients. As stated by the professor, following convention is rather problematic in this case and surgical professionals should instead turn to new technologies, since they are proven to provide better patient outcomes.

(1) What is true of minimally invasive surgeries?

  1 As opposed to traditional surgeries, there is no need to create a cut in the patient's skin.

  2 Some of the surgical devices are delivered into the patient's body via a small opening.

  3 Surgeons use laparoscopes to apply adhesive bandages to cuts and wounds that have not healed properly.

  4 They were relatively common before the 1980s, but are no longer performed due to their undesirable impact on patients' bodies.

(2) The purpose of the Johns Hopkins Medicine study was

  1 to find out whether a connection between patients' financial situation and their treatment method exists.

  2 to gather enough data regarding the benefits of non-traditional surgeries to help the public make informed choices.

  3 to evaluate as many hospitals as possible from the viewpoint of cost control in minimally invasive surgeries.

  4 to discover the reasons why a modern surgical procedure remains underused in a large number of health institutions.

(3) According to Dr. Makary, what should some hospitals do?

  1 If they are not ready to perform minimally invasive surgeries, they should refer patients who need them to other hospitals.

  2 They should allow only younger residents to experiment with new procedures like minimally invasive surgery.

  3 Instead of relying on long-established methods, they should be open to improving their care by applying more sophisticated ones.

  4 In order to provide better patient care, they should invite expert surgeons from teaching hospitals to perform appendectomies and other surgeries.

Stress among High Schoolers

A 2014 study conducted by the American Psychological Association revealed that 83 percent of teenagers feel that school is the primary source of stress in their life. Students worry whether their grades are good enough and constantly compare themselves to their peers. Besides studying, they engage in extracurricular activities and take college preparatory courses, which add to their stress. Many get stuck in a permanent state of anxiety that does not allow them to have any fun even in their free time. The reason for such an unhealthy condition among teenagers is that students and parents believe that the only way to a good career is through a good college. As several educational experts have noted, college degrees have nowadays taken the place of high school diplomas as the minimum academic achievement a person needs. More specifically, many students have developed a notion that they need to get into the best universities to really make a difference in their careers.

Top-tier universities like Harvard, MIT, and Yale have recognized this trend and made admission extremely difficult. As a result, students are forced to not only increase their academic performance, but participate in extracurriculars, do sports, and even get some employment or volunteer experience in order to stand out. Psychologists warn that high levels of anxiety resulting from this fierce competition can lead to students becoming overwhelmed by the pressure they are subjected to. They advise school counselors to show these overworked teenagers how to achieve a balanced life and explain that it is unrealistic to do everything to perfection. In addition, counselors should encourage students to find hobbies they are passionate about and to meditate, exercise, and socialize with their peers.

At the same time, there are many teenagers who do not join this competition. Some may not wish to do so because they want to pursue other career options that they find more enjoyable, while others, particularly students from low-income areas, simply lack the resources to prepare for elite university application. The apprehension that this might prevent them from entering top universities creates a type of stress similar to those of their more affluent peers, as documented in a Stanford University study. These low-income students need not only academic help, but boosts to their confidence, so that they can achieve just as much as the children of the elites.

(1) The main cause of stress among teenage students is that

    1 preparatory classes for colleges have become very difficult to get into because of the high number of applicants.

    2 they fear that unless they attend one of the elite schools after graduating high school they may not find suitable future positions.

    3 in many cases the extracurricular activities they take part in do not match the college degree they intend to obtain.

    4 the quality of college education has become inferior to what it used to be and most college degrees have lost the prestige they had.

(2) What do psychologists recommend?

    1 Universities should make it easier for students to enter their institutions in order to reduce stress among high schoolers.

    2 Harvard and other high-ranking colleges should help students get some employment experience if they fail to get admitted the first time.

    3 Doing competitive sports only increases the pressure teenagers undergo, so they should choose other forms of relaxation.

    4 Counselors should consult students to help them set realistic goals and find various ways in which they can reduce anxiety.

(3) According to the author of the passage, some low-income students

    1 are discouraged by their parents to apply to the most prestigious universities but they are often reluctant to change their minds.

    2 are so afraid of failing and the negative opinion of other students that they target elite colleges despite their better judgment.

    3 escape from the stressful competition to enter into the best universities by concentrating on sports to fulfill their dreams.

    4 need to receive motivation from educators so that they can reach their full academic potential.

演習問題 大問3 400 words

Internet Filters

In the early days of the Internet, it was hoped that the free flow of information would allow people to have a broader and clearer understanding of the world around them. Although at first, this was true, over the past ten years, a different reality has presented itself. Search engine and social media companies have started relying on computer programs, otherwise known as "algorithms," to filter which information to display. This is beneficial for the users because it can make browsing for information less time consuming. It also benefits the platform because it not only keeps its users on their site, but it also allows them to target advertisements, resulting in higher profits.

There is, however, a tragic consequence of these filters. Speaking on the topic, Bill Gates, the founder of Microsoft, said that social media "lets you go off with like-minded people, so you're not mixing and sharing and understanding other points of view" however, "It's turned out to be more of a problem than I, or many others, would have expected." It appears that the algorithms force users into "filter bubbles," where they only see information that confirms their beliefs and ignores contrary opinions. Internet activist Eli Pariser agrees. To Pariser, filter bubbles "undermine civic discourse," and make people more susceptible to "propaganda and manipulation." The free movement of ideas is essential for a democracy to work, and so filter bubbles may be undermining the foundation of democracy.

Policymakers and tech companies have started to take note in recent years and have begun implementing a range of countermeasures. The European Union has invested in research on the phenomenon, and the U.S. is considering passing the Filter Bubble Transparency Act, which would allow users to opt out of personal data-influenced searches online. Meanwhile, social media platforms Facebook and Google are looking at how they can adjust their algorithms to expose people to different points of view. However, proponents of the status quo argue that it is not algorithms that filter out contrary points of view, but human nature. Data scientists at Facebook recently found that people tend to have friends who have similar ideologies and that they will more likely share information that aligns with these ideologies with one another. Although this is likely true, people such as Pariser advocate not only corporate responsibility but individual responsibility. To counter the effects of filter bubbles, they encourage people to download fact-checking plug-ins such as "Escape your Bubble," and to use anonymous search engines such as DuckDuckGo.

(1) According to the author of the passage, what is one benefit for Internet users of companies using algorithms?
  1 They provide a wider range of information for users to read and consider.
  2 They allow websites to freely share information directly to the people who want to read their content.
  3 They make searching for information more streamlined and easier for users to navigate.
  4 They allow advertisers to target the people who are most likely to purchase their products.

(2) Based on his statement in the passage, Eli Pariser would most likely agree that
  1 experts initially thought that filter bubbles would have a positive effect on the Internet.
  2 the use of filter bubbles has allowed some people's opinions to be influenced by political groups.
  3 filter bubbles need to be entirely eliminated if we want democracy to succeed.
  4 discussing ideas with like-minded people allows for a deeper understanding of a topic.

(3) What might the data scientist at Facebook say about Filter Bubble Transparency Act in the U.S.?
  1 The act won't have much effect on the information that people consume on the Internet.
  2 The act is a necessary step to stop people from falling into the trap of filter bubbles.
  3 The act has come too late in the history of the Internet, and it is now too late to change human behavior.
  4 It should be left up to the individual, not the government, to choose what information they are exposed to.

社会・政治・ビジネス

本冊・解説 → P.079

Problems with Bringing the Internet to Everyone on Earth

We live in what sociologists' call "the information age." Unlike previous generations, which relied on industrialization or agriculture to gain wealth and power, modern economies now depend on the flow of information. Our economic, education, and even political systems depend on high levels of information to succeed. Many developed nations made a transition towards an information-based society in conjunction with the rise of the internet. Today 3.9 billion people are connected to the internet, but for low-income countries, primarily in Africa and much of the Middle-East, access is difficult. In response to this untapped market, SpaceX, a U.S. aeronautics company, plans to send 30,000 satellites into orbit through a project called "Starlink." When fully operational, Starlink will provide internet to every location on earth and, it is hoped, bring the remaining 4 billion people into the information age.

Although the Starlink project has admirable goals, some people are not in favor of this project, especially astronomers. Since 2018, as many as 1,584 satellites have been launched, and many of them are clearly visible in the night's sky to the naked eye. This relatively small number has been causing serious issues for astronomers who depend on clear skies to look at the stars and distant bodies through their telescopes. Jonathan McDowell, an astrophysicist at the Harvard-Smithsonian Center for Astrophysics, wants the satellites removed. He has been measuring the satellites' brightness. His report has found they consistently interfere with observations, making accurate measurements almost impossible. He says, "the bottom-line answer is, you can consistently see these things."

In response, SpaceX has offered a wide range of solutions that they believe will solve the issue. Since 2020, they have started painting their satellites so that they don't reflect light as easily. In addition to this, they have offered to provide on-demand adjustments of their satellite's orientation if a scientific organization requires a clear sky. As an extra measure, they have made satellite tracking data publicly available so that astronomers can time their observations to avoid seeing any of the satellites. Despite these changes, many astronomers still feel that such a project may cause lasting difficulties for their profession. However, for SpaceX, and for U.S. policymakers, the benefits of the interconnected world offered through Starlink still far exceed the difficulties posed to astronomers. Still, it seems the problems have only just begun. In 2019 the Blanco telescope in Chile lost hours of work when 19 satellites passed overhead. McDowell feels that the problem will get worse over time, stating "we can hope that the changes to Starlink will improve things, but let's see, the proof is in the pudding, right?"

(1) According to the author, what is one reason that low-income countries have had difficulty keeping up with developed countries?

1 With access to the internet, developed countries have been able to manage the information that low-income countries have access to.

2 Low-income countries have refused to use technology that they need to compete in the modern economy.

3 Without access to the internet, low-income countries have not been able to compete in the information-age successfully.

4 Low-income countries have refused to change their economic systems towards an information-based economy.

(2) Based on his statement in the passage, Jonathan McDowell would most likely agree that

1 as more satellites are launched, it will become easier for astronomers to predict their movement.

2 the issues that have come from the Starlink project may continue to affect astronomers' work in the future.

3 the development of the Starlink project has had hardly any effect on the progress of the field of astronomy.

4 many of the solutions offered by SpaceX will likely solve the issues currently facing astronomers.

(3) Why might the complaints from astronomers be ignored by governments?

1 The potential income from Starlink is much greater than the income generated through space exploration.

2 The advantages of providing everyone with the internet are far greater than the problems facing astronomers.

3 All of the issues being presented by astronomers can easily and permanently be solved.

4 Astronomers do not have as much influence over legislators as large companies like SpaceX.

医療・健康

本冊・解説 → P.083

Foreign Accent Syndrome

Although there have been only about a hundred and twenty reported cases since its first description, foreign accent syndrome (FAS) is a legitimate medical condition. It is characterized by patients developing speech patterns that are different from those of their native tongue. What we know today as foreign accent syndrome was first described by French neurologist Pierre Marie in 1907. He had a patient from Paris who began speaking with the thick accent of northern France after he suffered a stroke. Doctors have learned a lot about the syndrome since then, but it is still one of the most mysterious diseases known to medical science.

Similarly to Dr. Marie's patient, most of the people examined had had a stroke before they showed symptoms of FAS. However, scientists have also identified developmental or psychological disorders and head injuries as causes of the condition. There are different parts of the left side of the brain that are responsible for controlling speech, and damage to any one part may cause FAS. The condition is puzzling because even though our speech pattern becomes fixed by the time we reach adulthood, when triggered by some trauma to the brain, a patient's whole phonetic system can change overnight. To be specific, they start using vowels and consonants that are not typical of their native tongue. Generally, people with FAS sound as if they spoke their own language with a foreign accent.

One of the most distressing consequences of acquiring FAS is that patients become isolated from their communities. A particularly detailed case study of a Norwegian woman proves how much hardship this condition can cause. The woman suffered a head injury in the Second World War, and, as a result, began speaking with a German accent. Since Norway fought against the Germans in the war, she was treated like an enemy and had to suffer the hostility of her own country's citizens. More recent cases reveal that speaking with a different accent creates problems in peacetime as well. Patients who have been diagnosed with FAS give accounts of feeling alienated from their own identity. They look in the mirror and see a familiar face, but when they start to speak, they hear a stranger. It is not surprising, since the way we speak shows where we come from and even marks our social class and education level. In other words, it directly reflects who we are, so a change in our speech can be a scary experience.

Thankfully, FAS is usually a temporary stage on the way to recovery from a stroke or similar trauma to the brain. Even so, treatment to reduce the emotional stress the disease causes is highly recommended for patients. There are certain medications that prevent further strokes and reduce pressure on the damaged part of the brain. Operations to reduce blood flow through the veins affected by a stroke or to remove a clot from blood vessels have also proven efficient. Once the underlying physical causes of FAS are removed, patients usually recover their normal speech. If such physical causes are not found, speech therapy is used to teach patients to recreate the sounds they were once able to pronounce naturally.

(1) What do we learn about FAS in the first paragraph?

   1 Pierre Marie was mystified by his FAS patient's condition, but modern-day doctors have a clear understanding of the disease.

   2 Pierre Marie was the first person in medical history who was able to examine several patients with FAS.

   3 The symptoms of FAS were relatively mild when the condition was first reported in 1907.

   4 FAS makes patients sound as if they were born and raised in a region different from their homeland.

(2) Research into FAS has shown that

   1 patients who were diagnosed with this condition invariably had several types of psychological disorders.

   2 people are more likely to develop FAS if their speech pattern becomes fixed at a later stage in their lives.

   3 trauma to a single section of the brain can change a person's ability to pronounce the sounds of their own language.

   4 the way patients with FAS pronounce their vowels and consonants can help doctors identify the exact location of their injury.

(3) According to the author of the passage, how does FAS affect patients?

   1 Hearing themselves speak in a different manner makes them question the reality of their own personality.

   2 Because they have difficulty speaking, people start avoiding their company and they may start to consider self-harm.

   3 Patients start to fear that, because of their alienation from their own identity, they will lose their current citizenship.

4 When the patients look in the mirror and observe the facial changes, they get scared that they will never recover.

(4) What is one of the most effective treatments to control the symptoms of FAS?
 1 Taking medicine that helps reduce stress and enables patients to regularly get a good night's sleep.
 2 Removing small parts of the brain which have been filled with clots by the advance of the disease.
 3 Finding tissue that has been damaged by trauma to the body and then applying medicine that can repair it over time.
 4 Learning how to change the way that one speaks with the help of training by people with relevant expertise.

医療・健康

本冊・解説 → P.087

Healthcare in the United States

The aim of a 2018 study by the Journal of the American Medical Association was to discover why healthcare spending in the United States is so much greater than in other high-income countries. The main finding of the study was that though the standards of service and professionalism in US healthcare are similar to other wealthy nations, both the state and its citizens spend substantially more money on healthcare infrastructure. Whereas the average spending of rich countries is 11.5 percent, the US allocates 17.8 percent of its GDP to healthcare. Medical treatments and drugs are also much more expensive in the country, which puts a heavy burden on its lower economic classes.

While they acknowledge these results, many experts argue that they are simply the symptom of an inherently faulty and unfair system. The underlying problem, they say, is that, unlike other advanced countries, the American government fails to oversee and regulate prices, instead allowing private insurance and pharmaceutical companies to set them. Healthcare is run as a for-profit industry, rather than a system aiming to provide affordable care to every citizen. This approach is best exemplified by the fact that the public share of the US healthcare system makes up less than half of the total. Meanwhile, even Switzerland, which has the largest private sector after the US, spends twice as much on its public sector than on its private one.

Though there are multiple reasons for these high expenditures, the one most often quoted is the extreme size and complexity of the American healthcare bureaucracy and the high administrative costs that come with it. The public sector offers different plans for seniors, military personnel, poor people under 16, poor people over 16, government workers—and so on. In addition, hundreds of private insurance companies offer thousands of personalized plans with numerous tiers of coverage. In addition, both public and private service providers must follow complex regulations regarding usage, billing, funding, and coding, so for every three doctors there are two billing staff employed just to handle such paperwork. Therefore, it is not surprising that eight percent of the income from medical services is spent on administration alone.

According to most polls, about half of the American population would welcome some change. Proposals for a single-payer, universal system have been introduced, but political opposition is very strong. The major stakeholders in the current system—insurers and pharmaceutical companies—have much to lose and represent a powerful lobby. In a single-payer system the government covers all or most medical services, so private insurers would go out of business and most other medical service providers would lose profits. Advocates of the single-payer system claim that, though a reorganization of the industry would entail considerable initial investments, over the long run it would bring coverage to every American, decrease the financial burden of healthcare, and improve overall health outcomes for all citizens. Other experts propose a hybrid system, where consumers would have the option of choosing either a governmental or private provider (as in the United Kingdom). However, so far, most steps toward even that kind of compromise have been defeated.

(1) What do we learn about healthcare in America in the first paragraph?
   1 Every year, more than a quarter of the American GDP goes to covering the health insurance costs of its citizens.
   2 Despite having lower expenditure rates, the quality of healthcare is higher in the United States than in other high-income countries.
   3 The American government is trying to find ways to include more people from lower social classes in affordable healthcare.
   4 Its quality is similar to that of several other wealthy nations that spend much less on healthcare than the United States.

(2) One of the reasons that healthcare in the United States is expensive is that
   1 the government is levying high medical taxes in order to be able to provide the same type of premium but free medical care to poorer citizens.
   2 instead of a central administrative entity having the authority to control medical prices, they are determined by transactions within a private network.
   3 an increasing number of patients opt for more costly private medical care since the public sector fails to provide comparable quality.
   4 unlike most other welfare countries, the American government does not allow foreign insurance and pharmaceutical companies to operate in the country.

(3) The complexity of the American healthcare system is a problem because
   1 patients have a difficult time choosing the right insurance plan for themselves because the insurance policies are unclear on many points.

2 a disproportionately large number of personnel work on administrative tasks such as invoicing and filing papers, which puts a large financial strain on operations.

3 regardless of what kind of coverage they have, people have to go through at least three doctors to complete the paperwork required to access basic medical care.

4 though the public sector is financed by the government and offers various health plans, none of them cover very poor or elderly citizens within most parts of the nation.

(4) According to its advocates, how would the United States benefit from a single-payer universal healthcare system?

1 The ongoing political tension regarding the debate about the best way to handle healthcare would be minimalized.

2 The new system would initiate a natural elimination of weak insurers and pharmaceutical companies and only the best ones would remain.

3 After a restructuring process the government would be able to provide better healthcare to all Americans at a much lower expenditure.

4 The current stakeholders of healthcare would copy the UK model and invest their money into government-owned services.

教育・心理

本冊・解説 → P.091

Teen Online Entrepreneurship

Social media has had a substantial effect on societies everywhere. Individuals keep in touch with friends and family, companies market their products, and governments and nonprofit organizations promote their goals and policies via the countless social media platforms available today. Their service is usually free and people can reach a worldwide audience through them. Pew researchers Monica Anderson and Jingjing Jang have found that social media is particularly popular among teens. According to their studies, teens say that social media helps them connect with classmates, find new points of view, and "keep up with the world" in general.

Although sociologists, teachers, and parents have often focused on the negative aspects of social media, such as online bullying and chasing perfection, less attention has been paid to the unique opportunities it offers teens. Entrepreneurship is one such benefit, partly because a social media-based business requires little or no capital. A teenager only needs a good Internet connection, a Webcam, and some motivation. Studies show that teen entrepreneurship in the UK rose 700% between 2009 and 2019, while in the United States, 6% of teen boys and 4% of teen girls have already started businesses. The trend is not limited to the West, however: highly successful teen entrepreneurs come from countries as varied as India, Russia, and South Africa.

Most online teen entrepreneurs earn money doing essentially simple things such as live streaming their everyday activities, posting product reviews, or giving their opinions on current topics their peers may be interested in. Some launch their careers online as singers, comedians or actors, and are then signed on to traditional movie or music studios. "Influencers" are a special type of young entrepreneur who can earn money just by endorsing, commenting on, or simply using a certain product or service in their social media. The presence of these and other online teen entrepreneurs further attracts teen customers, resulting in an overall growth of social media-based industry.

No matter how ambitious and hard-working these teens are, their business ventures would not be possible without the support or permission of their parents, if only because in most cases teens cannot sign legally enforceable contracts. Parents stand by their children because they believe that even if these teens do not work full time or become rich, they gain valuable skills. Although a few parents have taken advantage of their children's monetary success, most of them just provide guidance as wise business mentors and financial advisors.

Nevertheless, many educational experts and psychologists argue that early involvement in the business world is not good for youth character development. They warn that teens may find it hard to handle the incredibly stressful world of commerce and manage staff that are sometimes three times their age. Moreover, their desire to be famous and make a lot of money may distort their personalities. Though these experts acknowledge the usefulness of learning business concepts at an early age, they do not recommend teen involvement in the professional world beyond basic internships or part-time work.

(1) What do we learn about social media in the first paragraph?

1 It has given users opportunities to have contact with a wide range of people and ideas they would otherwise not have.

2 It has helped people across a range of ages to have mentally and physically healthier lives overall.

3 Few people expected social media to become as popular around the world as it has.

4 Both teens and older people understand that social media platforms have to be used more carefully.

(2) Teen entrepreneurship involves activities like

1 doing regular research into crucial issues that affect teens in their everyday use of tools such as the Internet.

2 finding the best young actors and musicians in order to help them someday reach a level of international fame.

3 getting familiar with merchandise that their followers may be interested in and explaining both its strong and weak points.

4 motivating other teenagers to launch their own business by posting content that explains the benefits of teen entrepreneurship.

(3) Why do parents support their children's business?

1 They believe that they would do more harm by prohibiting their children's business endeavors than by permitting it.

2 Personal ambitions to become their children's advisors plays the biggest part in parents' consent to teen businesses.

3 Working teens are thought to use their time wiser than those who are involved in less meaningful activities.

    4 They think that the knowledge their children obtain through managing their own business is vital for their later careers.

(4) What do some educational experts and psychologists believe?

    1 Teenaged businesspeople are in danger of developing in a disadvantageous way because of their eagerness to become rich.

    2 No business should be run by teens regardless of how experienced they are because it is illegal for them to sign contracts.

    3 Children should focus on exercise and studying until they are mature enough to handle the stress of great wealth.

    4 A business environment is only beneficial for teens if it allows them to learn all the interpersonal skills they need in the future.

歴史・文化

本冊・解説 → P.095

Indian IT Elite

Although it is not widely known, India is the second-largest software producer in the world, trailing only the United States. Most of the largest Western tech firms have operations there, carrying out everything from basic programming to cutting-edge research. Some of the very best Indian IT workers are recruited away to work directly in the West, and in such numbers that entire consulting firms specialize in contracting Indian tech developers for companies in Australia, Canada, the United States and beyond. The Indian IT sector earns billions of dollars a year this way, cultivates a class of world-class engineers, scientists, and designers, and otherwise greatly contributes to both the Indian and global economy.

Yet, the men and women who work in this sector are not necessarily viewed as heroes by Indian society at large. In some ways, this is part of some worldwide social resentment toward tech elites. In places such as Silicon Valley, for instance, residents have thrown rocks or eggs at private shuttle buses carrying tech staff to work. Others have physically confronted or fought tech workers wearing advanced gadgetry such as smart glasses. In cities as varied as San Francisco, New York and London, tech workers are often blamed for driving up rents, shopping costs and general living expenses to the point where many residents have no option but to move out. Worse, with their top-class apartments, stock options and degrees, tech workers are often viewed as smug and isolated. Neighbors often overlook the fact that the tech sector has brought in hundreds of millions of dollars in investment into their communities and provided job opportunities of all types.

This global "anti-tech" trend may also hold true in India. However, critics there go further than their Western counterparts do. One issue is "brain drain," as 10-15% of India's very best IT talent migrates abroad each year. Although many remit money to their families, their direct expertise is lost to their home country. Critics also point out that the majority of IT workers in India are focused on foreign companies, rather than domestic firms. On a cultural level, they view Indian IT workers as alien, particularly those who have worked or lived overseas for long periods. Critics perceive an attitude of superiority in the returning Indian national who has graduated from a Western university, worked for a decade or more in California or New York, speaks American-accented English and adopts some Western social customs. On top of this, many citizens question the need for continuing Indian government support for a sector which is clearly doing very well on its own.

However, a new and positive consensus about tech workers may be emerging in India. This is especially true as the country develops its own startup centers, venture capital, and large IT firms that bring substantial benefits to local workers. More importantly, Indians who learn technological and managerial best practices in the West sometimes bring their globally-acquired knowledge back to Indian firms and schools. The Indian economy has gained tremendously from this "reverse brain drain." Nevertheless, there are still mixed feelings among many Indians about their homegrown tech elites, and this will likely continue at least into the near future.

(1) What do we learn about India in the first paragraph?

  1 Although India is the second-largest software producer, it does not provide the right environment for cutting-edge research.

  2 Despite having a large number of qualified IT workers, foreign tech firms are discouraged from coming into the country.

  3 A large number of Indian IT workers who excel in their fields leave the country to work abroad.

  4 Firms contracting IT workers from India are fined billions of dollars every year for illegal operations in the country.

(2) According to the author of the passage, tech workers are

  1 generally highly valued in most parts of the world for their contribution to the local economy.

  2 required to travel in private shuttle buses in some areas because they are not allowed to use public transportation.

  3 blamed for readily engaging in physical fights and, in doing so, making some localities unsafe.

  4 unwelcome in some cities because they are often considered responsible for making housing unaffordable for current residents.

(3) What is a major complaint against the Indian IT sector?

  1 The Indian IT developers working in other countries leave behind their families in very difficult financial situations.

  2 The best of Indian tech talent does not benefit the country since they either work abroad or for foreign businesses.

3 Indian IT firms are forcing their employees to follow Western work culture and social habits.

4 The IT sector has failed to generate the expected revenue, in spite of getting consistent support from the Indian government.

(4) According to the author of the passage, why has the Indian attitude toward IT workers changed for the better recently?

1 IT workers in India and those working abroad are collaborating to reform some outdated Indian customs.

2 There is a smaller gap in earnings between Indian IT workers and employees of most other business sectors in India now.

3 Local businesses are being helped by the knowledge that Indian IT workers have gained while employed in other nations.

4 Indian IT workers who have lived in foreign countries for decades are returning to spend their retirement years in India.

Universal Basic Income

What would happen if a government gave all of its citizen's money for free? This idea, called Universal Basic Income or UBI for short, is one that has been gaining popularity in recent years. Many economists do not agree on an exact definition of UBI. Still, most agree that in its basic form, it would constitute paying all citizens enough money to be above the poverty line, the point at which people can no longer afford essentials such as food and shelter. In the United States, for example, a UBI would stand around $12,000 a year. The payment would not be taxed, and it would be distributed to everybody, no matter if they worked or not.

Although this sounds like a modern idea, it has a long history. In the late 1700s, Thomas Paine, one of the founding fathers of the US, promoted the idea of giving £10 to every person after turning 50. In the 19th century, Napoleon Bonaparte also supported the idea but never enacted any policies. In 1934, Huey Long, a US senator, proposed a bill that would give all citizens a guaranteed income of $2000 per year. Other notable proponents include figures such as Martin Luther King and President Richard Nixon. However, the idea never gained popular momentum as it was always seen as prohibitively expensive and unrealistic.

Things started to change after the global financial crash of 2008. The recession severely affected countries around the world, and in response, politicians and economists started to consider UBI. Policymakers on the left see it as a remedy for growing inequality between the rich and poor. On the right, politicians are starting to see UBI as a way of making welfare (supporting families who need money) more efficient. Supporters of UBI on both sides believe that as our economies become more efficient, the old dream of providing everyone with some kind of income may now be possible. However, not everyone is convinced by this idea. Bill Gates, the owner of Microsoft, is skeptical. In a recent interview, he argued that "even the US isn't rich enough to allow people not to work." He is not alone in his thoughts. Critics of the idea usually make two broad arguments—one, that it is simply too costly for most governments to provide, and two, that a UBI would remove the incentive for people to work, eventually destroying the economy.

To answer the questions posed by the critics, the Roosevelt Institute ran an economic model to assess the impacts of a UBI. They found that contrary to the critics' belief that UBI would hurt the economy, the opposite occurred. They discovered that a UBI actually stimulated the economy through increased spending; a \$1000 UBI actually expand the economy by 12.56%. As for the argument that UBI reduces the desire to work, Karl Widerquist, a Georgetown University professor, points to a UBI experiment run in the US from 1968 to 1980. Although people did work less, working hours dropped by less than seven percent, but the opportunities for education and finding meaningful work expanded greatly. The truth is, more studies need to be conducted to see if the critics' worries are warranted.

(1) According to the author, the generally accepted definition of UBI is one in which
   1 citizens of a country receive twelve thousand dollar per year to pay for essentials.
   2 people who receive money from the government would be expected to also work.
   3 the government provides its citizens with enough money to cover their basic needs.
   4 only the citizens who need support to cover paying for essentials would receive it.

(2) Despite many people advocating for UBI, the popular opinion of it in the 19th and 20th century was that it
   1 was not achievable due to the economic limitations of the time and a lack of popular support for its implementation.
   2 could have been applied to some, but not all, societies if the idea had gained more attention from the public.
   3 was only an idea that intellectuals liked to play with and was not taken seriously by anyone.
   4 should have been implemented but was regularly blocked by the wealthy classes who refused to pay for it.

(3) What do critics of UBI consider to be the largest obstacles in applying such a policy?
   1 UBI will make the country slow to adapt to changes in the economy due to increasing labor cost.
   2 UBI would make a nation poorer overall due to its extremely high cost and a subsequent drop in employment rates.

3 UBI is too poorly understood to be properly applied to any nation, and considerable research is first needed.

4 UBI would make it more difficult for people to find the jobs they are qualified for, and so it would harm the economy.

(4) The Roosevelt Institute would most likely agree with which of the following statements?

1 If a government started using UBI, it would result in greater demand for products in the marketplace which would support industry.

2 More experiments need to be conducted if we want to truly understand the political implications of implementing a UBI.

3 A UBI will only minimally reduce the workforce at first and will eventually lead to better work placement of a country's citizens.

4 A successful society can navigate difficult economic times by supporting all of its members through systems such as UBI.

模試

TEST 1

解答・解説は104〜120ページに掲載されています。

2

Read each passage and choose the best word or phrase form among the four choice for each blank. Then, on your answer sheet, find the number of the question and mark your answer.

Alternative Treatments for PTSD

People who experience frightening or stressful events are at risk of PTSD: Post-Traumatic Stress Disorder. PTSD can occur immediately or some time after the event, with symptoms ranging from repeated nightmares to feelings of anger or guilt. While the condition can be treated with medication, these days a number of alternative treatments are available. (**1**), some of them may even be preferable to conventional medicine.

Meditation and yoga have been recommended as a PTSD treatment for many years. "Trauma-sensitive yoga" is gentler than the normal kind, and instructors do not adjust the positions of students' bodies; instead, the goal is to adjust the mind. But some modern alternative treatments are even more unusual than this. Experiments have been carried out using virtual reality, in which the PTSD sufferer wears a headset that plays the frightening event many times. A psychologist is always present, discussing the event with the patient. At first (**2**), but the aim is for the patient to become so bored with the story that they have no emotional response to it.

Another strange but promising treatment for PTSD (**3**). Sufferers are given MDMA, which is more usually found in nightclubs, before discussing the stressful event with a therapist. MDMA is known to reduce feelings of anxiety, and research indicates its calming effect can—when combined with therapy—last after the chemical itself has worn off. Under these conditions, no laws are broken. If scientists continue to investigate alternative treatments, there could be hope for millions of sufferers.

(1)   **1** In fact   **2** Despite this

         3 After all   **4** In other words

(2)   **1** the doctor should remain silent

         2 this treatment might sound cruel

         3 only one type of medication is used

         4 it feels like a fun video game

(3)   **1** encourages sufferers to socialize

         2 involves breathing slowly and deeply

         3 has been designed for younger people

         4 is the use of an illegal drug

2

What if There Were No Plankton?

Plankton are tiny animals and plants that live in the ocean. They're so tiny, you probably think you wouldn't miss them if they were gone—but the health of plankton affects the health of all life on Earth. They are the foundation of the planet's food chain, but scientists estimate plankton numbers have fallen by 40% since 1950 due to climate change. They appear to be struggling in today's warmer and dirtier waters, and if the trend continues, (4   ).

Plankton are eaten by small fish such as anchovies. Researchers have found that the biomass of anchovies is declining in the Mediterranean, probably due to poorer quality food. (5   ), the total weight of all the anchovies in the sea is going down because plankton today provide fewer calories. This effect continues all the way up the food chain to larger animals, and even to our own tables. After all, three billion people rely on seafood as their main source of protein.

Ivan Nagelkerken, a biology professor at the University of Adelaide, acknowledges that for thousands of years species have successfully adapted to new circumstances. However, "changes nowadays are so fast that they may not have enough time," he says. Although climate change cannot be halted overnight, there is one immediate action we can all take. It is thought that chemicals in sunscreen play a large part in killing plankton. When we swim in the sea, they wash into the water and create a toxic habitat. Therefore, the next time you plan a trip to the beach, (6   ).

(4)   **1** rivers will soon be empty of any animal life
        2 the fishing industry may slowly start to recover
        3 a vegetarian diet could become more popular
        4 humans as well as animals will feel the impact

(5)   **1** In other words
        2 As well as this
        3 Conversely
        4 Despite this

(6)   **1** plan in advance how to dispose of your trash
        2 choose a lotion that is certified eco-friendly
        3 check for coral reefs before going scuba diving
        4 make sure your skin is protected in the water

3

Read each passage and choose the best answer from among the four choices for each question.
Then, on you answer sheet, find the number of the question and mark your answer.

The Problems of Increased Space Travel

In 1957, the Soviets launched the world's first satellite into space. Since then, we have launched around 5,560 rockets into space; and this number is growing daily—between 2018 and 2019, the space industry increased its launch rate by 25%. With more private enterprises such as Blue Origin and SpaceX, and countries such as China and India joining, space has become more accessible than ever. The push into space has benefited humanity in a multitude of ways, from expanding our scientific understanding, to predicting weather formations and connecting the world with communications satellites. However, for many years now, scientists have warned that this golden age may come to an abrupt end.

Currently, an estimated 3,000 retired satellites are littering our atmosphere; what is more, there are over 34,000 pieces of metal over 10 centimeters from previous space missions orbiting the earth. This might sound insignificant, but a 10-centimeter chunk of debris traveling faster than a bullet may cause devastating problems for the future of space travel. In 1978, Donald Kessler warned that a collision in space could cause a series of collisions where one impact would multiply the chances of additional impacts. If left unchecked, this snowballing of collisions could potentially become so large as to render space travel impossible.

The European Space Agency (ESA) has heeded this warning. They are advocating two approaches to the issue, one passive and one active. The passive approach requires all new satellites to be programmed to crash into the earth at the end of their lives. The active solution deals with older space junk that cannot be programmed by developing a debris removal satellite. Luisa

Innocenti, the head of the program, says, "We need to develop technologies to remove the debris up there." The ESA satellite will do just that by intercepting and capturing space debris using robotic arms, which will then dispose of the trash by sending it into the atmosphere to be burnt up.

(7) According to the author, one reason we are able to travel to space more now than in the past is because

1 we now have a greater scientific understanding thanks to the satellites we had previously sent to space.

2 this generation of people is more interested in exploring space than any previous generation.

3 an increasing number of companies and countries are sending rockets into space, which will benefit us all.

4 so many companies and countries working together to develop the best rocket to send into space.

---

(8) What did Donald Kessler see as a potential problem of space debris?

1 The huge speeds of space debris will make it very difficult to dispose of in space.

2 The cost of clearing space debris will become more and more expensive the longer we leave it.

3 The number of retired satellites left in space will eventually make space travel impossible.

4 Collisions of space debris may lead to a chain reaction, resulting in humanity being unable to travel to space.

---

(9) What solution is the ESA pursuing to remove old space debris?

1 Space debris will be captured with a satellite and directed towards the atmosphere.

2 Retired satellites are being programmed to head towards the earth at the end of their lives.

3 New technologies, which have not yet been presented to the public, will be created.

4 Satellites will be dismantled by sending manned missions to visit them.

3

Remote Patient Monitoring

The 1920s saw the birth of long-distance communications technology as we know it, with radio, sound movies, and the first crude versions of television. In 1925, *Science and Invention* magazine's founder Hugo Gernsback published an article that predicted the invention of a device that would not only enable doctors to see their patients through a monitor but also examine them with the help of robotic arms. Making use of a radio connection, these robotic arms in the patient's room would move according to the physician's own motions, even though he or she might be in a far-away office. The robot arms, Gernsback wrote, would also be sensitive to touch, heat and sound. Gernsback named this futuristic concept "teledactyl." Though this particular instrument never became a common clinical tool, Gernsback is credited with foreseeing telemedicine, the modern practice of caring for patients remotely.

Telemedicine was originally designed to treat patients in hard-to-reach locations where there was a shortage of health facilities or professionals, but technology-assisted medicine is becoming more and more widespread, serving even many urban areas. As the number of people with access to broadband Internet connection grows, so does their need to waste less time and get immediate care for urgent conditions. Since the idea of telemedicine is relatively new, there is a bit of confusion regarding its exact definition. Most sources categorize it as a subset of telehealth or eHealth, comprehensive terms that cover all remote communications and technologies used in the industry. While telehealth or eHealth includes preventive care, medical education, and even administrative teleconference meetings, telemedicine mainly refers to remote clinical services such as diagnosis and monitoring.

The greatest advantage of telemedicine is efficiency. Before e-mails were a part of everyday life, blood test results, X-ray images, and prescriptions had to be sent by post, which was neither safe nor fast. Today, a primary care provider can send a patient's medical records to a specialist via secure online platforms within a matter of seconds. Wearable and mobile medical devices or apps monitor patients' blood pressure, glucose levels, heart rates and other data around the clock and automatically transmit that to physicians. That way, patients do not have to spend much time in hospital waiting rooms, but can instead go on with their lives knowing that if anything is abnormal, they will be notified. Live video consultations are also becoming more frequent because telemedicine companies offer an easy way for patients to find a provider and get immediate treatment.

(10) What do we learn about Hugo Gernsback in the first paragraph?

1 He envisioned a future where it was unnecessary for a physician to be in the same place as patients.

2 He invented a medical device that has been copied and improved by modern telemedicine companies.

3 He was an expert at radio technology and contributed to several magazines specializing in science and invention.

4 He designed a robotic arm that could automatically sense temperature and other physical features of a patient.

(11) Telehealth is different from telemedicine in that

1 telemedicine connects patients to doctors whereas telehealth refers to the regulations of the health industry.

2 as a main subcategory of the latter, it includes a more restricted list of services available to ordinary patients.

3 telehealth is a broader term that includes non-clinical interactions between health professionals and people seeking help.

4 telemedicine refers to online ordering of prescription drugs while telehealth provides remote clinical services like diagnosis or monitoring.

(12) According to the author of the passage, what is one way that telemedicine is efficient?

1 Medical records and prescriptions do not have to be seen by primary caregivers anymore and are instead sent straight to specialists.

2 Patients do not have to visit their doctors as often because certain instruments continuously measure and communicate their vital health statistics to medical professionals.

3 Wearable devices are designed to recommend the best medicine in case a change in the patient's health requires immediate treatment.

4 Due to their speed, live consultations with physicians via the Internet tend to be more economical than office visits.

The Middle Class of South Africa

A strong middle class is important for economic growth and social stability. Its members want to protect their well-being, so they usually comply with the law and support reforms that improve the nation and overall quality of life. The middle class promotes the development of a good educational system that produces well-trained professionals who earn good incomes. The vast majority of entrepreneurs come from the middle class because its members are in a stable enough position to take risks in order to improve their status. In addition, middle class people provide both a ready market and talent base for local firms, and their demand for high-quality goods and services keeps the national economy thriving.

The middle class seems to be shrinking in developed countries such as Norway, Canada, Australia, Japan, and the United Kingdom, although its percentage is still at or above 50 percent. In developing countries the trend is the reverse, with countries like Brazil, Mexico and China experiencing an expansion of their middle classes. Although South Africa should seemingly follow the same course, several studies published in or before 2018 show that South Africa's middle class only represents between 30 and 40 percent of the nation's population. Worse, Murray Leibbrandt, an economics professor at the University of Cape Town, says that the actual number may be even smaller than the lowest estimate.

The National Income Dynamics Study (NIDS) distinguishes five social classes in South Africa: elite, stable middle class, vulnerable middle class, transitory poor, and chronic poor. According to Leibbrandt, only about 25 percent of South Africans belong to the first two categories, the rest being either financially vulnerable or poor. "The vulnerable middle class" comprises 14 percent of the population and includes people who earn just enough to be classified as economically average. They are at great risk of becoming poor because they lack savings or other assets they could fall back on in a crisis. That leaves over 60% of the South African population in the lowest classes and, to complicate matters, they are primarily black, while the higher classes tend to be white, Asian or Colored (mixed-race). This economic inequality between races creates social instability all by itself.

Leibbrandt agrees with experts who say that the South African middle class must increase by at least 30 percent. Otherwise, economic growth cannot be sustained, and the gap between the stable classes and vulnerable citizens will grow. As it is, high taxes, severe debt levels, and rising food prices put a huge burden on the lower South African social groups. The researcher, therefore, advocates widening access to education for all South Africans and enlisting the government to generate jobs and support people who want to start their own business. This will allow education to increase equality of opportunity, and at the same time steady jobs that pay well to give the people a chance to rise to higher social ranks.

(13) What do we learn about the middle class in the first paragraph?

1 Although its members are not financially stable, they make the largest contribution to a nation's economic growth.

2 They help sustain the economic development of the country because they usually purchase a variety of products from the domestic market.

3 Middle-class citizens tend to question the laws of a country because they make up the majority of the most well-educated people.

4 Since they want to protect their earnings, people of the middle-class refrain from taking unnecessary financial risks.

---

(14) According to the author of the passage, South Africa

1 is similar to developing countries in that its middle class has been diminishing at a growing rate.

2 has been seeing an expansion of its workforce as a result of immigrants arriving in the country from other continents.

3 may contain a much smaller middle class than what many studies over the years had been projecting.

4 has been catching up with the leading nations of the world by increasing the percentage of its middle class to over 40 percent.

---

(15) What do we learn from Leibbrandt's research into South African social classes?

1 Some people in the middle class barely cover their regular expenses and may fall into the lower class if something unusual happens.

2 Both the middle class groups he identifies are becoming poorer because the elite has taken hold of most of the country's assets.

3 The vulnerable middle class has significantly increased its savings to reduce the risk of falling into poverty.

4 More than three quarters of the South African population, irrespective of their race, live in permanent poverty because they lack assets.

---

(16) According to Leibbrandt, unless the middle class grows,

1 the South African government will be forced to increase taxes in order to pay for the luxury products and services the elite class demands.

2 it will be difficult to finance South African educational institutions that are needed to lift people out of poverty.

3 the space between the wealthy and the financially unstable layers of South African society will become even greater.

4 the South African government will not be persuaded to create jobs that would help the poor repay their debts.

模試

TEST 2

解答・解説は122〜138ページに掲載されています。

2 *Read each passage and choose the best word or phrase form among the four choice for each blank. Then, on your answer sheet, find the number of the question and mark your answer.*

Homelessness in Moscow

Homelessness is a problem in many places today but in Moscow, the capital of Russia, it is especially serious. The city's freezing winter temperatures can lead to injury and even to death. In January, the thermometer stays well below zero, with temperatures ranging from -5℃ to -10 ℃. Therefore, although cities like Manila and Mumbai have larger homeless populations, fewer people are likely to die from the cold. This is (**1**), and it is not helped by attitudes towards the homeless.

It used to be the case that living on the streets was a criminal offense in Russia. In the public imagination, homeless people are still "criminals" although they have committed no crime. When homeless shelters are proposed in residential areas, members of the public frequently object. In 2019, in response to a proposed shelter in Moscow's Begovoi neighborhood, one resident said: "If you want to do good deeds, do them—but don't make those around you uncomfortable." (**2**), shelters tend to be located on the outskirts of the city, away from houses, offices and restaurants.

In many cases, this is what has happened. Social workers patrol the center of Moscow daily, identifying homeless people and offering them a ride to a distant shelter. However, many of them want to stay in the familiar city center, and claim the government is simply (**3**). Official figures suggest there are now 14,000 people homeless in the capital. But charities say these are just the ones who can be seen, and the real number is closer to 60,000.

(1)   **1** a seasonal challenge for Moscow's authorities
        2 the case in many low-income Asian countries
        3 a serious problem that is not unique to Russia
        4 the main reason why urban poverty is increasing

(2)   **1** For instance   **2** On the other hand
        3 For this reason   **4** On average

(3)   **1** following the advice of experts
        2 trying to help the elderly
        3 moving people out of sight
        4 using data from previous years

Why Do We Wear Masks?

During the coronavirus outbreak of 2020, (*4*). To protect themselves and others in public places, many Westerners put on face masks for the first time. However, people from the East have understood the benefits of face masks for more than a century. When Spanish flu emerged in 1918, the Japanese started to wear surgical masks on an everyday basis. Although they are not very effective in protecting the wearer from catching a disease, masks reduce the risk of spreading one via germs from the nose and mouth.

During the twentieth century, people in Japan had lots of good reasons to continue wearing face masks. After the Kanto earthquake in 1923, the air quality was poor; another flu epidemic hit the country in 1934; rapid industrialization during the 1950s led to increased urban pollution. In the twenty-first century, outbreaks of SARS in 2002 and so-called "bird flu" in 2006 caused other Asian countries to (*5*). Today, from Bangkok to Beijing, those on the street or train with bare faces are in the minority.

Some cultural experts believe Asians were quicker than others to adopt mask-wearing because of traditional beliefs about air and human health. In Chinese medicine, (*6*), maintaining positive *qi* (energy in the body) relies on being able to breathe easily. Similarly, inhaling *feng* (unclean wind) is considered a common cause of death. When these ideas are taken into account, the wearing of masks make perfect sense. However, masks also have a modern advantage that cannot be overlooked: when combined with headphones, they offer a degree of privacy that is hard to find in our crowded cities.

(4)　**1** laws were made that required people to stay indoors
　　2 Europeans set an example for the rest of the world
　　3 the world woke up to a long-standing Asian tradition
　　4 every continent experienced a shortage of face masks

(5)　**1** place strict limits on national and international travel
　　2 finally accept the evidence from American scientists
　　3 adopt the same precautions when leaving the house
　　4 make overdue improvements to their healthcare systems

(6)　**1** despite this　　　　　　**2** for instance
　　3 therefore　　　　　　　**4** by contrast

3 Read each passage and choose the best answer from among the four choices for each question.
Then, on you answer sheet, find the number of the question and mark your answer.

Veganism

The word "vegetarian" has been used since the 1830s and it refers to a person who prefers a meat-free diet for health or other reasons. As the vegetarian movement spread across Europe and the United States in the 19th century, it soon became divided into strict and moderate branches. The Vegetarian Society, established in the United Kingdom in 1847, declared itself belonging to the latter group, meaning that its members would eat dairy products, eggs, and fish, and only refrain from eating meat.

Despite that, even from the beginning the Society probably had supporters of the stricter diet as well, since it issued numerous publications about cooking without butter, milk, or eggs, as well as advertising alternatives to leather. Yet a stricter, non-dairy vegetarianism seemed impractical to many people. They were afraid that by only consuming non-animal food, they would find themselves closed off from social events where non-meat options were rare at the time. The debates between the two groups grew more heated, and the more radical group finally separated itself from The Vegetarian Society in 1944. This movement was led by Donald Watson, who also created the term "vegan." The Vegan Society was launched in the same year.

The Vegan Society rejected the use of animal products in every area of life, not only nutrition. It defined veganism in 1951 as a principle that people should live without exploiting animals in any way. Though veganism started out as an alternative way of life, it had become globally mainstream by the 2010s. Some vegans base their belief on moral grounds, saying that animals have feelings just like humans, so harming them is morally wrong. Others think that industrial farming is bad for the environment, and that is why they never purchase animal products. Factories, stores, and restaurants are now offering more and more vegan options, such as plant-based meat substitutes and non-dairy milk, to meet the demands of a trend that, in all likelihood, is here to stay.

(7) According to the author of the passage, the vegetarian movement in the 19th century was

1 begun due to a shortage of dairy products that was most felt in the United Kingdom.

2 characterized by a movement that split into two parts, due to differing views on using animal products.

3 so widespread that a society was set up to collect members of all its trends.

4 most popular in the United States because people were more open to non-traditional food there.

(8) What do we learn about Donald Watson?

1 He gave a name to a social campaign that included people who objected to eating animal products including dairy ones.

2 He opposed vegetarianism on account of it being ineffective for people with certain health problems.

3 He published several articles promoting the idea of replacing all kinds of animal-derived products with plant-based alternatives.

4 He argued that a strictly vegan lifestyle is impractical and should be relaxed during social events.

(9) According to the author of the passage, what is one reason modern-day people choose veganism?

1 Since the prices of vegan meals and products are decreasing, many poor people find them more affordable.

2 Many national authorities have found that farmers do not treat their animals with enough care.

3 Avoiding all animal products is proven to offer greater health benefits than including dairy products and eggs in the diet.

4 A growing number of people are concerned about the effects of large-scale animal exploitation on the earth's ecosystem.

3

Siberia and Global Warming

Global warming continues to be one of the most urgent issues of our times. As carbon emissions from factories, vehicles, and other sources increase, one of their primary effects is raising the temperature of the earth. The National Aeronautics and Space Administration (NASA) estimates that human economic activity raises the temperature of the earth by about 0.2 C per decade. This has the effect of slowly melting parts of the polar ice cap, damaging crops and wildlife through excessive heat and making human life difficult in some parts of the world.

Yet, this warming could open up other regions such as Asian Russia—the northeastern areas of Russia commonly referred to as Siberia—to development. Siberia's current climate is subarctic, with an average yearly temperature of -5C, and winter temperatures that often plunge to -25C. The area is covered in permafrost—ground that remains frozen throughout the year—which prevents the growth of trees or crops. Rising world temperatures could change all of that, though.

Elena Parfenova, a researcher at the Russian Academy of Sciences, has presented models that predict that, by the 2080s, Siberian winter temperatures could rise as much as 9.1C, with wide melting of the permafrost. This would make human habitation more sustainable, and farmers could grow beans, rice, and even some types of grapes. There is already exploitation of natural gas, diamond, and coal resources in the region, but this would greatly expand if temperatures were to rise and extraction of these resources made easier. Overall, global warming has the potential to make Siberia—as well as other subarctic regions such as northern Canada—energy and agricultural powerhouses and new population centers. These could be crucial, in fact, when rising temperatures make life impractical in some of the highly populated tropical areas.

However, scientists caution that climate models also predict some risk for Siberia. As the permafrost melts, large amounts of methane gas could be released. This gas could accelerate global warming trends. Moreover, rapid melting of permafrost and a probable increase in precipitation would have the potential to turn most of Siberia into a swamp. Under those conditions, Siberian resources could become even more difficult to access, and potential human settlement likewise made perhaps impossible.

(10) What is one challenge that global warming presents?

1 Damage to agriculture due to much higher average worldwide temperatures.

2 Harm to urban centers that are developing in the northernmost parts of the earth.

3 Losses to major economies that produce energy resources such as natural gas.

4 Slower shipments of mined products to places around the world that need it most.

(11) According to the author of the passage, what may happen to human settlements in Siberia?

1 They could depend more on foreign industrial workers being brought into parts of Asian Russia.

2 They would start to close down outdated facilities that could damage some vital swamps.

3 They could be relocated to parts of some tropical nations that need skilled workers.

4 They could expand under certain climatic conditions anticipated in the future.

(12) According to the author of the passage, what is one reason Siberia could affect the global climate?

1 A chemical vapor released by the region could cause worldwide temperatures to change further.

2 A sudden increase in human habitation would promote greater energy consumption.

3 Intensive farming could result in loss of trees and increased carbon emissions.

4 Reduction of ice cover could cause rivers to become overly heated.

Women and Marriage

Thanks to countless supporting studies, marriage is widely considered to have undeniable mental benefits. Research has shown that, compared to single, divorced, or cohabiting people, married couples have higher levels of emotional and psychological well-being. This means that they suffer less mental distress and produce fewer stress hormones. They are also less inclined to develop depression. In addition, married people live longer, have fewer heart attacks, and are more likely to survive cancer and major operations. In nearly all field tests, more married than single people report themselves to be happy.

Interestingly, up until the turn of the 21st century, most studies about the correlation between marriage and mental health established that men derive more mental health benefits from marriage than women. Since women relied heavily on their husbands as the main breadwinners of the household and were confined to home duties, this so-called "gender role hypothesis" was generally accepted as true. However, in recent decades, the hypothesis has been increasingly questioned by researchers who point out that in modern households both spouses are often employed and the roles of men and women are much more equal. Why is it, then, that two-thirds of divorces are initiated by women?

It is important to remember that the original purpose of marriage was to bind a woman to a man to guarantee that the male's children were his biological and legal heirs. From the woman's point of view, marriage meant a home, financial and personal protection, and respectability. While it is still true that married people have fewer financial hardships than singles, women today are able to provide for themselves much better than only forty years ago. They attend universities and pursue careers that women of past centuries could never have imagined, including senior positions in business, government, and science. They are much less economically dependent, so they are more likely to end a marriage if they are unhappy.

This, however, only explains why more and more women file for divorce and not the fact that about twice as many divorce procedures are begun by women. Many experts say that the answer lies in different expectations. Men—particularly in advanced economies—often seem hesitant to create long-term, monogamous relationships and fear marriage could be a hindrance to their personal freedom. When they do get married, they expect emotional support and a comfortable home where the wife shoulders the burdens of housework and child-rearing. Moreover, some men may not regard infidelity on their part seriously, in line with old customs that overlooked "cheating" by husbands, but not by wives. Overall, a man's expectations of marriage today are more or less what they have always been. Women, on the other hand, now enter marriage with very different goals, hoping to enjoy all of the positive traditional characteristics, but without being solely responsible for childcare and home maintenance. In addition, they want a husband who is not only a successful provider, but someone who is faithful and reliable, sensitive and intelligent, and great with children. In sum, their expectations often exceed the traditional marriage model. When they are disappointed, they feel they have no choice but to end their marital bonds.

(13) According to the author of the passage, studies show that
1 when questioned about their mental state, married people are more inclined to say they are happy even when they are not.
2 the general mental health status of people improves after they have been divorced from their long-term partners and return to a less-distressed single life.
3 people who are not in a marriage relationship do not enjoy the same psychological advantages that spouses do.
4 the production of stress hormones increases at a growing rate in single people and is the main cause of depression in that group.

---

(14) What do we learn about gender role hypothesis?
1 The concept was born in the 21st century after women began protesting against inequality within families.
2 Many scientists find it inaccurate now that the traditional roles of men and women have changed dramatically.
3 Its popularity was so widespread that it is often viewed as the direct cause of an increase in the number of divorces initiated by women.

4 It explains why men are still considered the main breadwinner despite both spouses in modern households being equally employed.

---

(15) According to the author of the passage, the position of married women has changed in recent decades in that

1 a large percentage of them pursue professional careers in order to make themselves financially free of their husbands.

2 their marital status does not guarantee as much financial security as in the past because they are expected to contribute to paying family expenses.

3 they are encouraged by their husbands to find employment and have income that they can use independently.

4 they may not continue in a marriage if they are not happy because they are economically secure even on their own.

---

(16) What do some experts say about more women than men initiating divorce?

1 While men continue to hold conventional views about marriage, women have now come to expect a lot more from the person they select as a husband.

2 Women are responsible for their own unhappy marriages because they fail to share their expectations with their future spouses before they get married.

3 Men become much more content than women when they become married due to the fact that they are essentially monogamous by nature.

4 When they enter marriage, women are not prepared for the emotional hardships married life brings and blame every problem on their husbands.

模試

TEST 3

解答・解説は140～156ページに掲載されています。

2

Read each passage and choose the best word or phrase form among the four choice for each blank. Then, on your answer sheet, find the number of the question and mark your answer.

The African Elephant's Amazing Sense of Sound

An African elephant needs to eat over 90 kilograms of food a day to survive. In the dry season in Africa, this is not easily done. Fortunately, elephants have a powerful tool at their disposal; their excellent hearing. By working as a team, a family of elephants will spread out over several kilometers in search of food; and when one finds a food source, it communicates with its relatives. Naturally, the further a family can spread out, the (*1*); and thanks to their exceptional hearing, elephants can communicate up to a maximum of five kilometers from each other.

In the wet seasons, however, elephants change their feeding habits. When the rains come, the elephants will travel hundreds of kilometers towards the rains. They do this because food is far more plentiful in these locations. In 2014, Michael Garstang and his colleagues observed something peculiar about this migration. (*2*) the elephants being far away from and unable to see, they would all change their behavior at the same time and would walk directly towards the rains.

Garstang wanted to know how they knew when to change behavior. He conducted an experiment by placing GPS trackers on a number of elephants in Namibia, Africa. When rains fell, scientists saw that almost all of the elephants started moving directly towards the storm at the same time, even though the storm was over 100 km away, and the elephants were equally far away from one another. According to Garstang, the elephants powerful hearing (*3*). If his theory is true, then the elephant's greatest strength might not be their size, but their hearing.

(1) **1** stronger their connection   **2** greater their understanding
       3 better their chances   **4** clearer their communication

(2) **1** Without   **2** Despite
       3 Among   **4** Excluding

(3) **1** is more limited than he originally thought
       2 outperforms all other animals' in the area
       3 allows them to have a complex language
       4 explains the change in their actions

2

The Montessori Method

Many schools today practice "child-centered education" in which learning is driven by pupils' needs and interests. People assume that this is a modern idea, and it is—compared, at least, to the classrooms of the 1950s, in which children would only copy notes from the board or repeat after the teacher. However, child-centered education has been around for a century in the form of the Montessori method. It was developed by an Italian doctor named Maria Montessori, who spent years observing young children and believed they learnt better when given more freedom. (*4*   ), she thought it was important that education developed a child's whole personality, not only their ability to read and write, calculate, and remember information.

In a Montessori school, of which there are 20,000 in the world today, pupils (*5*   ). This freedom has positive outcomes. When children design their own school days, they are always engaged. With no pressure to receive an A on their report card, they can advance their understanding through a series of mistakes.

Predictably, teachers trained in the traditional system have criticized this way of doing things. They claim that there is not enough structure in a Montessori classroom; that the lack of testing means parents have no idea how well their child is progressing; and that "playing games all day" does not prepare children for the real world after school. However, teachers who have actually used the Montessori method dispute these claims. While they acknowledge that their classrooms can be active and noisy, they say this shows that pupils are excited about learning. The teachers also argue that (*6*   ), and that games are one of the most effective ways that humans learn new things.

(4)

1 For example   **2** By contrast

3 Additionally   **4** However

(5)

1 choose their own work and do not receive grades

2 get personalized attention from their teacher at all times

3 are expected to spend equal time on the arts and sciences

4 take responsibility for the wellbeing of others in the class

(6)

1 longer hours mean that pupils are always tired

2 traditional education is better for older children

3 children should read at home as well as school

4 exams are not necessary at such a young age

3 Read each passage and choose the best answer from among the four choices for each question.
Then, on you answer sheet, find the number of the question and mark your answer.

Planning to Host the Olympic Games

Hosting the Olympic games can be highly expensive. The 2004 summer games in Greece, for instance, put the country $14.5 billion in debt, while the 2000 games in Sydney were triple the initial budget. Still, supporters of the games contend that the massive financial cost generally return through expanded tourism, investment and shopping. Although this is likely true, the positive impact of the games can sometimes be outweighed by the scars they leave upon the city's infrastructure afterward.

To host an Olympic Games a country needs to devote billions to develop the infrastructure to handle thousands of tourists. Accommodation needs to be erected to house tourists and athletes alike, and huge stadiums need to be erected to showcase the events. However, the games only last a few weeks and when they are over the host country is left with a problem—what to do with its sports infrastructure. This was the issue facing Greece after its 2004 Games. The Hellenic Olympic Committee President Spyros Kapralos says that "The success of the 2004 Olympics was lost when the lights went out at the end of the closing ceremony as our country had no plan." As a result, today, many of their buildings have been left to decay.

When planning to host the games it is essential not to fall into the same trap as South Korea, Athens, and Brazil. Brian Chalkley argues that "The Olympic legacy is most effective and pronounced where it goes with the grain of wider urban policies and developments." In short, the host country must consider how the facilities will be integrated into the city after the games have finished. There are many countries to look to for inspiration. Much of the London Games have been repurposed with social housing, offices, and parks. And Sydney converted its Olympic stadiums and housing to hotels, entertainment venues, and shopping outlets. It seems when it comes to hosting a successful Olympic Games, planning is everything.

(7) According to the author, one of the main issues of hosting an Olympics games is that

1   the development of new buildings do not usually match the aesthetic of the city and feel out of place.

2   the changes to the city never promote the economy and do little to support its citizens afterwards.

3   the increase in tourist populations are unsustainable for the city over the long term.

4   the benefits it provides can be overshadowed by the problems that come from changing the city's design.

---

(8) What does Spyros Kapralos see as the main problem of the 2004 Olympic Games in Greece?

1   The country invested too much money into its infrastructure for the Olympic game.

2   The number of tourists visiting the area dropped considerably after the games had ended.

3   The country only planned for the main event and did not consider the transition back to normal life.

4   The infrastructure was not designed to cope with the large number of visitors to the city.

---

(9) What did countries such as the U.K. and Australia do to avoid the issues that Greece faced?

1   They considered how the infrastructure developed for the games would be used afterward when planning.

2   They reinvested their earnings from the games back into the country's economy.

3   They designed an infrastructure for the games that could be used again for future sporting events.

4   They designed buildings for the games that could easily be dismantled after the games were over.

3

The Future of Airplanes

The aviation industry is responsible for two to three percent of global carbon dioxide emissions. This is because airplane fuel is mostly composed of hydrocarbons, which is a fossil energy that pollutes the air when burned. More specifically, roughly 1 billion tons of greenhouse gases are emitted annually by airplanes and, according to some estimates, that number may triple by 2050. Currently, a round-trip flight between London and New York generates the same amount of greenhouse emissions as heating a home for a year. Environmental organizations have been urging the public to choose different methods for traveling because of the large carbon footprint of flying. In line with this, other transportation industries have responded by operating electric buses and trains, and the demand for electric cars is also on the rise. Why, then, is electrifying airplanes taking so long?

Electric airplanes have been around since the 1970s, but they are not yet capable of operating commercially. This is because even though an electric engine is lighter than a diesel engine, the battery that stores power is still very heavy. As it is, fuel takes up about half of a passenger plane's full weight. The challenge for electric planes is even greater, though: for an airplane to be able to take off with passengers, it needs a battery larger than what it can carry. This is especially true for long-distance flights: to fly 10,000 kilometers, an airplane would need a battery that is thirty times heavier than its current fuel capacity. To make things worse, an electric plane would have to carry its full initial weight throughout its journey, as opposed to a conventionally-powered plane that uses up fuel and gets lighter as it travels. In other words, even with the invention of lithium-ion batteries, burning fuel is still more efficient than using the energy stored in batteries.

Nevertheless, scientists and engineers around the world are hard at work, trying to create a plane model that can fly on battery power, and millions of dollars have been invested in research and development. Experts agree that all future airplanes will use at least some amount of electricity—until a battery strong enough to power passenger airplanes is invented and fuel can be fully eliminated from commercial flights. When that moment arrives, humankind will enter a new phase of aviation that will look similar to what we see in science fiction movies. No one can predict exactly when, but there will come a time when quiet and pollution-free aircraft will occupy the skies, carrying passengers to destinations near and far.

(10) What is true about air travel?

1 Repeated warnings from environmentalist organizations have led to a decrease in long-distance air travel.

2 Unlike other transportation services, aircraft have not been able to replace fossil fuel power with more environmentally friendly sources.

3 Greenhouse gases emitted by airplanes are disproportionately larger than those of other economic activities either personal or commercial.

4 Thanks to new improvements in aviation technology, carbon dioxide emissions have been lowered significantly.

---

(11) The main reason electric airplanes cannot carry passengers today is that

1 people usually want to fly long-distance but batteries available today could only carry them over short distances.

2 conventional batteries are unable to provide continuous power for airplanes to stay airborne for long stretches of time.

3 lithium-ion batteries that could fuel large passenger planes are so expensive that even successful airlines cannot afford them.

4 an energy storage system that is both efficient and lightweight enough to power airplanes in flight does not yet exist.

---

(12) According to the author of the passage, what is most likely to happen in aviation?

1 More money will be invested in smaller and cheaper airplanes, as the need for air travel will rise in coming decades.

2 Airplanes will be capable of taking off and landing inside cities because they will operate quietly and emit no harmful gases.

3 Electricity will take the place of fuel burning once science has provided a viable solution to currently existing technical issues.

4 Air travel will be gradually phased out as cutting-edge engineering makes it possible to have faster modes of land transportation.

Benzodiazepines

According to statistics from the Mental Health Foundation in the United Kingdom, there were about 8 million anxiety disorder cases in the country in 2013. Anxiety is a mental disorder that can be best characterized as worrying about future events. While almost everyone occasionally has these kind of feelings temporarily, a person with anxiety disorder has an uncomfortable feeling of apprehension that never goes away and may even get stronger. Unexpected panic attacks, often triggered by certain situations, are frequent, usually accompanied by aches, shortness of breath, sweating, palpitations and cold, clammy hands. The disorder can become so overwhelming that it negatively interferes with the affected person's daily activities, including job performance, school, and personal relationships.

Like everywhere in the Western world, alternative therapies, including yoga, acupuncture, and meditation, have become increasingly popular in the U.K., but the most prevalent procedure to treat anxiety is still prescribing psychiatric drugs. Commonly known as sedatives or tranquilizers, these Central Nervous System (CNS) depressants are very effective because they have a calming effect on the brain. Benzodiazepines, or benzos, are commonly prescribed CNS depressants and Xanax is the most popular brand name not only in the U.K. but all over the world. Benzodiazepines slow down the body's functions by increasing the effect of a chemical called Gamma Aminobutyric Acid (GABA), which is responsible for reducing brain activity. After taking a pill, patients will gradually relax and become drowsy or sleepy. Their anxiety will decrease to a level where they can function normally.

One of the effects of stimulating GABA is the increased release of a neurotransmitter called dopamine. Dopamine is naturally produced in the brain and causes feelings of calm and contentment. When benzos are taken for some time, the brain reduces the amount of dopamine it produces, so patients will have to keep using the medicine just to feel normal. To make things worse, larger and larger doses will be needed to experience the same calming effect. The longing for the relaxing feelings of the dopamine rush brought on by benzos makes them very addictive, and the vast majority of patients taking them become addicted in a matter of months. In addition, if they do not take the benzos, they begin to experience severe withdrawal symptoms.

In 2013, the Center for Social Justice called the United Kingdom the "addiction capital of Europe." The term refers to all forms of addiction, including those related to alcohol and drugs, but it is dependence on prescription medicine that has health authorities most worried. Benzos, for instance, are so potent that an addiction can form even if they are taken strictly as directed. In about 40 percent of cases, patients have already become addicted before the initial supply provided by a doctor's prescription has run out. Since they cannot obtain their medicine legally after that, people turn to illegal methods, mainly via the Internet. Illegal online marketplaces—usually on the completely unregulated Dark Web—have tens of thousands of unregistered benzo trades every year, and one trade can mean thousands of pills at a time.

(13) What do we learn in the first paragraph?

1 Persistent feelings of apprehension about ordinary events are considered normal human behavior unless they affect daily activities.

2 Patients treated for anxiety disorder may experience panic attacks more often if they are surrounded by people who worry a lot about their future.

3 Anxiety disorder in its more severe form has a tendency to strengthen to a point where performing basic life functions become difficult.

4 For some people even temporary anxiety may seem a serious condition that requires medication to prevent sudden panic attacks.

---

(14) How do benzodiazepines work?

1 They have a calming influence because they stimulate the production of a chemical that has the ability to reduce the intensity of the body's functions.

2 They affect the workings of the central nervous system by lowering GABA levels of the brain and thus relaxing the patient's mind.

3 They trigger the release of extra amounts of chemicals that are responsible for heightening brain functions in order to increase the situational awareness of patients.

4 They increase the effectiveness of alternative therapies targeting the treatment of anxiety disorder by helping patients focus more on the realities of life.

(15) One of the causes of the high addictiveness of benzodiazepines is that
1 too much dopamine gets released when the effect of benzodiazepines wears off and it makes patients feel restless.
2 after using benzodiazepines for a while, a brain chemical responsible for feeling good is not produced in amounts sufficient to satisfy people.
3 they enable patients who lack motivation to feel normal again by making them more alert and energetic.
4 patients become dependent on the medication within a few days of taking it and suffer severe panic attacks when they miss a dose.

---

(16) According to the author of the passage, why are online benzodiazepine sales so high?
1 Benzodiazepines are so potent that they enhance the impact of alcohol and other drugs, so a large percentage of the population buys it from online sites.
2 Buying the medicine is expensive even with a valid prescription, while buying unregistered medication via the Internet is much cheaper.
3 Since dependence on the medicine forms very quickly, people want to keep taking it even when they cannot obtain a prescription from their doctors anymore.
4 Due to a scarcity of the drug on the open market, patients with prescriptions are forced to buy it online from unregulated places.

TEST 1

問題番号		1	2	3	4
2	(1)	①	②	③	④
	(2)	①	②	③	④
	(3)	①	②	③	④
	(4)	①	②	③	④
	(5)	①	②	③	④
	(6)	①	②	③	④
3	(7)	①	②	③	④
	(8)	①	②	③	④
	(9)	①	②	③	④
	(10)	①	②	③	④
	(11)	①	②	③	④
	(12)	①	②	③	④
	(13)	①	②	③	④
	(14)	①	②	③	④
	(15)	①	②	③	④
	(16)	①	②	③	④

TEST 2

問題番号		1	2	3	4
2	(1)	①	②	③	④
	(2)	①	②	③	④
	(3)	①	②	③	④
	(4)	①	②	③	④
	(5)	①	②	③	④
	(6)	①	②	③	④
3	(7)	①	②	③	④
	(8)	①	②	③	④
	(9)	①	②	③	④
	(10)	①	②	③	④
	(11)	①	②	③	④
	(12)	①	②	③	④
	(13)	①	②	③	④
	(14)	①	②	③	④
	(15)	①	②	③	④
	(16)	①	②	③	④

TEST 3

問題番号		1	2	3	4
2	(1)	①	②	③	④
	(2)	①	②	③	④
	(3)	①	②	③	④
	(4)	①	②	③	④
	(5)	①	②	③	④
	(6)	①	②	③	④
3	(7)	①	②	③	④
	(8)	①	②	③	④
	(9)	①	②	③	④
	(10)	①	②	③	④
	(11)	①	②	③	④
	(12)	①	②	③	④
	(13)	①	②	③	④
	(14)	①	②	③	④
	(15)	①	②	③	④
	(16)	①	②	③	④